OS PIORES CRIMES DA REVISTA NEW YORKER

Oito grandes reportagens sobre crimes da melhor revista jornalística do mundo

Organizados por
FELIPE DAMORIM

2021. Os piores crimes da revista New Yorker: oito grandes reportagens sobre crimes da melhor revista jornalística do mundo // Felipe Damorim (Organizador)

Grafia atualizada segundo o Acordo Ortográfico da Língua Portuguesa de 1990, que entrou em vigor no Brasil em 2009.

Direção de Arte: Vinicius Oliveira
Revisão: Leonardo Garzaro e Ana Helena Oliveira
Preparação: Leonardo Garzaro
Tradução: Felipe Damorim (A Morte de um Distópico, A Arte Obsessiva e a Grande Confissão de Charlotte Salomon, Três Julgamentos para um Assassinato, Lembranças de um Crime, A Imortal Gatito), Lígia Garzaro (Mentes Perigosas, Os Limiares da Violência), Laetícia Monteiro (A Vida e a Morte de um Sniper Americano)
Edição: Felipe Damorim e Leonardo Garzaro
Imprensa: Beatriz Reingenheim

Catalogação na publicação
Elaborada por Bibliotecária Janaina Ramos – CRB-8/9166

P662

Os piores crimes da revista New Yorker: oito grandes reportagens sobre crimes da melhor revista jornalística do mundo / Felipe Damorim (Organizador); Felipe Damorim (Tradução), Laetícia Monteiro (Tradução), Lígia Garzaro (Tradução) – Santo André - SP: Rua do Sabão, 2021.

Autores Estadunidenses
Malcolm Gladwell
Alec Wilkinson
Nicholas Schmidle
Toni Bentley
Rachel Avid
Mavis Gallant

264 p.; 16 X 23 cm

ISBN 978-65-86460-05-6

1. Reportagens e repórteres. 2. Criminologia. I. Damorim, Felipe (Organizador). II. Damorim, Felipe (Tradução). III. Monteiro, Laetícia (Tradução). IV. Garzaro, Lígia (Tradução). V. Título.

CDD 070.43

Índices para catálogo sistemático:

I. Reportagens e repórteres : Criminologia

Editora Rua do Sabão
Rua da Fonte, 275 sala 62B
09040-270 - Santo André, SP.

www.editoraruadosabao.com.br
facebook.com/editoraruadosabao
instagram.com/editoraruadosabao
youtube.com/editoraruadosabao
pinterest.com/editorarua
twitter.com/edit_ruadosabao

OS PIORES CRIMES DA REVISTA NEW YORKER

Oito grandes reportagens sobre crimes da melhor revista jornalística do mundo

Organizados por
FELIPE DAMORIM

Traduzido do inglês por Felipe Damorim,
Lígia Garzaro e Laetícia Monteiro

ÍNDICE

Uma Introdução

Fundada pelos jornalistas Harold Ross e Jane Grant em 1925, a New Yorker é uma verdadeira instituição dos Estados Unidos. O objetivo original era criar uma revista de humor, mas mais sofisticada que as publicações crassas da época. Porém, a New Yorker logo se destacou pelo espaço que dava para os novos talentos literários, a sensibilidade fina com que analisava as notícias contemporâneas, e o rigoroso processo de checagem de dados, que até hoje é reconhecido como um dos melhores da imprensa mundial.

Foi na New Yorker que John Hersey publicou "Hiroshima" pela primeira vez, e foi também nas páginas da revista que Hannah Arendt trouxe "Eichmann em Jerusalém" ao mundo. Não são nomes isolados no admirável rol de talentos que abrilhantaram o semanário que, como o nome bem indica, tem até hoje sede em Nova York: Dorothy Parker, Philip Roth, J.D. Salinger, John Updike, John Cheever e Jonathan Safran Foer são alguns outros da longa lista de autores consagrados que contribuíram com contos, ensaios críticos, ou reportagens.

Um trabalho em particular, porém, é mais crucial para entender a gênese deste livro. Em setembro de 1965, e continuando pelas semanas seguintes, Truman Capote iniciou a publicação de uma série de artigos na revista que viriam a se tornar o livro "A Sangue Frio". Narrando em detalhes as circunstâncias envolvendo um homicídio quádruplo ocorrido na cidadezinha de Holcomb, no estado do Kansas, mas aplicando o esmero e a construção de suspense típicas da prosa, Capote deu início a um novo gênero literário; o chamado "crime real", que nas décadas seguintes se consolidaria como um dos mais populares gêneros literários da nossa era.

Para ser justo, histórias de crimes que realmente aconteceram sempre foram muito populares. Praticamente desde que a imprensa foi criada, panfletos narrando de forma sensacionalista os casos mais famosos de assassinos, pistoleiros e bandidos eram uma leitura popular por toda Europa e Estados Unidos. Capote, e a New Yorker, porém, elevaram o patamar. Aplicando recursos e técnicas tanto da literatura refinada quanto do jornalismo mais criterioso, o resultado foram artigos contundentes, tocantes, e inquietantes, que aspiram ir além da mera descrição escabrosa de horrores. O objetivo é buscar em nossos pontos mais sombrios respostas que indiquem significados maiores sobre nossa sociedade.

O livro que você tem em mãos é uma reunião de alguns dos melhores artigos publicados pela New Yorker nas últimas décadas, tratando de crimes reais, suas consequências, e o que eles podem jogar de luz sobre nossos sistemas legais, nossa sociedade, e nossa humanidade. Nas próximas páginas, você lerá um exame sobre o fenômeno dos assassinatos em massa em escolas e das falácias por trás das técnicas de perfil psicológico popularizadas por Hollywood; o dilema de uma artista judia acossada pelo nazismo e por segredos familiares, e de um cineasta estadunidense vítima dos próprios demônios; os excessos da justiça que levaram seis inocentes a confessarem um crime que não cometeram, e as manobras legais que tentam enfim garantir que um culpado pague pelo que fez; e a história que levou Chris Kyle, o Sniper Americano popularizado em filmes e livros, a ter um encontro fatídico com um jovem veterano de guerra, uma conjunção tão malsinada quanto a história de paixão de uma jovem professora e de um de seus estudantes na Paris flamejante de 68, em um artigo clássico da New Yorker publicado em 1971 e assinado por Mavis Gallant, uma das mais frequentes colaboradoras da revista e dos maiores nomes da literatura canadense do século XX (além de ser inspiração para a personagem de Frances McDormand no filme The French Dispatch). Publicado pela primeira vez no Brasil, "A Imortal Gatito" é um exemplar de um dos primeiros artigos combinando o estilo ensaístico do "novo jornalismo" com a narrativa de crimes, dando seguimento ao novo gênero criado por Capote, e que perdura até os dias de hoje.

Mentes Perigosas

Facilitando a criação de perfis criminais

por **Malcolm Gladwell**

12 de novembro de 2007

No dia 16 de novembro de 1940, os trabalhadores do edifício Consolidated Edison, na West Sixty-four Street, em Manhattan, encontraram uma bomba caseira no parapeito de uma janela. Junto à bomba havia uma nota: "Con Edison vigaristas, essa é para vocês". Em setembro de 1941, uma segunda bomba foi encontrada, na Nineteenth Street, a poucos quarteirões da sede da Con Edison, perto da Union Square. Havia sido deixada na rua, embrulhada em uma meia. Poucos meses depois, a polícia de Nova York recebeu uma carta que prometia "levar justiça à Con Edison — eles vão pagar por seus atos ignóbeis". Dezesseis outras cartas se seguiram, entre 1941 e 1946, todas escritas em letras de forma, muitas repetindo a frase "atos ignóbeis" e todas assinadas com as iniciais "F.P.". Em março de 1950, uma terceira bomba — maior e mais potente do que as outras — foi encontrada na última plataforma do Grand Central Terminal. A próxima foi deixada em uma cabine telefônica na Biblioteca Pública de Nova York. Essa explodiu, assim como outra colocada em uma cabine telefônica na Grand Central. Em 1954, o Mad Bomber — como ficou conhecido — atacou quatro vezes, uma no Radio City Music Hall, espalhando estilhaços em toda a plateia. Em 1955, ele atacou seis vezes. A cidade estava em alvoroço. A polícia não chegava a lugar algum. No final de

1956, em desespero, o inspetor Howard Finney, do laboratório criminal do Departamento de Polícia de Nova York, e dois homens à paisana fizeram uma visita a um psiquiatra chamado James Brussel.

Brussel era freudiano. Ele morava na Twelfth Street, em West Village, e fumava cachimbo. No México, no início de sua carreira, ele havia trabalhado em contraespionagem para o FBI. Ele escreveu muitos livros, incluindo *Instant Shrink: How to Become an Expert Psychiatrist in Ten Easy Lessons.*[1] Finney colocou uma pilha de documentos na mesa de Brussel: fotografias de bombas não detonadas, imagens da devastação, fotocópias ordenadas das mensagens escritas por F.P. "Não me escapou a expressão nos olhos dos dois homens à paisana", escreveu Brussel em suas memórias, *Casebook of a Crime Psychiatrist.*[2] "Eu já tinha visto essa expressão antes, na maioria das vezes no Exército, nos rostos de oficiais duros, da velha guarda, oficiais de campo, certos de que esse negócio ultramoderno de psiquiatria era besteira."

Ele começou a folhear os materiais do caso. Por dezesseis anos, F.P. tinha se fixado na ideia de que a Con Edison lhe fizera uma terrível injustiça. Certamente, ele era clinicamente paranoico. Mas a paranoia leva algum tempo para se desenvolver. F.P. vinha armando bombas desde 1940, o que sugeria que agora ele estava na meia-idade. Brussel olhou atentamente para a escrita meticulosa nos recados de F.P. para a polícia. Este era um homem metódico. Ele era cauteloso. Seu histórico de trabalho devia ser exemplar. Além do mais, a linguagem sugeria algum grau de escolaridade. Mas havia um certo formalismo na escolha das palavras e no fraseado. Con Edison costumava ser chamada de "A Con Edison". E quem ainda

---

1 NT: "Psiquiatra Instantâneo: Como Se Tornar um Psiquiatra Expert em Dez Lições Simples", inédito no Brasil.

2 NT: "Livro de Registro de um Psiquiatra Criminal", inédito no Brasil.

usa a expressão “atos ignóbeis”? F.P. parecia ter nascido no estrangeiro. Brussel olhou as letras mais de perto e percebeu que todas eram letras de forma maiúsculas perfeitas, exceto os “W”s. Eles eram disformes, como dois “U”s. Aos olhos de Brussel, aqueles “W”s pareciam um par de seios. Ele pulou para as descrições de cenas dos crimes. Quando F.P. plantava suas bombas nos cinemas, ele cortava a parte de baixo do assento com uma faca e enfiava os explosivos no estofado. Isso não parecia um ato simbólico de penetrar uma mulher ou castrar um homem — ou talvez ambos? F.P. provavelmente nunca havia progredido além do estágio edipiano. Ele era solteiro, um solitário vivendo com uma figura materna. Brussel continuou folheando as páginas. F.P. era eslavo. Assim como o uso de um garrote teria sugerido alguém de origem mediterrânea, a combinação de faca-e-bomba pareceu-lhe da Europa Oriental. Algumas das cartas foram enviadas do Condado de Westchester, mas F.P. não teria enviado as cartas de sua cidade natal. Ainda assim, várias cidades no sudeste de Connecticut tinham uma grande população eslava. E não era preciso passar por Westchester para chegar à cidade saindo de Connecticut?

Brussel parou por um momento e então, em uma cena que se tornou lendária entre os criadores de perfis criminais, ele fez uma previsão:

“Mais uma coisa.” Eu fechei os olhos porque não queria ver a reação deles. Eu vi o sujeito: impecavelmente alinhado, absolutamente correto. Um homem que evitaria os novos estilos de roupas até que o costume os tornasse conservadores. Eu o vi claramente — muito mais nítido do que os fatos realmente garantiam. Eu sabia que estava deixando minha imaginação me levar, mas não pude evitar.

“Mais uma coisa”, eu disse, de olhos bem fechados. “Quando você o pegar — e não tenho dúvidas de que o fará — ele estará vestindo um terno trespassado.”

"Jesus!", um dos detetives sussurrou.

"E estará abotoado", eu disse. Eu abri meus olhos. Finney e seus homens estavam olhando um para o outro.

"Um terno trespassado", disse o inspetor.

"Sim."

"Abotoado."

"Sim."

Ele assentiu. Sem dizer mais nada, eles foram embora.

Um mês depois, George Metesky foi preso pela polícia por conexão com os atentados em Nova York. Antes, seu nome era Milauskas. Ele morava em Waterbury, Connecticut, com suas duas irmãs mais velhas. Ele não era casado. Ele era impecavelmente alinhado. Ele ia à missa regularmente. Ele havia trabalhado na Con Edison de 1929 a 1931 e alegou ter se ferido no trabalho. Quando abriu a porta para os policiais, ele disse: "Eu sei porque vocês estão aqui. Vocês acham que eu sou o Mad Bomber". Era meia-noite e ele estava de pijama. A polícia pediu que ele se vestisse. Quando ele voltou, seu cabelo estava penteado em um topete e seus sapatos estavam recém-engraxados. Ele estava vestindo um terno trespassado — abotoado.

Em um novo livro, *Inside the Mind of BTK*[3], o eminente criador de perfis criminais do FBI, John Douglas, conta a história de um assassino em série que atacou nas ruas de Wichita, Kansas, nos anos setenta e oitenta. Douglas serviu de modelo para o agente Jack Crawford em "O Silêncio dos Inocentes". Ele era o protegido do criador de perfis pioneiro do FBI, Howard Teten, que ajudou a estabelecer a agência da Unidade de Ciências Comportamentais em Quantico, em 1972, e que

---

3 NT: "Por Dentro da Mente do BTK", inédito no Brasil.

foi um protegido de Brussel — o que, na estreita fraternidade dos criadores de perfis, é como ser analisado pelo analista que foi analisado por Freud. Para Douglas, Brussel era o pai da criação de perfis criminais e, tanto no estilo quanto na lógica, *Inside the Mind of BTK* homenageia *Casebook of a Crime Psychiatrist*.

"BTK" são as iniciais de "*Bind, Torture, Kill*" — "Amarrar, Torturar, Matar" — as três palavras que o assassino usou para se identificar em suas notas provocativas à polícia de Wichita. Ele atacou pela primeira vez em janeiro de 1974, quando matou Joseph Otero, de trinta e oito anos, em sua casa, junto com sua esposa, Julie, o filho deles, Joey, e sua filha de onze anos, que foi encontrada pendurada em um cano de água no porão com sêmen na perna. Em abril, ele esfaqueou uma mulher de vinte e quatro anos. Em março de 1977, ele amarrou e estrangulou outra jovem e, nos anos seguintes, cometeu pelo menos mais quatro assassinatos. A cidade de Wichita estava em alvoroço. A polícia não chegava a lugar nenhum. Em 1984, em desespero, dois detetives da polícia de Wichita fizeram uma visita à Quantico.

A reunião, escreve Douglas, foi realizada em uma sala de conferências no primeiro andar do prédio de ciências forenses do FBI. Ele estava então com quase uma década de carreira na Unidade de Ciências Comportamentais. Seus dois primeiros best-sellers, *Mindhunter: O Primeiro Caçador de Serial Killers Americano*[4] e *Obsession: The FBI's Legendary Profiler Probes the Psyches of Killers, Rapists, and Stalkers and Their Victims and Tells How to Fight Back*[5], ainda não haviam sido escritos. Trabalhando em cento e cinquenta casos por ano, ele estava constantemente na estrada, mas BTK nunca estava lon-

4 Intrínseca, 2017.

5 NT: "Obsessão: Os Lendários Criadores de Perfis do FBI Investigam a Psiquê de Assassinos, Estupradores, e Suas Vítimas, e Dizem Como Contra-Atacar", inédito no Brasil.

ge de seus pensamentos. "Algumas noites eu ficava acordado me perguntando: 'Quem diabos é esse BTK?'", escreve ele. "O que faz um cara como esse fazer o que faz? O que o faz agir assim?"

Roy Hazelwood sentou-se ao lado de Douglas. Magro e fumante inveterado, Hazelwood se especializou em crimes sexuais e escreveu os best-sellers *Dark Dreams*[6] e *The Evil That Man Do*[7]. Ao lado de Hazelwood estava um ex-piloto da Força Aérea chamado Ron Walker. Walker, escreve Douglas, era "muito perspicaz" e um "pesquisador excepcionalmente rápido". Os três homens da agência e os dois detetives estavam sentados ao redor de uma enorme mesa de carvalho. "O objetivo de nossa sessão era seguir em frente até ficarmos sem material", escreve Douglas. Eles se baseariam na tipologia desenvolvida por seu colega Robert Ressler, autor dos best-sellers de crimes reais *Whoever Fights Monsters*[8] e *I Have Lived in the Monster*[9]. O objetivo era pintar uma imagem do assassino — que tipo de homem BTK era, e o que ele fazia, e onde trabalhava — e com essa cena *Inside the Mind of BTK* começa.

Agora estamos tão familiarizados com as histórias de crimes contadas através dos olhos dos criadores de perfis que é fácil perder de vista o quão audacioso o gênero é. A história tradicional de detetives começa com o corpo e se concentra na busca do detetive pelo culpado. Pistas são perseguidas. Uma rede é lançada, esticada para abranger um grupo surpreendentemente diversificado de suspeitos: o mordomo, o amante rejeitado, o sobrinho amargurado, o europeu sombrio. Isso é o método "quem fez" (*Whodunit*). No gênero de criação de per-

6 NT: "Sonhos Sombrios", inédito no Brasil.

7 NT: "O Mal Que Homens Cometem", inédito no Brasil.

8 NT: "Quem Quer Que Enfrente Monstros", inédito no Brasil.

9 NT: "Eu Vivi no Monstro", inédito no Brasil.

fis, a rede é encurtada. A cena do crime não inicia nossa busca pelo assassino. Ela define o assassino para nós. O criador de perfis examina os materiais da caixa, olha para longe e *sabe*. “Geralmente, um psiquiatra pode estudar um homem e fazer algumas previsões razoáveis sobre o que o homem pode fazer no futuro — como ele vai reagir a tal e tal estímulo, como ele se comportará em tal e tal situação”, Brussel escreve. “O que fiz foi inverter os termos da profecia. Ao estudar as ações de um homem, deduzi que tipo de homem ele poderia ser.” Procure por um eslavo de meia-idade em um terno trespassado. As histórias de criação de perfis não são *Whodunits*; elas são *Hedunits* (“ele fez”).

No *Hedunit*, o criador de perfis não captura o criminoso. Isso é para as autoridades locais. Ele assume a reunião. Frequentemente, ele não escreve suas previsões. Cabe aos policiais visitantes fazerem as anotações. Ele não sente necessidade de se envolver na investigação subsequente, ou mesmo, ao que parece, justificar suas previsões. Certa vez, Douglas nos conta, ele dirigiu até a delegacia de polícia local e ofereceu seus serviços no caso de uma mulher idosa que havia sido violentamente espancada e abusada sexualmente. Os detetives que trabalhavam no crime eram policiais comuns, e Douglas era o cara da agência, então você pode imaginá-lo empoleirado na borda de uma mesa, com os outros puxando as cadeiras ao seu redor.

“‘OK’, eu disse aos detetives… ‘Aqui está o que eu penso’”, Douglas começa. “É um garoto de dezesseis ou dezessete anos do ensino médio… Ele terá uma aparência desgrenhada, descabelado, costumeiramente desleixado.” Ele avança: Um solitário, meio esquisito, sem namorada, muita raiva reprimida. Ele vem para a casa da senhora. Ele sabe que ela está sozinha. Talvez ele tenha feito alguns trabalhos para ela no passado.

Douglas continua:

Eu pauso minha narrativa e digo a eles que alguém lá fora se enquadra nessa descrição. Se eles puderem encontrá--lo, pegarão o agressor.

Um detetive olha para outro. Um deles começa a sorrir. "Você é vidente, Douglas?"

"Não", eu digo, "mas meu trabalho seria muito mais fácil se eu fosse".

"Porque nós recebemos uma vidente aqui, Beverly Newton, algumas semanas atrás, e ela disse quase as mesmas coisas."

Você poderia pensar que Douglas se incomodaria com essa comparação. Afinal, ele é um agente do FBI que estudou com Teten, que estudou com Brussel. Ele é um exímio criador de perfis, parte de uma equipe que restaurou a reputação do FBI no combate ao crime, inspirou inúmeros filmes, programas de televisão e suspenses de sucesso, e trouxe as ferramentas modernas da psicologia para lidar com a selvageria da mente criminosa — e um policial o chama de *vidente*. Mas Douglas não contesta. Em vez disso, ele começa a devanear sobre as origens inefáveis das suas percepções, ponto em que surge a pergunta sobre o que é exatamente essa arte misteriosa chamada criação de perfis, e se é confiável.

Douglas escreve,

O que tento fazer em um caso é reunir todas as evidências com as quais tenho que trabalhar... e depois me coloco mental e emocionalmente na cabeça do agressor. Tento pensar como ele. Eu não tenho certeza exatamente de como isso acontece, não tenho certeza, não mais do que romancistas como Tom Harris, que me consultou ao longo dos anos, po-

dem dizer exatamente como seus personagens ganham vida. Se há um componente psíquico nisso, não vou fugir dele.

No final dos anos setenta, John Douglas e seu colega do FBI, Robert Ressler, começaram a entrevistar os mais notórios assassinos em série do país. Eles começaram na Califórnia, uma vez que, como Douglas diz, "a Califórnia sempre teve mais do que sua cota em crimes estranhos e espetaculares". Nos meses seguintes, aos finais de semana e dias de folga, eles pararam em uma prisão federal após a outra, até entrevistarem trinta e seis assassinos.

Douglas e Ressler queriam saber se havia um padrão que conectava a vida e a personalidade de um assassino com a natureza de seus crimes. Eles estavam procurando o que os psicólogos chamam de homologia, uma conciliação entre temperamento e ação, e, depois de comparar o que aprenderam com os assassinos com o que já sabiam sobre as características de seus assassinatos, eles se convenceram de que haviam encontrado um.

Os assassinos em série, concluíram, se enquadram em duas categorias. Algumas cenas de crimes mostram evidências de lógica e planejamento. A vítima foi caçada e selecionada, a fim de cumprir uma fantasia específica. O recrutamento da vítima pode envolver um ardil ou um golpe. O perpetrador mantém o controle durante todo o crime. Ele demora um tempo com a vítima, cuidadosamente encenando suas fantasias. É adaptável e móvel. Quase nunca deixa uma arma para trás. Ele esconde meticulosamente o corpo. Douglas e Ressler, em seus respectivos livros, chamam esse tipo de crime de "organizado".

Em um crime "desorganizado", a vítima não é escolhida logicamente. Ela é escolhida aparentemente de forma aleatória e "atacada de surpresa". O assassino pode pegar uma faca de carne na cozinha e deixar para trás. O crime é executado de maneira tão descuidada que a vítima frequentemente tem chance de se defender. O crime pode ocorrer em um ambiente de alto risco. "Ademais, o assassino desorganizado não tem ideia ou interesse nas personalidades de suas vítimas", escreve Ressler em *Whoever Fights Monsters*. "Ele não quer saber quem elas são, e muitas vezes toma medidas para obliterar suas personalidades, deixando-as rapidamente inconscientes ou cobrindo seus rostos ou desfigurando-as de alguma outra forma."

Cada um desses estilos, segue argumentando, corresponde a um tipo de personalidade. O assassino organizado é inteligente e articulado. Ele se sente superior àqueles ao seu redor. O assassino desorganizado não é atraente e tem uma autoimagem pobre. Ele geralmente tem algum tipo de deficiência. É muito estranho e retraído para se casar ou ter uma namorada. Se ele não mora sozinho, mora com seus pais. Ele tem pornografia escondida em seu armário. Se ele dirige, seu carro está em péssimas condições.

"Presume-se que a cena do crime reflita o comportamento e a personalidade do assassino da mesma forma que os móveis revelam o temperamento do dono da casa", somos ensinados em um manual de crimes que Douglas e Ressler ajudaram a escrever. Quanto mais eles aprendiam, mais precisas as associações se tornavam. Se a vítima fosse branca, o assassino seria branco. Se a vítima fosse velha, o assassino seria sexualmente imaturo.

"Em nossa pesquisa, descobrimos que frequentemente criminosos em série fracassaram em seus esforços para ingressar nos departamentos de polícia e trabalhavam em áreas relacionadas, como segurança ou vigia noturno", escreve Douglas. Dado que estupradores organizados estavam preocupados com controle, fazia sentido que eles ficassem fascinados pela instituição social que simboliza o controle. Dessa percepção veio outra previsão: "Uma das coisas que começamos a dizer em alguns de nossos perfis era que o suspeito" — o sujeito desconhecido — "dirigia um carro igual ao da polícia, como um Ford Crown Victoria ou Chevrolet Caprice".

Superficialmente, o sistema do FBI parece extraordinariamente útil. Considere um estudo de caso amplamente utilizado na literatura de criação de perfis. O corpo de uma professora de educação especial de vinte e seis anos foi encontrado no telhado de seu prédio no Bronx. Ela aparentemente foi sequestrada logo após sair de casa para trabalhar, às seis e meia da manhã. Foi espancada até ficar irreconhecível e amarrada com suas meias e cinto. O assassino havia mutilado seus órgãos sexuais, cortado fora seus mamilos, coberto seu corpo com mordidas, escrito obscenidades em seu abdômen, se masturbado e depois defecado próximo ao corpo.

Vamos fingir que somos criadores de perfis do FBI. Primeira pergunta: raça. A vítima é branca, então vamos supor que o agressor também seja. Digamos que ele tenha de vinte e cinco a trinta e poucos anos, que é quando os trinta e seis homens da amostra feita pelo FBI começaram a matar. O crime é organizado ou desorganizado? Desorganizado, claramente. Foi em um telhado, no Bronx, em plena luz do dia — alto risco. Então, o que o assassino está fazendo no prédio às seis e meia da manhã? Ele pode ser algum tipo de empregado ou pode morar na vizinhança. De qualquer forma, ele parece estar familiarizado com o prédio. Contudo, ele é desorganizado, diante disso não é estável. Se está empregado, é um trabalhador braçal, na melhor das hipóteses. Ele provavelmente já cometeu algum crime relacionado à violência ou sexo. Seus relacionamentos com mulheres serão inexistentes ou profundamente problemáticos. E a mutilação e a defecação são tão bizarras que ele provavelmente tem alguma doença mental ou algum tipo de problema de abuso de substâncias. Como isso soa? Como se constatou, é perfeito. O assassino era Carmine Calabro, trinta anos, solteiro, desempregado e um ator profundamente perturbado que, quando não estava internado em um hospital psiquiátrico, morava com seu pai viúvo no quarto andar do prédio em que ocorreu o assassinato.

Mas quão útil é esse perfil, realmente? A polícia já tinha Calabro em sua lista de suspeitos: se você está procurando pela pessoa que matou e mutilou alguém no telhado, você não precisa realmente de um criador de perfis lhe dizendo para verificar o cara desgrenhado e doente mental que mora com seu pai no quarto andar.

É por isso que os criadores de perfis do FBI sempre tentaram complementar os contornos básicos do sistema organizado/desorganizado com detalhes reveladores — algo que permita que a polícia se concentre em um suspeito. No início dos anos 1980, Douglas fez uma apresentação para uma sala cheia de policiais e agentes do FBI do condado de Marin sobre o assassino de Trailside, que matava mulheres durante suas caminhadas nas colinas ao norte de São Francisco. Na opinião de Douglas, o assassino era um clássico criminoso "desorganizado" — atacava de surpresa, branco, de trinta e poucos anos, operário, provavelmente com "histórico de fazer xixi na cama, iniciar incêndios e cometer crueldade com os animais". Então ele voltou ao quão antissocial o assassino parecia. Por que todas as mortes ocorreram em áreas densamente arborizadas, a quilômetros da estrada? Douglas ponderou que o assassino precisava de tal reclusão porque tinha alguma disfunção sobre a qual ficava profundamente constrangido. Seria algo físico, como um membro faltando? Mas então como ele poderia caminhar por milhas dentro da floresta e dominar fisicamente suas vítimas? Finalmente lhe veio: "Outra coisa", eu acrescentei depois uma pausa significativa, "o assassino terá um problema de fala".

E realmente tinha. Ora, esse é um detalhe útil. Ou não? Douglas então nos diz que ele calculou a idade do criminoso como trinta e poucos anos, e no fim ele tinha cinquenta. Os detetives usam perfis para restringir a gama de suspeitos. Não adianta nada acertar um detalhe específico se você errar os detalhes maiores.

No caso de Derrick Todd Lee, o assassino em série de Baton Rouge, o perfil do FBI descreve o agressor como um homem, branco, trabalhador braçal, entre vinte e cinco e trinta anos, que "quer ser visto como alguém atraente e interessante para as mulheres". O perfil prosseguia: "No entanto, seu nível de sofisticação na interação com as mulheres, especialmente mulheres que estão acima do seu nível social, é baixo. Qualquer contato que ele tenha tido com mulheres que ele achava atraentes seria descrito por essas mulheres como estranho". O FBI estava certo sobre o assassino ser homem e operário, entre vinte e cinco e trinta anos. Mas Lee era charmoso e extrovertido, do tipo que coloca um chapéu de cowboy, botas de pele de cobra e vai para o bar. Ele era extrovertido, com várias namoradas e reputação de mulherengo. E ele não era branco. Era negro.

Um perfil não é um teste, no qual você passa se acerta a maioria das respostas. É um retrato, e todos os detalhes devem ser coerentes de alguma forma para que a imagem seja útil. Em meados dos anos noventa, o Ministério do Interior britânico analisou cento e oitenta e quatro crimes, para ver quantas vezes os perfis levaram à prisão de um criminoso. O perfil funcionou em cinco desses casos. Isso é apenas 2,7 por cento, o que faz sentido se você considerar a posição do detetive na ponta receptora da lista de conjecturas de um criador de perfis. Você acredita na parte da gagueira? Ou você acredita na parte dos trinta anos? Ou você ergue as mãos em frustração?

Há um problema ainda pior com os criadores de perfis do FBI. Douglas e Ressler não entrevistaram uma amostra representativa de assassinos em série para descobrir sua tipologia. Eles conversaram com quem quer que estivesse nas proximidades. E nem entrevistaram os participantes com um protocolo padronizado. Eles apenas se sentaram e conversaram, o que não é uma base particularmente sólida para um sistema psicológico. Logo, você pode questionar se os assassinos em série podem realmente ser categorizados pelo nível de organização.

Há não muito tempo, um grupo de psicólogos da Universidade de Liverpool decidiu testar as premissas do FBI. Primeiro eles fizeram uma lista das características de cenas de crimes geralmente consideradas organizadas: talvez a vítima estivesse viva durante os atos sexuais, ou o corpo foi posto de uma determinada maneira, ou a arma do crime estava desaparecida, ou o corpo estava escondido, ou tortura e constrições estivessem envolvidas. Em seguida, eles fizeram uma lista de características que demonstram desorganização: talvez a vítima tenha sido espancada, o corpo foi deixado em um local isolado, os pertences da vítima foram espalhados, ou a arma do crime foi improvisada.

Se o FBI estivesse certo, eles ponderaram, os detalhes das cenas dos crimes em cada uma dessas duas listas deveriam "coocorrer" — isto é, se você vir um ou mais traços de organização em um crime, há uma probabilidade razoavelmente alta de perceber mais traços de organização. Quando eles analisaram uma amostra de uma centena de crimes em série, no entanto, não conseguiram encontrar qualquer suporte para a distinção do FBI. Os crimes não se enquadram em um campo ou em outro. Acontece que eles quase sempre são uma mistura de alguns traços principais organizados e um conjunto aleatório de traços desorganizados. Laurence Alison, um dos líderes do grupo de Liverpool e autor de *The Forensic Psychologist's*

Casebook[10], me disse: "A coisa toda é muito mais complicada do que o FBI imagina".

Alison e outros de seus colegas também buscaram a homologia. Se Douglas estivesse certo, então determinado tipo de crime deveria corresponder a um certo tipo de criminoso. Assim, o grupo de Liverpool selecionou cem estupros incomuns no Reino Unido, classificando-os de acordo com vinte e oito variáveis, tais como se um disfarce foi usado, se elogios foram ditos, se as vítimas foram amarradas, amordaçadas ou vendadas, se houve um pedido de desculpas ou se objetos pessoais foram roubados e assim por diante. Eles então examinaram se os padrões nos crimes correspondiam às características dos criminosos — como idade, tipo de emprego, etnia, nível de educação, estado civil, número de condenações anteriores, tipo de condenações anteriores e uso de drogas. Os estupradores que amarravam, amordaçavam e vendavam eram mais parecidos uns com os outros do que estupradores que, digamos, elogiam e pedem desculpas? A resposta é não — nem um pouco.

"O fato é que diferentes criminosos podem exibir os mesmos comportamentos por razões completamente diferentes", diz Brent Turvey, um cientista forense que critica ferrenhamente a abordagem do FBI. "Você tem um estuprador que ataca uma mulher no parque e puxa a camisa dela sobre o rosto. Por quê? O que isso significa? Pode significar dez coisas diferentes. Pode significar que ele não quer vê-la. Pode significar que ele não quer que ela o veja. Pode significar que ele quer ver seus seios, que quer imaginar outra pessoa, que quer imobilizar seus braços — todas essas são possibilidades. Você não pode olhar para um comportamento isolado."

---

10 "Livro de Casos do Psicólogo Forense", inédito no Brasil.

Há alguns anos, Alison voltou ao caso da professora que foi assassinada no telhado de um prédio no Bronx. Ele queria saber por que a abordagem do FBI para os perfis criminais continua a ter uma reputação tão excelente se é baseada em uma psicologia tão simplista. A resposta, ele suspeitava, estava na maneira como os perfis foram escritos e, certamente, quando ele se desdobrou sobre a análise do assassino do telhado, frase por frase, ele descobriu que era tão cheia de linguagem inverificável, contraditória e ambígua que poderia virtualmente apoiar qualquer interpretação.

Astrólogos e médiuns conhecem esses truques há anos. O mágico Ian Rowland, em seu clássico *The Full Facts Book of Cold Reading*[11], especifica-os um por um, no que poderia facilmente servir como um manual para o criador de perfis iniciante. O primeiro é o *Estratagema do Arco-íris*, a "declaração que reputa ao cliente um traço de personalidade *e* seu oposto": "Eu diria que, no geral, você pode ser um tipo bastante calado e discreto mas, nos momentos certos, você pode ser a vida e a alma da festa se estiver no clima". Outro truque foi nomeado como *A Declaração de Jacques* em razão da personagem de *Como Gostais,* de Shakespeare, que faz o discurso das "Sete Idades do Homem", adaptando a previsão para a idade do sujeito. Para alguém no fim dos trinta ou começo dos quarenta anos, por exemplo, o médium diz: "Se você for sincero a respeito, muitas vezes se pergunta o que aconteceu com todos aqueles sonhos que tinha quando era mais jovem". Existe a *Declaração de Barnum*, onde a afirmação é tão generalista que qualquer um concordaria, e o *Fato Difuso*, declaração aparentemente factual dita de tal forma que "deixa

11 NT: "O Livro Completo de Fatos Sobre Leitura Fria", inédito no Brasil. Leitura Fria é uma técnica usada por mágicos e farsantes que permite obter informações, ou dar a impressão de que se obteve informações, sobre um interlocutor sem que ele as tenha revelado anteriormente, simulando poderes psíquicos de adivinhação ou mediunidade.

muito espaço para ser desenvolvida em algo mais específico". ("Eu posso ver uma conexão com a Europa, possivelmente a Grã-Bretanha, ou poderia ser na parte mais quente, no Mediterrâneo?") E isso é apenas o começo: há a técnica da *Grama Mais Verde*, a *Pergunta Desviada*, a *Boneca Russa*, *Torrões de Açúcar*, para não mencionar a *Forquilha* e o *Palpite de Sorte* — todos, quando colocados juntos em combinações habilidosas, podem convencer até mesmo o observador mais cético de que ele ou ela está na presença de uma percepção real.

"Passando para as questões de carreira, você não trabalha com crianças, trabalha?" Rowland fará perguntas para os participantes, em um exemplo do que ele chama de "A Negativa de Fuga".

Não, eu não.

"Não, eu achei que não. Esse não é realmente o seu lugar."

Claro, se o participante responder de forma diferente, há outra maneira de fazer a pergunta: "Passando para as questões de carreira, você não trabalha com crianças, trabalha?".

Eu trabalho, na verdade. Meio período.

"Sim, pensei que sim."

Depois que Alison analisou o perfil do assassino no telhado, ele decidiu jogar uma versão do jogo de leitura a frio. Ele dava os detalhes do crime, o perfil preparado pelo FBI e uma descrição do criminoso a um grupo de policiais veteranos e profissionais forenses da Inglaterra. O que eles acharam do perfil? Altamente preciso. Então Alison deu o mesmo conjunto de materiais do caso para outro grupo de policiais, mas desta vez ele inventou um criminoso imaginário, um que era totalmente diferente de Calabro. O novo assassino tinha trinta e sete anos. Era alcoólatra. Havia sido recentemente dispensado de seu trabalho na companhia de saneamento básico e havia conhecido a vítima antes, em um de seus turnos. E mais, Alison alegou que ele possuía um histórico de relacionamentos violentos com mulheres e condenações anteriores por agressão e assaltos à residências. Quão preciso o grupo de policiais experientes achou que era o perfil do FBI quando ele foi comparado ao do falso criminoso? Tão preciso quanto quando foi associado ao verdadeiro agressor.

Logo, James Brussel não viu realmente o Mad Bomber naquela pilha de imagens e fotocópias. Foi uma ilusão. Como o estudioso literário Donald Foster apontou em seu livro *Author Unknown*[12], Brussel clareou as previsões para seu *memoir*. Na verdade, ele disse à polícia para procurar o homem-bomba em White Plains, enviando a divisão de bombas do NYPD a vasculharem inutilmente os registro do condado de Westchester. Brussel também disse à polícia para procurar por um homem com uma cicatriz no rosto, que Metesky não tinha. Disse-lhes para procurar um homem com um emprego noturno, e Metesky estava praticamente desempregado desde que deixou a Con Edison em 1931. Disse-lhes para procurar alguém entre quarenta e cinquenta anos, e Metesky tinha mais de cinquenta anos. Ele lhes disse para procurar alguém que fosse um "especialista em munições civis ou militares" e o mais próximo que Metesky chegou disso foi um breve período em uma oficina mecânica. E Brussel, apesar do que escreveu em seu livro de memórias, nunca disse que o homem-bomba seria um eslavo. Na verdade, ele disse à polícia para procurar um homem "nascido e educado na Alemanha", uma previsão tão errada que o próprio Mad Bomber se sentiu obrigado a contestar. No auge da investigação policial, quando o *Journal American* de Nova York se ofereceu para publicar qualquer informação sobre o Mad Bomber, Metesky respondeu com raiva que "o mais perto de eu ser 'teutônico' é que meu pai embarcou num transatlân-

12 NT: "Autor Desconhecido", inédito no Brasil.

tico em Hamburgo para chegar a este país — cerca de sessenta e cinco anos atrás".

O verdadeiro herói do caso não foi Brussel, mas uma mulher chamada Alice Kelly, que havia sido designada para examinar os arquivos pessoais da Con Edison. Em janeiro de 1957, ela se deparou com a reclamação de um funcionário do início da década de 1930: um limpador de geradores da fábrica de Hell Gate que se acidentou por conta de uma explosão de gases quentes. O trabalhador disse que sofreu uma lesão. A empresa disse que não. E na enxurrada de cartas furiosas do ex-funcionário, Kelly viu uma ameaça de "fazer justiça com minhas próprias mãos" — o que coincidia com uma das cartas do Mad Bomber. O nome no arquivo era George Metesky.

Brussel não entendia realmente a mente do Mad Bomber. Ele parece ter percebido apenas que, se você fizer um grande número de previsões, as erradas logo seriam esquecidas e as que se revelassem verdadeiras o tornariam famoso. O *Hedunit* não é um triunfo da análise forense. É um truque de festa.

"Aqui é onde estou com esse cara", disse Douglas, dando início à sessão de criação de perfil com a qual *Inside the Mind of BTK* começa. Era 1984. O assassino ainda estava foragido. Douglas, Hazelwood, Walker e os dois detetives de Wichita estavam todos sentados ao redor da mesa de carvalho. Douglas tirou o paletó e o pendurou na cadeira. "Quando ele surgiu em 1974, estava com vinte e tantos anos", começou Douglas. "Agora já se passaram dez anos, então isso o colocaria em seus trinta e tantos anos."

Foi a vez de Walker: BTK nunca havia praticado nenhuma penetração sexual. O que sugere alguém com uma "história sexual inadequada e imatura". Ele teria uma "personalidade do tipo lobo solitário. Mas ele não está sozinho porque é evitado pelos outros — ele escolhe ficar sozinho... Ele pode ter êxito em situações sociais, mas apenas na superfície. Ele pode ter amigas com quem conversar, mas se sentiria muito inadequado com uma parceira". Hazelwood foi o próximo. BTK seria "muito adepto à masturbação". Ele continua: "Mulheres que fizeram sexo com esse cara o descreveriam como distante, indiferente, do tipo que está mais interessado em se servir do que o contrário".

Douglas seguiu a deixa. "As mulheres com quem ele esteve ou são muitos anos mais novas, muito ingênuas ou muito mais velhas e dependem dele como um vale-refeição", arriscou. E mais, os criadores de perfis determinaram que BTK dirigiria um automóvel "decente", mas "indeterminado".

Nesse ponto, as percepções começaram a se acumular. Douglas disse que estava achando que BTK era casado. Mas agora talvez ele achasse que fosse divorciado. Ele especulou que BTK era de classe média baixa, provavelmente morando de aluguel. Walker sentia que BTK tinha um "trabalho administrativo de baixa remuneração, em oposição ao trabalho braçal". Hazelwood o via como "classe média" e "articulado". O consenso era que seu QI estava entre 105 e 145. Douglas se perguntava se ele estaria ligado aos militares. Hazelwood o chamou de uma pessoa imediatista, que precisava de "gratificação instantânea".

Walker disse que aqueles que o conheciam "podem dizer que se lembram dele, mas não sabem muito a seu respeito". Douglas então teve um clarão — "Foi uma sensação, quase um saber" — e disse: "Eu não ficaria surpreso se, no trabalho em que está hoje, esteja usando algum tipo de uniforme... Esse cara não é doente mental. Mas ele é louco como uma raposa".

Eles estavam nisso há quase seis horas. As melhores mentes do FBI deram aos detetives de Wichita um plano para sua investigação. Procure um homem americano com possível conexão com o Exército. Seu QI será mais de 105. Ele irá gostar de se masturbar e será distante e egoísta na cama. Ele vai dirigir um carro decente. Ele será uma pessoa imediatista. Ele não se sentirá confortável com mulheres. Mas ele pode ter amigas mulheres. Ele será um lobo solitário. Mas será capaz de ter êxito em situações sociais. Ele não será memorável. Mas será fechado. Ou ele poderá nunca ter sido casado, ou é divorciado ou casado e, se foi ou for casado, sua esposa será mais jovem ou mais velha que ele. Ele pode ou não viver de aluguel, e pode ser de classe baixa, classe baixa-alta, classe média-baixa ou classe média. E ele será louco como uma raposa, mas não doente mental. Se você estiver contando, é uma declaração de Jacques, duas declarações de Barnum, quatro Estratagemas do Arco-íris, um Palpite de Sorte, duas previsões que não são realmente previsões porque nunca poderiam ser verificadas — e coisa alguma perto do fato relevante de que BTK era um pilar em sua comunidade, o dirigente da igreja e o pai casado de dois filhos.

"Essa coisa tem solução", Douglas disse aos detetives, enquanto se levantava e vestia o paletó. "Sintam-se à vontade para pegar o telefone e nos ligar se pudermos ser de alguma ajuda." Você pode imaginá-lo parando um momento para dar um sorriso encorajador e um tapa nas costas. "Você vai pegar esse cara."

Lembranças de Um Crime

A evidência genética inocentou seis assassinos condenados. Por que então eles se lembram do crime tão vividamente?

por **Rachel Aviv**

12 de junho de 2017

Quando Ada JoAnn Taylor fica tensa, ela tem a impressão de que consegue sentir o tecido de uma almofadinha de sofá por entre seus dedos. Taylor tem sofrido desses flashbacks táteis por três décadas. Ela se vê em um pequeno apartamento em Beatrice, Nebraska. Ela está segurando as pontas de uma almofada, com mais força do que pretendia, e está sufocando uma viúva de sessenta e oito anos. "Eu sinto muito por ela", Taylor me disse recentemente. "Ela tinha a idade da minha avó."

Taylor confessou o homicídio da mulher em 1989 e por duas décadas acreditou ser culpada. Ela passou mais de dezenove anos presa pelo crime pelo qual foi perdoada. Ela era uma das seis pessoas acusadas do assassinato, cinco das quais fizeram acordos com a Promotoria de Justiça confessando o crime em troca de penas menores; duas dessas pessoas internalizaram a culpa tão profundamente que, até mesmo depois de serem libertadas, ainda tinham lembranças vívidas de cometerem o crime. Em nenhum outro caso nos Estados Unidos memórias falsas de culpa perduraram por tanto tempo. A situação é um caso de estudo sobre a maleabilidade da memória; uma noção implausível, a princípio recebida com dúvidas, cresce até se tornar uma crença firmemente enraizada que rearranja a autobiografia e o senso de identidade de uma pessoa.

Eli Chesen, um psiquiatra do Nebraska que avaliou Taylor e seus corréus depois de suas solturas, me disse: "Eles ainda acreditam, em níveis diferentes, terem sangue nas mãos". Ele comparou o caso com o Massacre de Jonestown, em 1978, quando o líder de um culto persuadiu mais de novecentas pessoas a cometerem suicídio na Guiana. "Você tem um grupo de pessoas que são levadas a compartilhar uma mesma ilusão, ao mesmo tempo, com graves consequências", ele disse. "Suas novas crenças sobrepuseram suas experiências de vida prévias, como papel cobrindo uma pedra."

Taylor ainda se preocupa que sua família e amigos estão secretamente pensando, "Você é uma assassina". "Você não estava lá, JoAnn", ela tenta dizer a si mesma. "Tá tudo bem. Você não é uma má pessoa." Mas a memória de estar segurando a almofada a faz chorar.

Beatrice é uma cidade de doze mil e quinhentas pessoas no sudeste de Nebraska, cercada por trigo, milho e campos de soja. Sua economia depende do hospital estadual para portadores de deficiências mentais. O poeta Weldon Kees, que cresceu em Beatrice, escreveu uma série de histórias ficcionais sobre a cidade. Em uma delas, operários de obra, escavando nas cercanias de um cemitério indígena, descobrem um cadáver. Sob as ordens de seu chefe, eles se calam sobre o que acharam, e pulverizam o corpo.

Taylor, que cresceu em uma fazenda de gado em Leicester, Carolina do Norte, chegou em Beatrice em 1981, acompanhando o namorado. Ela tinha dezoito anos e estava grávida. Três semanas depois, ele a deixou. Ela se matriculou na Escola de Ensino Médio de Beatrice e criou a filha, Rachel, sozinha. Lésbica não-assumida, Taylor gostava de vestir calças jeans e camisas de botão masculinas escuras. Ela era conhecida na cidade como uma valentona. Um policial a descreveu como "algum tipo de amazona". Ela chamava atenção para si mesma fazendo casualmente comentários polêmicos. "Eu vim de uma casa com muitas tentativas de suicídio", ela anunciava aos estranhos.

À noite, ela bebia no R&S, um bar no centro de Beatrice que era frequentado por motociclistas e desajustados da sociedade. Ela lembra do seu estado mental na época como sendo "acabada de bêbada, emocionalmente volúvel, e fácil de explodir". Ela carregava uísque no bolso da jaqueta e, quando bebia, agia como uma menininha, saltitando e cantando.

Por recomendação dos serviços de proteção às crianças, Taylor começou a se consultar com um psicólogo chamado Wayne Price, que foi encarregado de ajudá-la a se tornar uma mãe melhor. "Ele me disse que eu era como uma lesma", disse Taylor. "Eu estava me esticando para alcançar amor, mas ao mesmo tempo fechando as minhas portas." Ela tinha sido removida de casa aos onze anos, após ser abusada sexualmente pelo padrasto repetidas vezes, e passou a adolescência com guardiões provisórios. E percebeu que "dentro de mim havia uma pessoa doce esperando para ser libertada".

Price a diagnosticou como portadora de transtorno de personalidade limítrofe, uma doença caracterizada pela instabilidade de humor e de autoimagem. Depois de vários meses de terapia, Price registrou que Taylor estava "tentando ser mais doméstica, cozinhando, fazendo serviços de casa". Mas ela ainda era impulsiva e emotiva, e, em 1985, ele recomendou que ela abrisse mão da guarda da filha. Taylor confiou em Price e concordou. "'É preciso mais amor de mãe para deixar ir do que para segurar' é o único modo como consigo descrever", ela disse. Ela deu sua filha para adoção e se mudou para Los Angeles, onde se sustentou prestando serviços sexuais.

Poucos meses depois, ela voltou para Beatrice acompanhada de Joseph White, um belo jovem de vinte e dois anos que vinha atuando em filmes pornográficos gays em L.A. Ele queria ajudar Taylor a lutar pela custódia da filha. Nenhum dos dois compreendia que o procedimento judicial estava encerrado; ela tinha perdido todos os direitos parentais.

Taylor voltou a se reunir com um grupo de colegas de escola que eram sexualmente atípicos, pobres, e com baixa autoestima. White, que gostava de fazer artesanato com madeira e escrever poesia, se tornou amigo deles também. Eles começaram a fazer um filme pornográfico de baixo orçamento. Um policial local reclamou que eles "vagavam pelas ruas de Beatrice à uma, duas, três da manhã". Outro oficial disse, "Eles não tinham nada. E não conheciam ninguém".

O escritório da Lincoln Telefones & Telégrafos, no centro de Beatrice, era um edifício de tijolos vermelhos com cantos de pedra branca, onde por volta de vinte telefonistas — mulheres vestidas de saias pretas e blusas brancas — costumavam fazer a conexão de vinte e cinco mil chamadas por dia. "Toda mulher na vizinhança sabe exatamente quantos pintinhos cada galinha chocou em um raio de quinze quilômetros", o jornal *Democrat* de Beatrice publicou, pouco depois da companhia ser fundada, na virada do século XX. Na década de 1950, depois da invenção da discagem direta, o prédio foi convertido em um condomínio residencial, ocupado principalmente por mulheres idosas e jovens trabalhadoras solteiras.

Poucos meses depois de Taylor ter voltado para Beatrice, Helen Wilson, que vivia sozinha no primeiro andar, foi estuprada e asfixiada. A polícia achou sangue do tipo B, pertencente ao invasor, no colchão, paredes e roupa de baixo de Wilson, e sêmen em seu corpo. Wilson era uma avó que jogava bingo algumas noites por semana, e trabalhava como voluntária no berçário da Igreja Metodista, a meia quadra de seu apartamento. A polícia presumiu que o culpado era alguém consumido por fervor religioso — havia várias outras igrejas nas proximidades — ou um homossexual, pois Wilson tinha sido estuprada pelo ânus. Um perfil psicológico desenvolvido pelo FBI concluiu que o assassino era uma pessoa solitária que tinha passado por tratamento terapêutico e colecionava pornografia, e que era "estranho e fracote".

A polícia plantou um gravador cassete ativado por voz dentro de um vaso de flores no túmulo de Wilson, para identificar pessoas suspeitas entre quem fosse prestar suas homenagens, e pediu ao proprietário de uma loja de revistas para adultos em Beatrice que fornecesse uma lista de homossexuais conhecidos. Mais de trezentas pessoas foram interrogadas, incluindo White. Ele nunca tinha conhecido Wilson. "Eu não sei nada sobre ela além do que ouvi nas ruas", ele contou para um policial. Ele foi descartado como suspeito, porque seu sangue não era do tipo B.

Três semanas depois do assassinato, Taylor, enfim percebendo que jamais faria parte da vida da filha, voltou para a família, na Carolina do Norte. Ela parou de beber e se dedicou, em vão, a tentar reparar seu relacionamento com a mãe. "Eu tentei esquecer completamente o Nebraska", ela disse.

O caso Wilson foi arquivado. Um jovem criador de suínos chamado Burdette Searcey, ex-oficial do Departamento de Polícia de Beatrice, disse à filha de Wilson, que gerenciava uma lavanderia onde ele levava suas roupas, que ele tentaria resolvê-lo. Searcey, um homem baixo porém troncudo, que gostava de assistir programas sobre crimes na televisão, estava pouco entusiasmado com seu trabalho na fazenda, e começou a se aprofundar no caso Wilson como um investigador particular voluntário. Ele entrevistou pessoas que "gostavam de vagar pela cidade, que não tinham emprego, que, na minha opinião, eram vagabundos".

Dois anos depois do crime, Searcey abandonou a fazenda e foi contratado como auxiliar de xerife da Comarca de Gage, onde continuou investigando o caso Wilson, embora a competência fosse do Departamento de Polícia de Beatrice. Ocasionalmente, ele parava o terapeuta de Taylor, Price, na estrada, piscando seus faróis de emergência. "Ele queria conversar comigo sobre as teorias que tinha", disse Price, um ex-médico do Exército que supervisionou estudantes de graduação em psicologia na Universidade de Nebraska, em Lincoln. Price era visto como o especialista da cidade em todos os assuntos comportamentais. Ele trabalhava como consultor psicológico tanto para a polícia quanto para o gabinete do xerife. Price pediu que Searcey não o parasse mais na estrada; era constrangedor.

Searcey falou do caso Wilson tantas vezes que o xerife por fim lhe disse que estava "cansado pra cacete de ouvir sobre isso". E ainda, "Se você acha que consegue resolver, então resolva".

Em março de 1989, Searcey redigiu um mandado de prisão para Taylor e White, baseado em informações que ele tinha reunido como investigador particular. Ele tinha ouvido de um jovem de dezessete anos que um policial de Beatrice descreveu como "talvez retardado" que eles tinham se gabado de ter cometido o assassinato.

Em um memorando, Searcey escreveu que "White era homossexual" e "um jovem muito estranho" e que Taylor, nos dias posteriores ao crime, estava "muito nervosa", segundo relatos de amigos.

Quando Price soube do mandado de prisão, ele ficou desapontado com Taylor. "É frustrante para um terapeuta ver seu trabalho descer pelo ralo", ele disse em um depoimento.

Searcey, Price, e o xerife tomaram um voo fretado até o Alabama, para interrogar e prender White, que tinha voltado para sua cidade natal, Holly Pond. "Você é homossexual?", eles lhe perguntaram. "Você já foi homossexual alguma vez?" "Você era homossexual quando esteve em Beatrice, Nebraska?" White lhes disse que ele tinha sido bissexual por um tempo. A ideia que ele estava envolvido no assassinato era "pura, profunda, besteira", disse White.

No dia seguinte, os três homens voaram até a Carolina do Norte e prenderam Taylor. Searcey geralmente conversava com seus suspeitos por algumas horas, lhes contando sobre o crime, e não gravava a conversa até que estivessem prontos para confessar. Um vídeo do interrogatório de Taylor começa com ela rindo de algo que os policiais falaram. Seus longos cabelos pretos estão partidos ao meio, e ela usa óculos grandes no rosto. Ela já tinha assumido a responsabilidade pelo crime — ela disse que White a pressionou a fazer isso —, mas tem dificuldades para se lembrar dos detalhes. Como uma estudante, ela pede por ajuda. "Ainda está me dando um branco", ela diz. Searcey sugere que ela não quer lembrar. "Eu bloqueio muita coisa ruim, sempre fiz isso", ela concorda. "Eu tenho problemas — tem muita coisa da minha infância que não me lembro."

Taylor e White foram trazidos de volta à Beatrice, onde Taylor solicitou uma sessão de terapia privativa com Price. Com frequência, ele era chamado até a cadeia para ajudar réus em estados emocionais extremos, e ele tinha orgulho da disposição da comunidade em confiar no seu aconselhamento psicológico. "Se você relaxar, é mais provável que lembranças surjam", ele lhes dizia. "Podem surgir em sonhos. Podem surgir aos poucos ou em pedaços." Ele descreveu a mente como um espaço físico, como um porão, onde memórias são guardadas e recuperadas. Em 1890, em "Princípios de Psicologia", William James escreveu: "Nós buscamos em nossa memória por uma ideia perdida, como reviramos nossa casa por um objeto perdido". Mas a imagem de James de lembranças como unidades autônomas, depositadas em um espaço físico, é obsoleta. Se a memória é como uma casa, é uma que está em constante construção. Como coloca a psicóloga cognitiva Elizabeth Loftus, "A memória nasce de novo a cada dia". Nós reunimos fragmentos de lembranças, moldadas por crenças e impressões, e sem perceber embelezamos e inventamos nossos próprios passados.

Taylor contou para a segunda psicóloga que a avaliou, "Na minha cabeça e no meu coração, eu sei que não estava lá". Mas depois de diversos interrogatórios ela desistiu da ideia de sua própria inocência. Conforme Searcey detalhou seu papel no crime — "Deixe isso crescer e pense no assunto, se puder", ele lhe pediu — ela construiu uma narrativa. "Eu consigo me colocar em seu lugar, porque eu passei por abuso sexual, e é isso que torna a coisa difícil pra mim", ela disse. Ela sempre chorava quando descrevia o estupro de Wilson.

A princípio, ela disse a Searcey que o estupro tinha acontecido em uma casa térrea branca, com alpendre, muito parecida com a casa em que ela tinha morado quando criança. Mas, ela disse, "todo mundo fica me falando que foi em um apartamento. Daí me caiu a ficha que não era uma casa". Durante o estupro, ela conseguia ouvir a si mesma gritando, "Para, não, isso machuca, deixa ela em paz". Ela ouviu White dizer, "JoAnn, você sabe que merece isso", mas soava como a voz de seu padrasto. Ela contou para Searcey, "Não sei se é a conexão entre o estupro passado e o que eu estava vendo no momento, mas isso é o que rola. Ouço claro como se fosse um alarme".

Depois de ver fotos da cena do crime, Taylor desenvolveu uma nova teoria: ela tinha protegido Wilson. Ela disse que tinha pego uma almofadinha do sofá e segurado contra o rosto de Wilson. Tinha sido um ato de compaixão. "Eu sei que por causa do meu estupro, o rosto do meu pai me assombrou por toda a vida", ela declarou. "Eu não queria que ela visse o rosto que a assombraria." Mas ela estava tão nervosa que pressionou com força demais. "Eu não percebi que a estava matando."

Ralph Stevens, um policial de Beatrice que participou dos estágios iniciais da investigação, achava que Taylor era delirante. "Ela inventava histórias", disse ele. "Estava fora da realidade." Quando Stevens ofereceu sua opinião para o xerife, lhe foi dito que ele estava "turvando as águas", de acordo com os registros judiciais. O Departamento de Polícia foi removido da investigação pouco depois. O chefe da polícia disse, "Eu achava que eles tinham pego as pessoas erradas".

Na primeira confissão de Taylor, ela se referiu casualmente a "outro garoto" que estava no apartamento de Helen Wilson, mas sua descrição da aparência dele se desvanecia em nada: ele era "não muito magro, não muito cheio", com cabelo "não escuro, mas não realmente loiro". Searcey mostrou para ela uma seleção de seis retratos fotográficos e, com ajuda, ela identificou um colega de classe do ensino médio, Tom Winslow, que Searcey acreditava ser bissexual. (Em um memorando, Searcey escreveu que Winslow e White tinham tido "confrontos sexuais um com o outro".)

Winslow, aos vinte e três anos, tinha traços delicados, femininos, cabelo loiro encaracolado e mãos grandes, que ele agitava no ar quando falava. Ele tinha sido perseguido na escola. Como Taylor, ele também tinha feito terapia com Price. Winslow já havia tentado o suicídio no passado. Price lhe diagnosticou com depressão, escrevendo que ele "parece ser obcecado em não machucar os outros. Ele se foca no desconforto dos outros e tenta fazer com que se sintam melhor".

Quando os interrogatórios de Winslow começaram a ser gravados, ele já tinha aceitado a culpa. Ele diz que tinha sido pressionado a acompanhar os dois outros até o apartamento de Wilson e fugiu ao ouvi-la gritar. Como Taylor, ele se lembra de detalhes que se conformam com sua autoimagem, descrevendo o crime como parte de um padrão de infortúnios na sua vida. "Eu tenho que fazer amigos, ou fico inseguro", ele diz para Searcey. "Eu fico com medo, porque tenho a impressão de que não consigo fazer amigos, então acabo topando qualquer coisa."

Ele diz que trabalhou no Centro do Bom Samaritano de Beatrice com Jan, a neta de Wilson, e que se sentia oprimido pela culpa. "Vocês sabem como era no trabalho... Com Jan chorando no meu ombro, e eu sem poder contar nada para ela?", ele diz. "Vocês sabem o quão baixo isso faz com que eu me sinta, por ter guardado isso em segredo por todo esse tempo?"

Quando Searcey pediu ao Hospital Comunitário de Beatrice os registros de uma transfusão de sangue que Winslow havia feito, ele descobriu que o tipo sanguíneo de Winslow também não combinava com os resíduos achados no apartamento. A perita sorologista ficou surpresa ao ver que nenhum dos três suspeitos tinha sangue tipo B. Ela perguntou ao promotor de justiça da comarca, "Quantas pessoas mais vocês vão indiciar nesse caso?", ao que ele respondeu, "Acho que ainda não chegamos ao fim".

Debra Shelden, a sobrinha-neta de Helen Wilson, era amiga da turma de Taylor, apesar de ser mais reservada que muitos deles. Shelden, que tinha trinta anos, tinha sido abusada sexualmente pelo padrasto, durante a infância. Agora, ela era casada e tinha uma filha. Seu nome estava em uma lista de possíveis suspeitos, amigos de White e Winslow, compilados pelo promotor de justiça. Um policial de Beatrice disse que Shelden "andava com esse pessoal talvez porque, sabe, talvez fizesse ela se sentir um pouco importante". Outro policial escreveu que ela "pode não se sair muito bem em um teste de QI, primariamente por causa de privações que sofreu na formação cultural". Ela parecia não ter um ponto de vista próprio; a perspectiva de qualquer outra pessoa parecia tão cativante quanto a dela mesma. Um psicólogo escreveu, "Ela é essencialmente incapaz de sustentar uma opinião independente".

No primeiro interrogatório de Shelden conduzido por Searcey, ela parecia mais preocupada em esconder sua deficiência intelectual do que em demonstrar que era inocente. Ela respondeu a maioria de suas perguntas com frases vagas e sucintas, evitando riscos verbais. Ela disse para Searcey que tinha ajudado os três outros a acessarem o apartamento, mas, quando viu o que estava acontecendo, ela tentou intervir. White a afastou para longe.

"Você lembra como ele te afastou?", perguntou Searcey.

"Ele me empurrou."

"E como ele te empurrou?"

"Ele me empurrou com as mãos."

"Você sabe o que aconteceu com você quando ele te empurrou?"

"Ahn, tudo que sei é que caí."

"Você sabe onde caiu?"

"Ahn, acho que caí no chão."

"Tem certeza?"

"Não."

O sangue de Shelden também não era tipo B. Searcey a pressionou para revelar se havia uma quinta pessoa no apartamento. Seu defensor público designado, Paul Korslund, que mais tarde se tornou prefeito de Beatrice e então juiz do Primeiro Tribunal Distrital de Nebraska, pediu para que Price se reunisse com ela. Korslund pressupôs que ela estava tão traumatizada pelo assassinato que tinha esquecido o que havia acontecido. Quando Shelden ouviu as descrições do estupro, ela cobriu os ouvidos.

Como Taylor e Winslow, Shelden estava predisposta a confiar em Price. Dez anos antes, o Departamento de Proteção às Crianças e Adolescentes tinha ficado preocupado com suas habilidades como mãe. Price foi designado para ajudá-la a se tornar "mais eficiente em suas interações com os outros e com a sociedade". Ela, também, tinha concordado em abrir mão da guarda de sua criança. Shelden era passiva e obediente; uma colega de cárcere da cadeia da Comarca de Gage a descreveu como "uma bonequinha de pano trazida à vida".

Após sua consulta com Price, Shelden teve um sonho: James Dean, um amigo de seu marido, tinha estado no apartamento também. "Eu estava bloqueando, acho", ela falou para Searcey. "Eu não estava pensando o suficiente para botar tudo pra fora."

James Dean foi preso no dia seguinte. Era seu aniversário de vinte e cinco anos, e ele e uma equipe de operários de construção tinham terminado de demolir algumas casas em Lincoln, a oitenta quilômetros de Beatrice. Ele foi fichado na cadeia pública da Comarca de Gage. Um carcereiro escreveu que ele estava "andando de um lado para o outro, chorando, falando consigo mesmo", acenando com os braços e gritando, "Fui preso por alguma coisa sobre a qual não sei nada".

A equipe do xerife ligou para Price e pediu para que ele fosse até a cadeia para tentar acalmar Dean. Em uma sessão demorada com Price, dezessete dias depois de sua prisão, Dean começou a chorar e disse que, quando criança, ele tinha sido espancado pelo pai e pelo cunhado. Price propôs para Dean que essas experiências infantis tinham criado nele um medo da violência, que o fez reprimir as lembranças do crime.

Price se baseava na teoria de que alguns eventos são tão traumáticos que só podem ser recuperados através de lembranças súbitas e sonhos, uma ideia que esteve tão na moda nos anos 1980 e 1990 que levou a um dos episódios mais vergonhosos da história da psicoterapia: pacientes, ávidos para agradar seus terapeutas, participaram de "trabalhos com a memória" que produziram alegações de formas extravagantes de abuso, como incesto infantil e estupro ritual satânico — lembranças que mais tarde eles renegaram.

Embora a princípio tenha negado seu envolvimento, Price escreveu que no fim da sessão Dean "estava duvidando da veracidade de suas próprias declarações".

Depois da consulta, Dean tirou cochilos para ver se conseguia "ver as coisas". Ele tentou "deixar minha mente vagar para dentro do caso". Logo ele obteve uma revelação emocional. Dean percebeu que Joseph White, que ele costumava ver no bar R&S, era parecido com seu cunhado. "Eles podiam ser irmãos de babaquice", ele disse. Quando ele pensava no crime, o que vinha à sua mente era "meu ex-cunhado, a forma como ele me tratava". Não o surpreenderia se White o tivesse pressionado a fazer algo imoral. Ele disse que seu cunhado o tinha forçado a fazer coisas que o deixavam desconfortável, como furtar pneus.

Seis dias depois da sessão com Price, Dean confessou para Searcey que ele tinha sido cúmplice no assassinato de Wilson. "Eu sinto que me lembrei durante o sono", ele disse. "Eu tive uma perda de memória, que meio que tipo — Eu não tinha ideia de nada sobre esse assunto." Ele parecia fascinado por sua nova compreensão dos próprios processos mentais.

As metáforas que usamos para descrever nossas mentes evoluem junto da tecnologia; Aristóteles comparou a mente a uma tabuleta de cera; Freud a chamou de "bloco de anotações místico", um aparato como uma Lousa Mágica, que tinha recentemente começado a ser comercializada; nos anos 1920, o psicólogo britânico Tom Hatherley Pear a comparou com um gramofone; poucas décadas depois, o neurologista estadunidense Georges Ungar disse que ela operava como um quadro de distribuição telefônico. Dean a descreveu como uma fita de vídeo, uma metáfora apropriada para os anos 1980. Ele disse a seu advogado que suas memórias do crime estavam fragmentadas porque "de repente a fita quebra. Boom!". Ele estalou os dedos. "Você perdeu um pedaço do filme. Cola os pedaços do filme de volta. Quando você consegue colar tudo de volta, eu já perdi meia hora do filme."

O sangue de Dean também não era tipo B. Os auxiliares do xerife insistiram para que ele tentasse recordar se um sexto amigo tinha estado no apartamento. "Eu tenho uma ideia, mas não sei dizer. Sabe, não quero botar um nome errado aí e criar problemas pra vocês", ele disse. "Eu vou juntar as peças que faltam conforme elas me voltarem à cabeça."

Cinco semanas depois de sua prisão, Dean sonhou com uma sexta pessoa que estava presente no apartamento de Wilson. A princípio, ele não estava certo se era um homem ou uma mulher. Então, em um outro sonho, ele teve a chance de rebobinar a cena. Baseado na "diferença de como as estruturas corporais são", ele disse que "detectou que era uma mulher". Ele deu uma olhada mais detida e reconheceu o rosto: Kathy Gonzalez. Ela tinha morado no apartamento acima de Helen Wilson. No dia seguinte, Gonzalez, uma cozinheira de vinte e nove anos de um restaurante de pescados, foi presa.

O sangue de Gonzalez era tipo B. Dois dias depois de sua prisão, Price a visitou na cadeia, para tentar reavivar a memória dela sobre o crime. "Posso te dizer, você é completamente sã", ele lhe disse em uma conversa gravada. "Você sabe diferenciar certo e errado. Tá indo muito bem aí. Você é basicamente uma pessoa saudável."

"Então por que eu não lembro?", ela disse.

"Se eu tivesse visto o que aconteceu ali, eu teria apagado da minha memória também", disse Price.

Price lembrava Gonzalez do apresentador de televisão infantil, Mr. Rogers: ele vestia calças jeans azuis e tênis, e tratava as pessoas de forma agradável, compreensiva. Mas sua teoria de memória não fazia sentido para ela. Ele a lembrava vividamente da pior coisa que lhe tinha acontecido quando era criança: ela tinha sido abusada sexualmente por um tio. "Eu cometi minha parcela de pecadilhos, mas nós estamos falando de matar uma idosa", ela disse para Price. "Quer dizer, por que eu bloquearia isso? Digo, teria que ser bem ruim."

"É ruim", disse Price. Ele perguntou se ela tinha algum problema para dormir, um sinal de que ela talvez fosse assombrada pelas memórias.

"Nunca tive dificuldade", ela disse a ele. "Dormir sempre foi a coisa que mais gosto de fazer."

Ele a assegurou que as memórias do crime iriam emergir. "Você vai ter bastante tempo para sentar e pensar", ele disse. "Você vai estar segura e sendo bem tratada — hora de relaxar."

"OK", ela disse. "Mas nesse meio tempo minha vida acaba de ir pelo ralo."

"É OK chorar", Price lhe falou. "Às vezes chorar também alivia parte da pressão. Você ri, você pode falar, você pode chorar."

"Eu preferiria rir", ela disse.

Na cadeia da Comarca de Gage, Gonzalez confrontou Shelden e Taylor, perguntando a eles por que eles pensaram que ela tinha participado do crime. Shelden riu e disse, "Não sei — apenas lembro de você". Taylor lhe falou, "Na verdade, não lembro de você ter estado ali".

Durante o período em que os seis suspeitos aguardaram o julgamento, eles foram detentos ideais. Todos tinham sido criados em cidadezinhas de população majoritariamente branca, onde consideravam os policiais como seus guardiões. Cinco deles tinham crescido em famílias desfeitas, mantendo laços afetivos com parentes abusadores — uma estratégia de sobrevivência que eles aplicaram também neste novo contexto. Como muitos jovens inseguros e confusos, eles tinham uma sensação internalizada de que eram culpados de alguma coisa; eles apenas precisavam que alguém lhes dissesse do quê. Muitos de nós não acordamos de manhã com um sentimento vago de arrependimento, se perguntando que pecado cometemos? A descrição do crime feita por Searcey dava forma àquele sentimento.

Os réus se portavam com deferência para com o xerife, Jerry DeWitt, cuja residência era contígua à cadeia. Eles se referiam a si mesmos como "As Crianças do Jerry". Gonzalez notou que Shelden cumprimentava todos os auxiliares de xerife e carcereiros. "Ela queria ser realmente próxima de todos eles", ela disse. "Não importava quem fosse; eu acho que ela só queria ser amada." Gonzalez notou uma carência similar em Taylor: "Eu acho que ela pensa que qualquer migalha de amor é melhor que nenhuma". Todo dia, Taylor e Shelden conversavam através das barras de suas celas sobre suas filhas perdidas.

Dean escreveu quarenta e três recados para a equipe do xerife, que terminavam com a frase "por favor, obrigado". "Obrigado por todas as ótimas refeições", ele escreveu para o xerife e sua esposa. Ele era consumido por uma compulsão em ser prestativo. Ele continuava a sonhar com o crime, relembrando tantos detalhes que terminou dando oito depoimentos diferentes. “Por favor venha falar comigo”, ele escreveu para Searcey três meses depois de ser preso, “antes que eu esqueça do que lembrei, para que possamos gravar em uma fita”. No fim de um dos depoimentos, quando Searcey perguntou se havia algo que Dean gostaria de acrescentar, ele riu e disse para os oficiais “apaguem os meus erros”.

Ele se sentia tão culpado pelo seu papel no crime que planejou escrever para a família de Wilson para expor o seu remorso. “Ficar na cela pensando nisso o estava matando”, escreveu o xerife. Em uma audiência, Dean apontou para a parede e disse, “Eu não me importaria se eles me colocassem de pé ali e me fuzilassem por conta do que fiz”.

No relato de Taylor, sua confissão representou uma espécie de renascimento. Relembrando os detalhes do estupro de uma outra mulher, ela estava confrontando seu próprio passado por um meio intermediário. “Eu derrubei a muralha”, ela disse. “Eu fui muito verdadeira com todo mundo porque eu finalmente me abri.” Taylor descreveu o xerife e seus auxiliares como “acolhedores”, como se fossem amigos. Ela via Price como seu campeão e guia emocional, e se sentiu sendo levada pela empreitada coletiva de trazer um estuprador à justiça. “Eu posso lidar com minha memória agora”, ela disse em uma audiência, acrescentando que ela enfim se sentia como “uma pessoa completa”. Ela descreveu a “nova JoAnn” como “fácil de se lidar, meiga, que se dá bem com as pessoas”.

Debra Shelden foi a primeira a se declarar culpada. “Eu estava lá no local, e devo ser apropriadamente punida”, ela disse ao juiz. James Dean seguiu, dizendo que em seus sonhos ele lembrou de mais de oitenta por cento do crime. Poucos meses depois, Taylor se declarou culpada também. Ela chorou quando descreveu a agressão contra Helen Wilson, sussurrando, “Vamos lá, Jo, você consegue, você tem que conseguir”. (Um psicólogo avaliou se Taylor estava mentalmente apta a ser julgada e a considerou sã, embora tenha ressalvado que ela "se sente instintivamente culpada de tudo que acontece".)

Tom Winslow fez uma série de declarações conflitantes antes de concluir dizendo que ele não estava envolvido. Ele e Kathy Gonzalez não se declararam culpados, mas não contestaram as provas da acusação, dizendo que não tinham lembranças do assassinato de Wilson. Eles temiam que se fossem a julgamento poderiam ser condenados à cadeira elétrica, um resultado que o xerife e seus auxiliares lhes disseram que era provável. Gonzalez, que descrevia a si mesma como "lixo de trailer bem polido", disse: "Eles conseguiram arranjar um bando de gente que não tinham vidas importantes. Nós não tínhamos uma boa educação. Nós não estávamos levando nossas vidas, em sua maior parte, de uma maneira cristã. E eles simplesmente se livraram de nós". Ela acrescentou, "Nenhum de nós era inocente; nós todos éramos quebrados de alguma maneira, jeito, ou forma".

Joseph White foi o único suspeito que tentou provar que era inocente. Ele solicitou testes de DNA, mas sua petição foi negada. Em seu julgamento, por estupro e assassinato, a única evidência contra ele eram as confissões de seus corréus. A essa altura, ele tinha se tornado o objeto de suas projeções. Ele era o padrasto malvado, o cunhado abusivo, o valentão — o monstro na vida de todos eles.

Quando Taylor testemunhou, o advogado de White, Toney Redman, lhe perguntou, "Você pode realmente separar suas recordações da noite do crime do que foi sugerido para te ajudar a lembrar?".

"Não", ela respondeu. "Seria quase impossível separar."

"Me diga quais partes você realmente se recorda e que não foram sugeridas posteriormente para você", ele pediu.

"Ai, Deus."

"Tem alguma coisa?"

"Não que eu consiga me lembrar de sopetão", ela disse. "Eu sei que tem algo nessa linha, mas não consigo lembrar."

Dean e Shelden também testemunharam, e Redman ficou intrigado ao ver que seus relatos das ações de White, que eram antes largamente diferentes, tinham começado a convergir. "Havia um fio por trás da história deles, um consenso", ele disse. "Era como se eles tivessem se tornado estranhamento vinculados a uma ideia. Eles não tinham um compromisso firme com nada na vida — eles vagavam daqui para ali — e de repente tinha ali uma coisa sólida na qual eles podiam acreditar." Ao fim do julgamento, Redman também presumiu que White era culpado.

O veredito de culpa foi anunciado após o júri deliberar por cinco horas. A mãe de White disse depois que seu filho "meio que afundou, tipo, como se não acreditasse naquilo". Ele foi condenado à prisão perpétua.

JoAnn Taylor foi enviada ao Centro Correcional para Mulheres do Nebraska para cumprir uma sentença de quarenta anos. Um psiquiatra na prisão escreveu que ela sofria de "flashbacks e reconstituições mentais do seu crime". Ela sentia que era capaz de mais maldade do que acreditava. O psiquiatra escreveu, "Ela teme perder o controle da própria mente".

Após quatro anos na prisão, Taylor escreveu para o juiz que a sentenciou: "Senhor, me arrependo muito do erro que cometi em minha vida em 1985. Não posso trazer a Sra. Wilson de volta, mas rezo todo dia para que você e os outros possam me perdoar". Ela também escreveu para a neta de Wilson, pedindo desculpas por ter lhe causado dor. Joy Bartling, uma amiga da prisão, disse que, quando Taylor não recebeu uma resposta, ela ficou perguntando, "Como eles podem não me perdoar?". Bartling falou para ela, "Você tem que perdoar a si mesma". Bartling lhe assegurou, "Você não tinha intenção de sufocá-la. Você a estava protegendo de ver o que acontecia".

O advogado de Taylor, Lyle Koenig, permaneceu em contato com ela por dez anos. "Em nenhum momento ela disse 'Eu não fiz isso'", ele declarou. Koenig me disse que, se voltasse a representá-la, ele não faria nada de diferente. A família de Taylor também presumiu que ela era culpada. Seu irmão Henry disse para ela: "Você está fazendo o que precisa fazer para pagar sua dívida com a sociedade".

Shelden também nunca protestou contra sua punição. Sua culpa se tornou um fato central de sua identidade, e ela se destacava como prisioneira. Após receber o status de detenta de confiança, lhe foi permitido sair além das muralhas da prisão para capinar o terreno. "Quando eles abriram o portão, não consegui me mexer", ela me contou. "Eu estava assustada demais para sair."

Dean foi condenado a dez anos, mas um ano depois de sua confissão ele começou a se perguntar se era culpado de fato. Longe da presença de Searcey, ele disse, "Me veio à mente, sabe — o que foi que eu fiz? Eu não estava envolvido". Ele folheou alguns livros de direito para ver se tinha como retratar sua declaração de culpado e concluiu que estava "morto na água". Ele tentou confortar a si mesmo com a ideia de que talvez ele estivesse pagando os pecados por um outro crime: ele tinha ultrapassado o limite de velocidade quando dirigia; algumas vezes, ele tinha furtado pneus. Ele disse, "Enfiei na cabeça que eu estava sendo punido pelas coisas pelas quais não fui pego".

White não se resignou. Na Penitenciária Estadual de Nebraska, ele trabalhou na marcenaria, economizando todo o dinheiro que ganhava para contratar um novo advogado. Em 2001, o Nebraska aprovou uma lei que permitiu a condenados pedirem pela realização de testes de DNA, e ele entrou com a petição.

White tentou persuadir Winslow, que tinha sido sentenciado a cinquenta anos de prisão, a também peticionar pelo teste de DNA. Por mais de uma década, Winslow foi regularmente estuprado na prisão. "Eu simplesmente desliguei", ele me contou. "Eu estava apenas tentando me manter." Ele era grato por pequenos atos de benevolência: quando o diretor do presídio permitiu que ele comparecesse ao velório do pai, ele ficou maravilhado ao constatar que os guardas da escolta deixaram-no ficar por lá por pouco mais de uma hora.

O representante legal de Winslow, Jerry Soucie, disse que ele relutava em deixar seu DNA ser testado. Durante seu tempo na prisão, ele tinha feito as pazes com a ideia de que talvez tivesse enfim participado mesmo do crime, e apenas não se lembrava. "Ele meio que tinha aceitado seu destino", Soucie me contou. "Ele sentia que talvez o governo estivesse certo, e ele tivesse feito alguma coisa horrível." Soucie disse que Winslow, como muitas pessoas que confessam em falso, ficava "mais ansioso confrontando autoridades do que lidando com qualquer que fosse a punição imposta por elas".

Os testes de DNA foram concluídos em agosto de 2008, e eles eximiram tanto White quanto Winslow como a fonte do sêmen encontrado na cena do crime. Quando o DNA de James Dean foi examinado, os resultados demonstraram que tampouco poderia ser dele. O DNA do sangue e do sêmen tinham vindo de um homem desconhecido.

O gabinete do Procurador-Geral de Nebraska organizou uma força-tarefa para revisar as evidências contidas nos arquivos do caso original, e retomar as investigações a partir delas. Depois de dois meses, acharam alguém cujo DNA combinava: Bruce Allen Smith, um jovem infrator cuja avó tinha morado no prédio de Helen Wilson. A probabilidade dele não ser a fonte única do sêmen e do sangue no apartamento era de uma em novecentos e cinquenta e um quintilhões. Smith tinha morrido de AIDS, no Oklahoma, sete anos depois do crime.

Soucie contou as novidades para Winslow. "A impressão que ele me passou foi de que tinha medo de ser inocente", disse Soucie. "Quero dizer, ele passou dezenove anos justificando para si mesmo o que tinha acontecido." Quando Soucie visitou Taylor na prisão e lhe contou que a evidência a absolvia, ela disse, "OK, quem diabos é você, e por que está brincando comigo? Você só tá falando merda".

No começo de 2009, um promotor de justiça anunciou que as seis pessoas eram inocentes "não além de uma dúvida razoável, mas além de qualquer dúvida". Foi a maior absolvição via DNA envolvendo confissões falsas na história do sistema judicial dos Estados Unidos. Taylor, White e Winslow foram prontamente libertados (Dean, Gonzalez, e Shelden já estavam fora da prisão, tendo sido libertados após cinco anos de pena). O gabinete do Procurador-Geral os encorajou a ajuizar um pedido de perdão judicial.

Shelden, que vivia com o marido em uma van em Lincoln, resistiu à ideia. "Eu tinha más lembranças da história toda, e não queria mexer nelas", ela me disse. Mas suas amigas em uma cozinha comunitária onde ela comia todo dia a encorajaram a entrar com o processo. Em sua petição de perdão, porém, Shelden escreveu, "Eu estava presente e observei Joseph White e Thomas Winslow ficarem sobre Helen Wilson". Ela acrescentou, "Até onde sei, o Sr. Smith não estava presente durante o período em que estive no apartamento".

Todos os seis perdões foram concedidos. Após sua libertação, Taylor se mudou para uma casa de recuperação em Omaha e se esforçou para convencer a si mesma que nunca tinha conhecido a Sra. Wilson, como tinha passado a se referir a ela. Sua amiga da prisão, Joy Bartling, disse que Taylor tinha lhe perguntado, "Se eu não coloquei a almofada na cara dela, porque continuo tendo esses pensamentos e visões?".

Joseph White processou a comarca por ter conduzido uma investigação tão descuidada que tinha violado seus direitos civis. Mas em 2012, pouco depois de ajuizar a inicial, ele morreu em um acidente em uma refinaria de carvão no Alabama, onde trabalhava. Os cinco outros réus continuaram com o processo. "Joe White foi uma das razões que nos levou a enfrentar as emoções", me contou Winslow. "Ele nos dá força extra. Ele era mais forte que todos nós juntos."

O caso foi a julgamento em junho passado, em Lincoln. Antes que começasse, os advogados de Shelden perguntaram quando ela tinha visto Joseph White pela última vez. "Na noite do assassinato", ela respondeu. Eles decidiram que quando ela prestasse seu depoimento seria melhor evitar perguntas sobre o passado. Uma advogada da defesa, Maren Chaloupka, disse: "Eu não queria ser a próxima pessoa a contaminar a memória dela".

Eli Chesen, o psiquiatra de Nebraska, disse ao júri que Taylor, Dean e Shelden sofriam de Síndrome de Estocolmo. Em quarenta anos de prática médica, era a primeira vez que ele via pessoalmente esse distúrbio. Ele o descreveu como "um tipo brutal de ligação, ligação psicológica, com alguém que tem controle total sobre você". Ele chamou Price de "A Pedra de Roseta" do caso: "Price implantou suas próprias crenças em seus cativos/pacientes", ele escreveu em um relatório (Price, através de seu advogado, declinou de ser entrevistado).

Beatrice tem poucos psicólogos, e Price recebeu um tipo de autoridade quase mística, como se ele fosse a única pessoa que tivesse acesso aos segredos da mente humana. Não é incomum que agentes de segurança pública, até mesmo juízes, ponham de lado o bom senso na presença de um especialista científico, cujo treinamento superior dá às suas opiniões o lastro da verdade. Price, que ainda é um auxiliar no gabinete do xerife, era largamente admirado em Beatrice. O advogado de Taylor no julgamento civil, Jeffrey Patterson, me disse que "Ele é um cara muito legal. Eu simplesmente gosto dele como pessoa. O papo com ele é reto". Chesen, que tinha um consultório de terapia no mesmo edifício que Price, disse que os pacientes o descreviam como carismático. O primeiro advogado de defesa de Taylor o considerava um amigo.

Em seu papel duplo como psicólogo e auxiliar de xerife, Price estava tão focado em desvendar o crime que pareceu que as vulnerabilidades de seus ex-pacientes lhe fugiram à mente. Pesquisas demonstram que as pessoas mais suscetíveis à memórias falsas têm uma tendência à dissociação, um mecanismo de defesa presente em vítimas de violência sexual: elas aprendem a se desprender do momento, a sentir como se não estivessem realmente ali. Taylor, que ainda faz referências à teoria de repressão que Price lhe ensinou, me disse que "Meus problemas de memória começaram quando eu fui estuprada". Ela disse que sua confiança na própria memória se deteriorou mais ainda quando sua mãe se recusou a reconhecer que o abuso tinha ocorrido. Durante o julgamento cível, mesmo enquanto Taylor ouvia sobre todas as evidências que a absolviam, ela ocasionalmente ficava tão conturbada que pensava, "Eu sou uma pessoa ruim. Eu tenho que ter feito isso".

Memórias fictícias não afligem apenas aqueles que foram traumatizados; pessoas que tiveram vidas estáveis também têm problemas para distinguir entre experiências que elas mesmas tiveram e aquelas que foram absorvidas através das histórias de alguma outra pessoa. Estudos demonstram que pessoas acabam acreditando que estiveram em um acidente durante um casamento de familiares, foram atacadas por um animal, ou beberam chá com o príncipe Charles se familiares lhes disserem que viram acontecer. Quanto maior a frequência que as histórias são contadas, mais provável que memórias sejam implantadas. Um estudo de 2015 na revista *Psychological Science* descobriu que 70 por cento das pessoas, quando submetidas a interrogatórios altamente repetitivos e sugestivos, acabariam acreditando que cometeram um crime. Elas desenvolveram o que os autores chamam de "falsas memórias ricas", detalhadas e multissensoriais, de terem cometido furtos ou assaltos. Os autores escreveram que "elementos de memória imaginada com relação a algo que *poderia* ter sido de um jeito se tornam elementos de como *deve* ter acontecido, que podem se tornar elementos de *como foi* que aconteceu". Nos últimos trinta anos, aproximadamente cem homens e mulheres nos Estados Unidos confessaram crimes pelos quais eles foram depois absolvidos pela evidência genética.

Os procuradores da comarca argumentaram que os seis não deveriam receber mais do que trezentos mil dólares cada um em reparação de danos, e sugeriram que era culpa do próprio Winslow que ele tivesse sido repetidamente estuprado enquanto cumpria sua sentença. "Não me entendam mal, não acho que ninguém deveria ser abusado dessa forma na prisão", um dos procuradores disse. "Mas vocês viram ele prestando depoimento aqui. Vocês viram o vídeo dele. O Sr. Winslow é de natureza afeminada."

Como um município deve pagar por sua negligência? O júri determinou que a Comarca de Gage, junto de Price e Searcey, deviam aos Seis de Beatrice, como eles passaram a ser conhecidos, mais de trinta milhões de dólares, quatro vezes a renda tributária anual da comarca. Gage apelou da decisão, mas agora está considerando pedir falência, o que seria algo inédito para uma comunidade do Nebraska. No inverno passado, em uma reunião de munícipes no Salão Primavera do Valentino, um restaurante a três quadras do apartamento de Helen Wilson, quarenta pessoas, todas brancas, a maioria delas homens grisalhos, tentaram bolar uma estratégia. Um sugeriu desobediência civil: se recusar a pagar impostos sobre propriedade. "Mostre que você tem uma espinha e se erga!", ele gritou. Outros sugeriram encerrar o financiamento para creches, cortar vagas de empregos públicos, taxar compras de mercado, sustar a manutenção de estradas, ou quadruplicar os impostos sobre propriedade para os fazendeiros, uma proposta que os residentes disseram que os faria ir embora.

Em uma reunião do comitê judiciário do estado em março, representantes da comarca argumentaram que o estado deveria pagar a reparação. Ernie Chambers, um senador estadual, discordou, dizendo que os contribuintes da Comarca de Gage deveriam pagar o preço por elegerem líderes incompetentes e sem coração. "Vocês montaram a própria cama", ele disse. "Deitem nela." Chambers recomendou que a comarca hipotecasse o fórum e vendesse os carros oficiais.

O neto de Helen Wilson, Bob Housman, gerencia a lavanderia Jan's Cleaners, no centro de Beatrice, onde Searcey costumava lavar a seco seu uniforme. Housman, um homem de sessenta e oito anos com barba avermelhada, disse que ele estava pensando em sair da cidade se o julgamento o forçasse a pagar impostos maiores. Ele não acreditava no papel que Bruce Allen Smith teria tido na morte de sua avó. "Não vejo a conexão", ele me disse. "Nunca o vi, embora ele provavelmente tenha estado lá uma hora ou outra."

"Você acha que tinha sete pessoas ali?", perguntei a ele.

"Não *acho*", ele disse. "Eu sei."

Sua teoria é que os seis invadiram o apartamento e assassinaram Wilson por volta da meia-noite. "Ainda tenho pesadelos sobre isso", ele disse.

Eles poderiam ter deixado a porta aberta, permitindo que Smith entrasse no apartamento no começo da manhã seguinte e estuprasse o cadáver dela, deixando seu DNA para trás. Housman e a esposa limpam os uniformes e ternos de muitas pessoas que detêm cargos públicos na comarca, e disse que quase todos eles ainda acreditam que os seis são culpados.

O xerife da comarca, Millard Gustafson, que assumiu a posição em 2007, me disse que "O DNA não apaga a outra metade do caso. Os seis tinham que saber alguma coisa sobre isso, ou tinham que ter estado lá — essa é a impressão que as pessoas têm". Uma citação do Eclesiastes em uma placa de madeira estava pendurada do lado de fora de seu escritório: "Quando a sentença de um crime não é executada prontamente, os corações do povo se enchem de planos para fazer o que é errado".

Roy e Gregory Lauby, irmãos que conheci em um restaurante movimentado, o Country Cookin' Cafe, me contaram que não conheciam ninguém que sentisse raiva dos oficiais que colocaram os Seis de Beatrice na prisão. Os irmãos achavam que os seis eram inocentes, mas hesitavam em acusar os oficiais da comarca de terem feito algo errado. Greg, um ex-fazendeiro, apontou que até mesmo o jornal *Daily Sun* de Beatrice evitava entrar nos detalhes do julgamento. (O slogan do jornal costumava ser "Se você não leu no *Daily Sun*, então não aconteceu".)

Roy, um encanador, sugeriu que a ilusão que tinha capturado Taylor, Shelden e Dean agora tinha conquistado toda a cidade. "Nossos oficiais eleitos fizeram lavagem cerebral em nós, como fizeram nos seis", ele disse.

Kathy Gonzalez, que agora vive a cento e cinquenta quilômetros de Beatrice e trabalha como caixa em um mercado, disse que se arrepende de não ter deixado o Nebraska logo depois de ter sido libertada. Quando ela encontra pessoas que vivem em Beatrice ou em suas proximidades, ela ouve sempre a mesma mensagem: "Vocês conseguiram se safar apesar do que fizeram".

Burdette Searcey se aposentou do gabinete do xerife em novembro passado. Ele agora ajuda a esposa florista na loja dela, a Flower Shop, entregando buquês. A loja é uma selva doméstica: peônias plantadas em colunas neoclássicas de estilo grego e caminhõezinhos de porcelana; arranjos de flores intercalados com bolas de futebol em miniatura; pássaros de madeira cor pastel, guirlandas e gaiolas de passarinhos; estátuas de jardim na forma de anjos; e citações de autoajuda emolduradas, como "Viva Bem, Ria Bastante, Ame Muito".

Quando me apresentei, Searcey pediu desculpas por não poder se sentar para conceder uma entrevista. Caloroso e cheio de energia, ele não gosta de dispensar uma conversa. "Por estar do lado do *bem* nessa história, a gente não fala sobre ela", ele disse. Mas ele era ou educado demais ou teimoso demais para fazer isso. "Nós temos cem por cento de apoio do povo de Beatrice", ele me contou. "Eu sou amado pelas pessoas desta comunidade."

Ele ficou tão empolgado que sua esposa, que estava anotando um pedido no telefone, falou para ele se afastar. Fomos até a entrada da loja onde, andando de um lado para o outro, ele disparou repetidas vezes o detector de movimento da porta. Ele tinha o hábito de apresentar conceitos cuja realidade ele colocava em dúvida acrescentando o termo "entre aspas": Havia Bruce Smith, a "origem do DNA, entre aspas", e a perspectiva, se a apelação da Comarca contra o julgamento falhasse, de que ele "perderia, entre aspas" o caso.

"Vamos tentar não fazer propaganda de algo que ainda não aconteceu, porque se eu fizer a propaganda bem demais eu posso acabar te fazendo comprar", ele me disse. "Posso mesmo."

Ele disse que havia dois casos separados: o assassinato de Wilson pelos seis e, horas depois, um estupro cometido por Bruce Smith. A prova, ele disse, era que depois que Wilson tinha ido dormir, uma garrafa inteira de café foi feita em sua cozinha, e ele lembra que havia vários copos sujos de café em volta da pia (fotos da cena do crime mostram apenas um). Helen Wilson sempre guardava sua louça, e por que Bruce Smith faria mais de um copo de café? Os seis deviam ter feito o café e bebido. Ele disse, "Vou até o meu leito de morte com isso".

Debra Shelden guarda as cinzas de sua mãe em seu porão. Ela queria espalhá-las ao lado do jazigo do pai, no cemitério de Beatrice, como a mãe lhe pediu, mas Shelden tem medo de voltar à cidade. Ela acredita que lhe disseram que se ela pisasse em Beatrice mais uma vez ela seria processada, mas não consegue lembrar quem disse isso ou quando foi que aconteceu. "Como você se sente não podendo confiar em sua própria mente?", seu advogado, Chaloupka, lhe perguntou durante o julgamento cível. "Não é muito bom", ela respondeu.

Nesta primavera, Shelden, Chaloupka e eu jantamos juntas no Imperial Palace, um restaurante chinês em Lincoln, próximo à casa de Shelden. Ela estava simpática e animada, dando risadinhas toda vez que alguém ria. Eu tinha me encontrado com Searccy mais cedo naquele mesmo dia, e contei a ela a teoria dele sobre o café. "Eu não lembro onde o bule de café ou qualquer outra coisa estava", ela disse. "Eu fiquei em um dos outros aposentos, em frente a porta." Chaloupka tocou o braço dela gentilmente, e Shelden parou. Ela ficou corada e pareceu como se tentasse reanimar as lembranças com as mãos, desenhando respostas no ar. "Eu não lembro o que eu fiz no crime", ela me falou, "porque aparentemente eu não estava lá".

Com frequência, ao descrever o crime, ela adicionava a frase "de acordo com minha declaração", como se ela tivesse sido reduzida a um personagem na história de outra pessoa, e tentasse seguir o texto original. Ela ergueu as palmas das mãos, uma do lado da outra. "Uma vez que as coisas saíram da minha boca, foi como um grande livro", ela me contou. "Simplesmente todas as páginas se abriram."

Depois do julgamento cível, JoAnn Taylor voltou para a Carolina do Norte. Seu interesse no Nebraska esteve sempre ligado à filha, Rachel. Após a absolvição de Taylor, elas se encontraram uma vez, antes de voltarem a se afastar. Taylor sentiu que Rachel, criada na classe média, não a aprovava. E estava certa que o marido de Rachel, tampouco. "Na cabeça e nas atitudes dele, vou sempre ser uma assassina", ela me disse.

Encontrei com Taylor na igreja que ela frequenta, a Vida Cristã de Hendersonville, onde ela tinha ido para se alimentar gratuitamente. Seu cabelo estava cortado curto, e tingido de preto e carmim. Taylor leva uma faca em sua bolsa e impõe uma sensação de autoridade que, no entanto, se esvazia facilmente. Após uns poucos minutos de bate-papo, ela falou que se eu lhe dissesse várias vezes que minha camisa era verde — ela era cinza — ela provavelmente acreditaria. "Uma hora eu iria dizer, 'Ah, sim, é verde'. Eu aceitaria isso. Começaria a fazer sentido."

No dia seguinte, nos encontramos na biblioteca pública e ela apareceu vestindo uma blusa verde — com pregas, estampada, que ela me contou que representava um jeito novo e mais gentil de estar no mundo. Por décadas, ela tinha evitado cores, babados, qualquer coisa que parecesse muito feminina. "Eu sou um trabalho em progresso em matéria de suavidade", ela disse. Ela ainda estava preocupada com um objetivo que havia determinado para si mesma trinta e cinco anos antes, quando se consultava com Price. Ela desejava ser o tipo de pessoa confiante o suficiente em sua própria bondade ao ponto de saber com certeza que jamais cometeria um assassinato.

Nossa conversa foi interrompida repetidas vezes por alertas de uma página da internet de venda de imóveis. Novas casas em Hendersonville tinham entrado no mercado ou acabado de mudar de preço. Taylor estava desesperada para ter seu próprio espaço, e se o dinheiro do acordo enfim sair, ela pretende comprar uma casa pequena. Nas últimas semanas, ela vinha morando com uma família da igreja, dormindo no quarto da filha de sete anos do casal.

Sua única fonte de receita regular eram benefícios assistenciais pagos à pessoa com deficiência. Quando os solicitou, uma assistente social parou enquanto lia seu formulário de inscrição. Uma das condições médicas listadas era Síndrome de Estocolmo. "Você tem a doença da Patty Hearst?", a assistente perguntou. "Como isso aconteceu?"

"Eu fui a refém", Taylor explicou, "e o xerife era meu sequestrador. Dã".

A Sra. Wilson é uma presença diária em sua vida. "Posso sentir em minhas mãos", Taylor me contou. Ela fechou os olhos e ergueu as palmas das mãos. "O toque e o peso da almofada. Ainda me dá calafrios."

Eu perguntei a ela por que a almofada, de todas as imagens, tinha permanecido. Ela fechou os olhos de novo, e disse que quando seu padrasto a estuprava ela costumava cobrir a cabeça com uma almofada — um detalhe que eu nunca tinha visto ela mencionar nas centenas de páginas de registros psicológicos, declarações em juízo e depoimentos. Após anos transpondo os detalhes de seu estupro no de Wilson, ela parecia estar sobrepondo sua própria infância sobre os últimos momentos da vida de Wilson. "Quando você é molestada", ela disse, e se deixou dispersar, chorando. "Eu não sei por que senti que tinha que protegê-la. Não sei se, inconscientemente, era eu protegendo a mim mesma." Ela rapidamente checou seu Facebook no celular, um tique que parecia acalmá-la. "Eu não tenho mais que ser aquela menininha que foi abusada", ela disse.

Três Julgamentos Para Um Assassinato

Teriam os militares, em nome da justiça, passado por cima da proibição da repetição de julgamentos?

por **Nicholas Schmidle**

07 de novembro de 2011

Em 07 de maio de 1985, Tim Hennis, um sargento do Exército de vinte e sete anos morando em Fayetteville, Carolina do Norte, respondeu a um anúncio nos classificados feito por uma moradora da cidade que estava tentando vender uma cachorra setter inglesa. O anúncio foi publicado no *Beeline Grab Bragg*, um jornal voltado para a comunidade militar na área em volta da Base Pope da Força Aérea e do Fort Bragg. Após discutir o assunto com a esposa, Angela, Hennis atravessou Fayetteville de carro para ver a cadela. De acordo com seu relato posterior, pouco antes das nove da noite, ele estacionou seu Chevette branco em frente ao número 367 da Estrada Summer Hill, uma casa de estilo fazenda com fachada de tijolos e persianas pretas. Ele foi até a entrada, carregando uma coleira com guia.

Hennis bateu na porta, e Katie Eastburn, a mulher que colocou o anúncio, o convidou a entrar. Ela era uma mulher pequena, com cabelos pretos e curtos, um sorriso brilhante e pele pálida. Com dois metros de altura, Hennis era um gigante perto dela; ele era bonito de um jeito robusto, com cenho vistoso, um leve bigode, e cabelo loiro ralo dividido para a direita.

Eastburn lhe disse que ela tinha acabado de colocar suas três filhas pequenas para dormir.

Seu marido, Gary, um capitão da Força Aérea, tinha viajado para fazer um curso na escola para oficiais de esquadrão no Alabama. A família planejava se mudar naquele mesmo ano, indo morar na Inglaterra, onde Gary era esperado para assumir a função de oficial de ligação com a Royal Air Force. O casal estava preocupado com a possibilidade de que Dixie, a setter inglesa, não suportaria a quarentena; como Hennis recordou mais tarde, Eastburn lhe disse que eles estavam apenas buscando uma casa boa para Dixie e tinham incluído um preço simbólico no anúncio, dez dólares, apenas para "afastar os malucos". Hennis gostou da cachorra e já quis levá-la para casa, para ter certeza de que ela se daria bem com seu spitz. Eastburn ficou observando da entrada da garagem, enquanto Hennis levou Dixie até seu Chevette e então partiu.

Quatro dias mais tarde, Gary Eastburn ligou para sua mulher para terem a habitual conversa de sábado de manhã. Ela não atendeu. Ele tentou de novo e de novo, sem sucesso.

Domingo era Dia das Mães, e o vizinho dos Eastburn, Bob Seefeldt, notou três jornais não-recolhidos jogados na entrada da garagem, o que sugeria que Katie e as meninas não estavam em casa. Mas fazia dias que a perua Toyota de Katie estava parada no mesmo local. Seefeldt foi até a vizinha e tocou a campainha diversas vezes. Ele ouviu um bebê chorando dentro da casa e falou para a esposa chamar o gabinete do xerife.

Um oficial chegou na casa dos Eastburn. Ele cortou a tela de uma das janelas e entrou por um dos quartos, enquanto Seefeldt esperava do lado de fora. Lá dentro, a bebê Jana, de vinte e dois meses, berrava em seu berço. O oficial passou Jana para Seefeldt, pela janela. Havia um odor forte na casa.

Quando o oficial entrou no corredor, viu os corpos mortos no fim da passagem. Ele enviou um chamado para a divisão de homicídios.

Robert Bittle e Jack Watts, detetives do Departamento do Xerife da Comarca de Cumberland, que inclui Fayetteville e outros oito municípios menores, chegaram para ver a cena do crime pouco depois das treze horas. Watts chefiava a divisão de homicídios; Bittle era ex-criador de cavalos de corrida. Eles entraram na casa pela porta da garagem. Era um dia quente de primavera e as janelas estavam fechadas. "A morte tem um cheiro, um aroma próprio", Bittle me contou. "Eu nunca vou esquecer o cheiro daquele lugar." Os detetives seguiram casa adentro, inspecionando cada cômodo no caminho. Na sala de estar, eles viram um par de jeans, dois botões que tinham sido arrancados de uma blusa, e um par de calcinhas rasgadas. Então eles acharam a criança de cinco anos, Kara, encolhida debaixo de uma manta de Star Wars, esfaqueada diversas vezes no peito. Em seguida, entraram no quarto de casal. Erin, de três anos de idade, estava caída em um dos lados da cama, com ferimentos contundentes no peito e nas costas. Do outro lado estava Katie, nua da cintura para baixo. Ela tinha sido esfaqueada quinze vezes e aparentemente estuprada; sêmen foi encontrado dentro do seu corpo. As gargantas das três Eastburn tinham sido cortadas.

Não muito depois, na base no Alabama, o telefone tocou no corredor do lado de fora do alojamento de Gary Eastburn. "É para você!", um dos seus colegas chamou. Gary levantou em um salto e perguntou quem era. "Algum detetive", o colega disse. Watts estava na linha. "Houve uma morte na família", ele contou para Gary. "Você precisa voltar para casa." Watts se recusou a dar mais detalhes. Gary tomou um voo de volta para Fayetteville, acompanhado de outro oficial, e foi direto para a delegacia de polícia. Os detetives pressionaram Gary em busca de pistas. Ele lhes contou que Katie tinha recentemente doado Dixie para adoção, mas disse que não sabia nada do homem que havia ficado com a cachorra.

Mais tarde naquela mesma noite, Bittle e Watts voltaram à casa, que tinha sido isolada com uma faixa da polícia. Peritos criminais tinham achado impressões digitais e fios de cabelo. Um teste de Luminol, que apresenta um leve brilho quando sua composição química reage com o ferro na hemoglobina, revelou manchas tênues de sangue nas paredes e no quarto de casal, como se alguém tivesse tentado limpar o local.

Pouco depois da meia-noite, um jovem afro-americano chamado Patrick Cone procurou os investigadores. Ele falou para Bittle que na madrugada de sexta-feira, por volta das três e meia, ele tinha visto um homem branco, alto, vestindo jeans, um gorro de lã, e uma jaqueta preta da Members Only, saindo da garagem dos Eastburn carregando um saco de lixo por sobre o ombro. Cone, um zelador cujo turno começaria no amanhecer daquele dia, estava caminhando pela Estrada Summer Hill. "Saindo um pouco cedo esta manhã", lhe disse o homem na jaqueta da Members Only, enquanto seguia em frente na direção contrária. Quando Cone parou e olhou para trás, viu o brilho das luzes traseiras de um Chevette branco, antes do carro partir.

Naquela terça, Cone trabalhou com um agente do Departamento Estadual de Investigações da Carolina do Norte para criar um retrato falado do homem. Do outro lado da cidade, Gary andou por sua casa acompanhado de Bittle e Watts, procurando identificar se alguma coisa tinha sumido. Um envelope com dinheiro, o cartão de banco de Katie e um pedaço de papel com a senha do cartão não estavam mais lá.

Na quarta-feira, Tim Hennis estava almoçando em casa com Angela quando viram a programação ser interrompida pelo plantão de notícias, que anunciou que investigadores estavam buscando um homem que dirigia um Chevette branco e tinha pego uma setter inglesa da casa no número 367 da Estrada Summer Hill na semana anterior. "Minha esposa e eu ficamos chocados", Hennis disse mais tarde. "Foi a primeira vez que percebemos que a moça que tinha sido assassinada era a mesma de quem eu tinha pego a cachorra." Hennis, Angela, e a filha recém-nascida deles, Kristina, foram de carro até o Centro de Aplicação da Lei, no centro de Fayetteville. Um agente de polícia levou Hennis até uma sala para ser interrogado. Quando Watts viu Hennis, estancou por um momento: o rosto de Hennis era idêntico ao do retrato falado. "Eu soube que precisava falar com aquele homem", Watts me contou.

As autoridades determinaram que os assassinatos provavelmente tinham acontecido na noite de quinta-feira, uma vez que Katie tinha sido vista pelos vizinhos mais cedo naquela noite e os jornais começaram a se empilhar na entrada da casa na manhã de sexta. Por isso, Watts pediu que Hennis relatasse suas atividades naquela noite. Hennis disse que tinha levado a esposa e a filha de carro até a casa dos pais dela e então voltado para casa, depois de reabastecer o carro. Ele respondeu várias das perguntas de forma impaciente, e Watts o achou arrogante. Ainda assim, Hennis ficou por quase sete horas na delegacia e forneceu amostras de sangue, saliva, e fios de cabelo, assim como impressões digitais e da palma das mãos. Quando Watts lhe perguntou sobre Katie Eastburn, Hennis admitiu ter pego a cachorra com ela na terça-feira, mas disse que nunca tinha visto a mulher novamente; ele não tinha nem guardado seu nome. Hennis declarou que Katie tinha ligado para ele na quinta-feira para saber se Dixie tinha se dado bem com o spitz. E isso foi tudo.

Hennis era difícil de se interrogar. "Tim Hennis não é um homem burro", Watts me disse. De fato, Hennis tinha atingido cento e vinte e oito pontos em um teste de aptidões gerais do Exército, resultado superior ao de noventa e sete por cento das pessoas que já fizeram tal teste. Se ele estava escondendo algo, era improvável que revelasse por descuido.

Watts queria que Cone, o zelador, fizesse um reconhecimento fotográfico enquanto Hennis ainda estava sob custódia. Uma foto foi tirada de Hennis, e a imagem foi colocada em uma pasta de arquivos, junto de cinco outras fotos de homens loiros, com bigode. Bittle localizou Cone, mostrou para ele a pasta, e lhe perguntou se reconhecia algum dos homens. "Número cinco tem o nariz dele, mas com certeza é o número dois", disse Cone. O número dois era Hennis. Bittle voltou para a delegacia e contou para Watts. Mas eles não tinham um mandado de prisão, e então Hennis foi para casa.

Mais tarde naquela noite, um mandado foi providenciado, e agentes policiais apareceram na casa de Hennis. Quando ele foi até a porta, detetives e agentes do Departamento Estadual de Investigação irromperam para dentro da casa, procurando evidências. "Espero que vocês saibam o que estão fazendo", disse Hennis. Ele foi algemado e indiciado por três homicídios e um estupro. "Parece que vou ter a chance de vestir um daqueles macacões laranja de presidiário", ele disse para Watts, com escárnio.

Fayetteville, uma cidade de duzentos mil habitantes, já fora palco de outro crime notório. Em 1979, Jeffrey MacDonald, um cirurgião do Exército atribuído para o Fort Bragg, foi condenado por ter assassinado a esposa grávida e as duas filhas usando um picador de gelo e uma faca. MacDonald, que sustentou sua inocência, alegou que hippies enlouquecidos por drogas tinham invadido sua casa, dizendo que "Ácido é um barato" e "Matem os porcos" antes de chacinarem sua família. Quando a polícia militar chegou na cena do crime, eles descobriram a palavra "porco" escrita com sangue na cabeceira da cama do quarto de casal. Embora o Exército tenha a princípio feito um indiciamento contra MacDonald, ele foi revertido. Anos depois, ele foi preso, denunciado, e condenado em uma vara federal.

O Exército, que tinha jurisdição sobre Hennis, podia ter levado ele à Corte Marcial sob a acusação de homicídio, mas os crimes cometidos fora do quartel normalmente eram processados pela Comarca de Cumberland. O pai de Hennis, um executivo aposentado da IBM, contratou dois advogados proeminentes de Fayetteville, Gerald Beaver e Billy Richardson, para defender o filho. A tarefa diante deles era dura. Várias testemunhas presenciais se recordavam de terem visto um Chevette branco na Estrada Summer Hill na noite dos assassinatos. E o álibi de Hennis — de que ele tinha voltado para casa imediatamente depois de ter deixado a esposa e a filha com seus sogros — restou dúbio quando Nancy Maeser, uma ex-namorada, contou aos detetives uma outra história.

Hennis e Maeser tinham se conhecido anos antes no Clube Dragon, um pé-sujo em Fort Bragg, e namoraram por um tempo. Mesmo depois de se separarem, Hennis ocasionalmente ainda aparecia na casa dela. Em 09 de maio, sabendo que o marido de Maeser tinha sido enviado para a Alemanha, Hennis apareceu sem aviso prévio. Maeser o deixou entrar, e ambos conversaram. Ela cutucou a aliança de Hennis e lhe perguntou como seu casamento estava indo. "Ela me deixou", Hennis disse — uma referência enganosa à visita da esposa dele aos pais. Se ele estava procurando romance, não encontrou ali, e então foi embora.

Baseado na visita de Hennis à casa de Maeser e o fato dele ter mentido sobre isso para a polícia, Bittle começou a delinear um motivo para o crime. "Era um moleque procurando por amor em todos os lugares errados", Bittle me contou. Ele concluiu que Hennis, após ser rejeitado por Maeser, foi atrás de outra mulher atraente que ele sabia estar em casa sozinha: Katie Eastburn. Lá, ele se frustrou novamente e, talvez, as coisas fugiram do controle. Investigadores identificaram uma potencial tendência à violência em Hennis: eles descobriram que ele recentemente tinha abandonado furioso uma unidade local da rede de restaurantes Bennigan's, onde trabalhava na cozinha para suplementar sua renda, depois de uma briga com um colega de trabalho.

Mais ainda, na sexta-feira logo após os assassinatos, Hennis tinha levado uma única peça de roupa para a lavanderia: uma jaqueta preta da marca Members Only. Naquele sábado, lembraram os vizinhos de Hennis, ele tinha jogado fluído de isqueiro dentro de um galão de duzentos litros e acendido uma fogueira que durou por pelo menos cinco horas. Teria ele queimado evidências? Hennis tinha ido voluntariamente até a delegacia de polícia, mas Bittle revelou que essa era uma tática usada com frequência por certos tipos de criminosos. "Por que as pessoas roubam bancos? Elas acham que os outros que não souberam como fazer isso direito. Essa era a atitude do Tim Hennis: 'Vocês não têm como me pegar. Eu sou mais esperto do que vocês.'"

Em 1985 a ciência forense nos Estados Unidos era inexata, e a tecnologia de DNA ainda não era utilizada em questões criminais. Bittle sabia que a Scotland Yard tinha começado experimentos com testes de DNA, e um colega do departamento escreveu uma carta para Londres pedindo ajuda no caso de Hennis. A Scotland Yard decidiu não interferir. Ainda assim, Bittle estava confiante que ele e Watts tinham pego o cara certo. "Meu Deus, para cada canto que a gente olhava, lá estava Tim Hennis", ele disse.

Um mês antes do julgamento, outra testemunha presencial surgiu. Investigadores descobriram que o cartão de banco furtado de Katie Eastburn tinha sido usado em 10 de maio, às 22h54, e em 11 de maio, às 08h56. Em ambas as ocasiões, o limite máximo de dinheiro permitido, cento e cinquenta dólares, foi retirado. Hennis pagava um aluguel mensal de trezentos e dez dólares, e estava atrasado naquele mês. Ele tinha um histórico de problemas financeiros, incluindo três condenações anteriores por emitir cheques sem fundo. Em 1984 ele foi expulso da escola de voo após seus cheques serem devolvidos e por mentir para um oficial superior sobre o problema. Após o assassinato, investigadores rastrearam uma mulher que tinha visitado o caixa automático três minutos depois que o cartão roubado de Eastburn tinha sido usado na manhã de sábado. Quando a mulher lembrou de ter visto um homem alto de cabelo loiro usando calças camufladas e entrando em um carro pequeno de cores claras, o caso parecia encerrado.

Antes do julgamento, um acordo de não-persecução foi oferecido a Hennis: o processo terminaria ali se ele admitisse a culpa de dois homicídios qualificados, com uma provável pena de duas prisões perpétuas consecutivas. Ele disse para seu advogado, "Eu não vou assumir a culpa por algo que não fiz".

No julgamento, no verão de 1986, o promotor titular, William VanStory, disse para os jurados, "O que aconteceu naquela casa foi uma completa loucura. É uma das coisas mais trágicas que já aconteceu nesse país". Ele exibiu dúzias de fotografias grotescas da cena do crime. Cone prestou depoimento diante do júri e identificou Hennis como o homem que ele viu na manhã de 10 de maio.

"Tem alguma dúvida na sua cabeça?", perguntou VanStory.

"Não, senhor."

VanStory guardou suas frases mais emotivas para sua argumentação final. "Aí está seu matador de bebês!", ele disse para o júri. "Ele é o responsável pela morte dessas crianças e da mãe delas... O homem responsável por lhes tirar as vidas está sentado nesta sala do júri, respirando o mesmo ar que vocês. E, assim espero, não por muito mais tempo."

O júri deliberou por dez horas antes de reconhecer o veredito de culpa em todos os quesitos, condenando-o por três homicídios qualificados e um estupro. Hennis tirou sua aliança do dedo e disse para Richardson, "Dê isso para Angela. Diga a ela que a amo". Hennis foi levado da sala do júri para uma cela à prova de suicídios. Três dias depois, ele foi sentenciado à morte.

Enquanto os advogados da defesa preparavam uma apelação, Hennis foi transferido para o interior do estado, uma prisão em Raleigh. Ele era um dos dezessete detentos no corredor da morte. Nove semanas depois que ele chegou, um detento foi executado com uma injeção letal. No complexo, Hennis recebeu uma carta, carimbada pelo correio com a data de 08 de julho, o dia em que ele foi sentenciado:

"Caro Sr. Hennis,

Eu cometi o crime, eu matei as Eastburns. Sinto muito por você estar cumprindo a pena. Estarei em segurança fora da Carolina do Norte quando você ler isso.

Grato, Sr. X."

As autoridades nunca conseguiram determinar a identidade do Sr. X. O gabinete do xerife também recebeu uma carta do remetente anônimo.

Enquanto isso, Gary Eastburn estava lutando para seguir com a vida. Ele tinha conhecido Katie doze anos antes, em um jogo de softball para solteiros, e lembra que foi como "se alguém me acertasse no meio dos olhos com um martelo. Eu fiquei loucamente apaixonado por ela". Eles se casaram em 1975, e Katie ficou grávida três anos depois. Em 1983, Gary foi enviado com a família para a Base da Força Aérea de Pope, onde atuou como chefe do controle de tráfego aéreo. Quando Gary fez a proposta de se mudarem para a Inglaterra, Katie relutou a princípio; ela estava preocupada em ficar longe dos pais, que moravam no Kansas. Mas ela era apaixonada por cavalos, e depois que Gary lhe contou que ela e as meninas teriam amplas oportunidades para cavalgar nos campos ingleses, ela concordou em ir. Quando Katie foi assassinada, Gary cancelou os planos de sair do país. Ele só aceitou a vaga como contato com a Royal Air Force em 1988, levando Jana para morar na Inglaterra com ele.

Poucos meses depois, Bittle ligou para Gary, dizendo que ele tinha que voltar para a Carolina do Norte. O recurso de apelação de Hennis tinha alcançado o Tribunal Superior do estado, onde Gerald Beaver, o advogado de Hennis, argumentou que as muitas fotografias chocantes que a promotoria tinha exibido tinham inflamado os jurados contra seu cliente. Os juízes decidiram, por cinco votos a dois, em favor de Hennis e lhe deram o direito a um novo julgamento. A decisão no caso Hennis é usada até hoje por advogados de defesa que procuram limitar a exibição de fotografias que são redundantes ou que poderiam influenciar os jurados de forma injusta.

Por quase três anos, os advogados de Hennis estudaram meios para minar o caso. No novo julgamento, em Wilmington, eles focaram em desacreditar Patrick Cone. Durante a audiência, Beaver se referiu a ele como "um ladrão e um mentiroso". Entre o primeiro e o segundo julgamento, Cone tinha cometido diversas infrações criminais: tentativa de uso de um cartão de banco roubado, ficar bêbado em público e resistir a um policial, dirigir com a carteira de motorista vencida. Durante o episódio da embriaguez, ele falou para um policial, "Você não pode me prender. Eu tô dando uma ajuda para vocês". Ele continuou, "Você tem que checar com o promotor de justiça, cara. Eles me conhecem e sou testemunha deles... Sou testemunha no julgamento do Hennis". Esses indiciamentos, como os outros, foram extintos. Então, em uma noite de fevereiro de 1989, Jack Watts, o detetive, parou o veículo que Cone estava dirigindo, com um amigo no banco de passageiros. Cone não passou no teste do bafômetro. Ao invés de prendê-lo, Watts falou para o amigo de Cone assumir a direção do carro e levá-lo para casa. O amigo mais tarde informou a equipe de defesa de Hennis que Cone tinha lhe dito que "Posso fazer qualquer coisa que eu quiser".

Os advogados de Hennis também sugeriram que o testemunho de Cone no primeiro julgamento era impreciso. Cone tinha dito que o clima na noite dos assassinatos estava bom, com as estrelas visíveis no céu, mas um meteorologista convocado pela defesa apresentou registros que indicavam que tinha sido uma noite nublada. Um piloto de helicóptero local, que tinha abortado uma missão de evacuação médica naquela manhã, lembrou que o clima estava "muito, muito fechado e escuro".

Watts me contou que, apesar disso, ele nunca duvidou do relato de Cone. "O sr. Cone tinha alguns problemas", ele disse. "Ele foi um moleque de rua e bebia. Mas ele não tinha que se apresentar como testemunha, e fez isso mesmo assim. Até hoje, acredito em cada palavra do que ele contou." No entanto, incertezas o suficiente foram levantadas quanto ao depoimento de Cone para rendê-lo inútil.

Antes do novo julgamento, William VanStory, o promotor original do caso, deixou a Promotoria de Justiça para trabalhar no setor privado. Comparados a ele, os promotores designados para o novo julgamento, Calvin Coyler e John Dickson, pareciam apáticos. "Eles meio que tocaram com a barriga", me disse Gary Eastburn.

A defesa, enquanto isso, fazia um gol atrás do outro. Em audiência, Gary confirmou que, dois meses antes de Hennis pegar a cachorra, Katie recebeu telefonemas ameaçadores no meio da noite de um homem que sabia o nome dela e disse que estava indo visitá-la. As cartas perturbadoras do "Sr. X" foram lidas em voz alta durante o julgamento.

A defesa também enfatizou que, apenas algumas semanas antes dos assassinatos, a mulher que testemunhou que tinha visto um homem parecido com Hennis no caixa automático tinha dito a um investigador que "não se lembrava de nada". Aparentemente ela tinha firmado sua história na véspera do primeiro julgamento, assegurando aos promotores que ela tinha visto um homem loiro alto saindo de um carro branco compacto. Beaver chamou essa versão dos eventos de "altamente suspeita".

Um par de novas testemunhas depuseram a favor de Hennis. Uma mulher que entregava o jornal *News & Observer* de Raleigh todos os dias revelou que, à uma e quarenta e cinco da manhã, ela tinha visto, em frente da casa de Eastburn, um homem de cabelo comprido dirigindo uma van de cor clara. A defesa chamou então para depor um adolescente alto e loiro, morador do bairro dos Eastburn; ele frequentemente passeava pela estrada Summer Hill tarde da noite e admitiu que estava fazendo justamente isso às três da manhã do dia 10 de maio de 1985. Talvez fosse essa a pessoa que Cone viu? Quando o rapaz apareceu na sala de audiências, o recinto emudeceu. "O cara era a imagem cuspida e escarrada de Hennis — eles podiam ser irmãos", disse Charles Leighton, um dos jurados. "Para mim, isso foi meio que a cereja do bolo."

A defesa ainda tinha outros elementos para apresentar. Pegadas localizadas no lado de fora da casa eram três vezes menores que o tamanho dos calçados de Hennis. Uma mancha de sangue descoberta em uma toalha de banheiro não combinava com o sangue de Hennis. Investigadores tinham achado diversos fios de cabelo na casa dos Eastburn — incluindo pelos pubianos — que não pertenciam nem a Hennis nem às vítimas. A casa era alugada, e os pelos púbicos tinham sido achados próximos a um sofá na sala de estar, não no corpo de Katie Eastburn, mas a promotoria pouco fez para contestar o que a defesa apresentou. Quanto a fogueira que Hennis acendeu no seu quintal no dia seguinte ao assassinato, a defesa alegou que nada nos restos carbonizados tinha sido identificado como pertencente à casa dos Eastburn. E não apenas a jaqueta Members Only de Hennis não tinha marcas de sangue, como um analista do Instituto Internacional de Cuidado de Fábricas testemunhou que Varsol, o produto químico utilizado na lavagem à seco, não era capaz de remover todos os traços de sangue.

Em 10 de abril de 1989, Hennis prestou seu depoimento. Beaver e Richardson arrazoaram que seu cliente não tinha nada a esconder. Hennis tinha passado semanas ensaiando. Ele compareceu ao julgamento vestindo um terno escuro. Mesmo com a simpatia da corte inclinada a seu favor, Hennis respondeu aos questionamentos de forma brusca. Respondendo uma pergunta de Dickson, o promotor, sobre raças de cachorro, ele disse, "Um braco alemão de pelo curto, senhor, tem pelo bastante rente ao corpo, algo assim como sua barba. Um lulu de pelo longo teria algo como o seu cabelo, bastante longo".

Em certo ponto, Dickson lhe perguntou, "Kathryn Eastburn era uma mulher atraente, não era?".

"Depende do que você considera atraente", retrucou Hennis.

"Você achava ela uma mulher atraente?"

Hennis admitiu que achava.

Quando perguntaram a Hennis sobre a sua visita inicialmente não-revelada à casa de Maeser, ele disse que "Tinha esquecido disso, senhor. Foi só que não me importei muito com isso. É algo que me fugiu à cabeça". Alguns dos jurados repararam na sua irreverência. "Falando francamente, ele parecia ser o tipo de cuzão que poderia ter feito aquilo", me contou Ken Wells, outro jurado. Mas ele acrescentou que aparências enganam: "O cara que usa um monte de correntes de ouro e uma bandana — isso não faz dele um marginal".

Uma semana depois, defesa e acusação encerraram seus trabalhos. Richardson, um dos advogados de defesa, disse para o júri: "Vocês têm evidências materiais gritando para vocês, absolutamente gritando, que ele não é o culpado. Você tem um pelo pubiano ali que não é dele... Eles estão enfiando um diacho de uma peça quadrada em um buraco redondo, e não encaixa, e isso é podre".

Dois dias depois, o júri chegou ao veredito: absolvido em todos os quesitos. "Não vejo como poderíamos ter feito qualquer coisa diferente", me disse Charles Leighton. Após mais de oitocentos dias no corredor da morte, Hennis deixou a sala de audiências como um homem livre, erguendo Kristina, que agora tinha quatro anos de idade, no ar. Vários jurados apertaram sua mão.

Saindo da sessão, Gary Eastburn disse a um jurado que ainda acreditava que Hennis era culpado. Ele se sentou no banco de passageiros do Toyota de Bittle e seguiu de volta à Fayetteville. Segundo Bittle, "Aquela foi a viagem mais longa que já fiz na minha vida. Me senti enjoado, como se alguém tivesse sugado meu fôlego... Me sentia como se tivesse deixado Gary na mão, como se tivesse deixado Jana na mão". Ele disse que não estava pronto para desistir. "Alguém tem que falar pelos mortos."

Scott Whisnant, um repórter de vinte e sete anos, cobriu o novo julgamento de Hennis para o jornal *Morning Star* de Wilmington. Alto, sempre de óculos, ele tinha uma voz de barítono e a aparência modesta de um diretor de escola infantil.

Graduado no campus de Chapel Hill da Universidade da Carolina do Norte, ele escreveu por anos sobre esportes, mas sua namorada o tinha convencido a buscar uma área onde pudesse trabalhar em horários melhores, e assim ele acabou no fórum. Acompanhando as sessões de Hennis, Whisnant percebeu que estava testemunhando algo histórico: um réu no corredor da morte prestes a ganhar um julgamento do júri. "Eu fui de 'Não acho um júri que vá condenar esse cara' para 'Nem sequer acho que foi ele que cometeu o crime'", Whisnant me contou. "Eu nunca vi um caso do governo ser desmantelado tão completamente. Aquele segundo julgamento foi uma lavada."

Whisnant tirou uma licença do *Morning Star* para escrever um livro. Seu plano original era descobrir quem era o assassino das Eastburn, embora estivesse apreensivo em realizar uma investigação. "Eu tinha medo que houvesse algo por aí que eu não quisesse descobrir", ele disse. "Vivia com medo disso." E se ele descobrisse provas de que Hennis *tinha* matado Katie, Kara e Erin? "Eu não gostaria de ter absolvido alguém que cometeu esse crime."

Whisnant, aceitando que "não tinha poder de intimação" e não podia coagir ninguém a falar, se contentou em escrever uma história de injustiça sendo remediada. "Innocent Victims", como o livro foi intitulado, foi publicado em 1993, e vendeu por volta de cento e setenta e cinco cópias. Três anos depois, uma minissérie baseada no livro estreou na rede de televisão ABC. Robert Bittle, o detetive, se gaba de não ter lido o livro ou visto o filme. "Eu não leio ficção", ele me disse.

O caso de Hennis acabou por fim atraindo a atenção da Comissão de Inocência Real da Carolina do Norte. Consternados com uma sequência "muito preocupante" de condenações equivocadas, e citando Hennis, o presidente do Tribunal de Justiça, I. Beverly Lake, estabeleceu uma comissão para esmiuçar os procedimentos das agências de segurança pública e de persecução criminal. "Nós obviamente tínhamos um problema no sistema de justiça criminal da Carolina do Norte", me contou Lake. Novos protocolos foram adotados, por exemplo, para a identificação realizada por testemunhas, criando, de acordo com Lake, um "processo muito mais confiável".

Após a absolvição, Hennis teve que decidir se iria ou não se realistar no Exército. Uma decisão da Suprema Corte de 1987 tinha conferido aos militares uma jurisdição maior sobre crimes civis, tornando possível que ele passasse por uma Corte Marcial. Mas Hennis se realistou mesmo assim, recebendo três anos de salário atrasado, uma medalha de boa conduta e uma promoção para sargento. Em setembro de 1990, ele partiu para a Arábia Saudita, para a Operação Escudo do Deserto; de acordo com o livro de Whisnant, um relato detalhado dos dois primeiros julgamentos, Hennis se referia à sua missão como "viagem de acampamento no Iraque". Ele retornou aos EUA na primavera seguinte e então, um ano depois, foi para a Somália; ele voltou para casa depois do fiasco da queda do helicóptero Black Hawk em Mogadíscio.

Hennis recebeu medalhas e reconhecimento pelo seu serviço. Um superior o descreveu como "um exemplo brilhante para todos" e um colega o chamou de soldado excepcional. Jeff Schartiger, que serviu com Hennis em Fort Drum, Nova York, me disse que "Tim era um gigante gentil. Eu confiaria minha família ao cara".

Em 1998, Hennis, junto de Angela, Kristina, e Andrew, seu filho de seis anos, se mudaram para Fort Lewis, em Washington. Naquele ano, Gary Eastburn se mudou para uma cidade a vinte e quatro quilômetros de Fort Lewis. "Eu não tinha ideia", disse Gary. Após o segundo julgamento, Gary voltou para a Inglaterra, conheceu e se casou com uma enfermeira inglesa, deixou a Força Aérea, e permaneceu morando fora por mais alguns anos antes de voltar para os EUA. Apesar da proximidade de suas novas casas, os dois nunca chegaram a se encontrar.

Quando Hennis se mudou para Washington, ele já tinha perdido seu porte atlético e a maior parte do cabelo. Ele se tornou chefe dos escoteiros da tropa de Andrew, liderando os garotos em uma trilha no Monte Santa Helena e em uma expedição para construir abrigos na neve no Monte Rainier. Kim Gorder, a chefe de escoteiros assistente, lembra que Hennis exercia uma "boa influência". Ela me disse que ela "não tinha desconfiança alguma sobre o passado dele" e ficou chocada ao descobrir sobre os julgamentos: "Isso não é algo que você espera descobrir sobre alguém com quem você acampava regularmente".

Hennis se aposentou do Exército em julho de 2004, após vinte e três anos de serviço, com a patente de sargento-chefe. Ele aceitou então um emprego em uma unidade de tratamento de esgoto. Whisnant, que entrevistou Hennis diversas vezes para escrever seu livro, me disse que ele considerava a conduta de Hennis após a absolvição "prova contundente" de que ele não poderia ter cometido os assassinatos.

Em 12 de maio de 2005, vinte anos depois do assassinato das Eastburn, Whisnant se encontrou com um grupo de detetives da Carolina do Norte que debatiam o caso. Um perito criminal que tinha trabalhado na polícia de Fayetteville, Billy Crawford, estava ministrando um seminário para detetives de homicídio sobre técnicas avançadas de inteligência criminal, e ele estava apresentando a morte não-solucionada das Eastburn como um estudo de caso. Crawford tinha usado o livro de Whisnant para ajudar a desenvolver o curso.

Whisnant ficou impressionado quando entrou na sala de aula. "Eles tinham grandes quadros brancos com linhas de tempo e outras teorias", ele me contou. "Eles tinham realmente se superado." Os participantes da aula trataram Whisnant como um herói. "Eu posei para fotos e autografei livros", ele disse. "Foi uma bela viagem."

Quando Whisnant estava se preparando para ir embora, Crawford lhe contou que Larry Trotter, um detetive de homicídios da Comarca de Cumberland, queria falar com ele em particular. Trotter, um sargento aposentado do Exército, é baixinho ("um metro e sessenta na perna boa"), com uma careca e um bigode ruivo volumoso. Ele valoriza seu instinto para ver o mundo "em preto e branco". Trotter acompanhou Whisnant até o estacionamento e se apresentou. "O governo vai resolver esse caso?", Whisnant lhe perguntou.

Whisnant contou para Trotter que pelo menos uma trilha investigativa ainda não tinha sido explorada. Duas amostras de esperma tinham sido obtidas do corpo de Katie Eastburn com uma coleta vaginal. Embora os testes de DNA fossem rústicos no final dos anos oitenta, eles estavam agora em 2005, e Trotter certamente poderia enviar as amostras para análise. "É um caso para o laboratório agora", disse Whisnant. Aquele comentário, ele me contou, é "algo que me assombra até hoje".

Trotter descobriu que as amostras de esperma estavam sendo mantidas pelo gabinete do xerife da Comarca de Cumberland. Ele as recuperou e enviou para o laboratório criminal do Departamento Estadual de Investigação, em Raleigh. (Trotter me contou que o tempo todo ele já estava planejando testar as amostras e que o seminário apenas o relembrou de que tinha que "tirar minha bunda da cadeira e fazer algo sobre o assunto".) A quantidade de esperma restante nos esfregaços era suficiente para realizar um teste de DNA.

Um ano depois, Trotter recebeu os resultados. O perfil genético pertencia a Tim Hennis. De acordo com o biólogo forense que realizou o teste, a amostra tinha 1,2 quadrilhões de vezes mais chances de ser do Hennis do que de qualquer outra pessoa branca na Carolina do Norte. "É difícil para mim visualizar números tão grandes", o biólogo disse mais tarde, em depoimento. Para Trotter, o resultado do teste de DNA era prova inatacável de que Hennis era culpado. "O esperma de Hennis estava no canal vaginal de uma mulher morta", ele me disse. "Isso diz muita coisa."

A tecnologia genética forense, usada cada vez mais desde o início dos anos noventa, disparou uma revolução no sistema de justiça criminal. Uma mera gota de sangue ou sêmen pode com frequência passar por cima até do mais impressionante rol de testemunhas; desde 1989, mais de duzentos prisioneiros, incluindo dezessete no corredor da morte, foram libertados baseados apenas na evidência do DNA. "Testes de DNA têm uma habilidade sem igual para inocentar os condenados injustamente e identificar os culpados", declarou o Juiz-Chefe dos EUA, John Roberts, em 2009. Anos depois de Hennis ser absolvido com base em provas circunstanciais — a credibilidade frágil de Patrick Cone; as cartas do Sr. X; o "cópia escarrada" de Hennis que vagava pelo bairro dos Eastburn; a entregadora de jornais que lembrava de ter visto alguém com um carro e aparência física diferentes da de Hennis — o governo agora tinha um trunfo.

Trotter compartilhou os resultados do laboratório com Edward Grannis, o promotor de justiça da Comarca de Cumberland, e Robert Bittle, que tinha se tornado o principal investigador de Grannis. Bittle imediatamente telefonou para Gary Eastburn. Eles não se falavam há anos. "Você está sentado?", disse Bittle. "O DNA identificou alguém".

"Quem?"

"Hennis."

Gary ficou mudo. "Você meio que pensa que superou a coisa e tudo mais, mas ela só tá descansando, bem ali debaixo da superfície", me disse Gary. Bittle explicou que ele não tinha certeza se alguma coisa poderia ser feita para trazer Hennis à justiça, mas ele queria que Gary soubesse que o governo "tinha pego o cara certo o tempo todo".

Trotter, Bittle e Grannis compreendiam que, como Trotter colocou, "o Estado da Carolina do Norte não podia fazer nada contra Hennis". A Quinta Emenda da Constituição dos Estados Unidos garante que nenhum cidadão pode ser "posto duas vezes em risco de vida ou membros" pela "mesma ofensa". Mas a vedação de risco duplo, ou *bis in idem*, não abarca todas as instâncias judiciais ao mesmo tempo e de uma só vez. Varas estaduais e federais representam jurisdições diferentes. Sob a doutrina da "dupla jurisdição", estipulada na Constituição, um réu pode ser julgado e absolvido em uma vara estadual — e então julgado de novo pelo mesmo crime em uma vara federal. Protocolos do Departamento de Justiça, porém, recomendam cautela ao processar indivíduos após eles passarem por julgamentos estaduais. Exceções envolveram casos de violações aos direitos civis. Em 1991, depois que quatro agentes do Departamento de Polícia de Los Angeles acusados de espancar Rodney King foram inocentados de imputações criminais nas varas estaduais, os promotores federais os denunciaram pelos mesmos crimes na vara federal. Dois deles foram condenados.

O regulamento do Exército estabelece que uma pessoa sujeita ao Código Uniforme de Justiça Militar que tenha sido julgada em uma vara civil "pode, mas não ordinariamente será" julgada em Corte Marcial. Em 1987, um soldado chamado Ronald Gray, em uma audiência na Carolina do Norte, se declarou culpado de dois assassinatos e múltiplos estupros, entre outros crimes. Apesar de Gray ter recebido duas sentenças consecutivas de prisão perpétua, o Exército o levou à Corte Marcial, denunciando-o por mais dois assassinatos e vários estupros, e obtiveram a pena de morte. O coronel Mike Mulligan, chefe da divisão de recursos do Exército, me disse: "No Exército, a justiça não tem preço".

Alguns estudiosos da lei defendem que o Exército viola o espírito da proibição constitucional do *bis in idem*. Críticos dizem que é particularmente problemático quando o Código Militar é usado para processar membros das forças armadas por crimes supostamente cometidos no mundo civil. "Os Constituintes eram claramente contrários à ideia", me contou David Glazier, um especialista em lei militar e professor na Faculdade de Direito Loyola, de Los Angeles. "Os Artigos de Guerra, que foram adotados durante a Revolução e continuaram existindo por metade da nossa história, diziam que quando um soldado comete uma ofensa contra a população civil local, era também uma ofensa se o oficial em comando não entregasse o soldado para as autoridades civis."

As coisas começaram a mudar durante o século XIX. Depois que as tropas estadunidenses invadiram o México em 1846, o general Winfield Scott expandiu a jurisdição dos militares sobre seus soldados até o âmbito civil, de forma a garantir a responsabilidade deles por supostos crimes cometidos em vilas e cidades mexicanas. Os militares mantiveram essa autoridade até bem tarde, no século XX. Então, em 1969, a Suprema Corte decidiu que a jurisdição militar deveria se limitar a crimes "relacionados ao serviço". A jurisprudência durou por dezoito anos. Em 1987, a Corte, sob a recém-iniciada presidência de William Rehnquist, expandiu o alcance do Código Militar, restaurando a autoridade das forças armadas para processar todo tipo de crime cometido pelos seus membros.

Grannis pediu que três promotores militares de Fort Bragg fossem até seu gabinete, no centro de Fayetteville. Na reunião, Grannis, Bittle, e Trotter mostraram os resultados do teste de DNA. Os promotores militares levaram a documentação até John Vines, o general-comandante de Fort Bragg, que não deliberou por muito tempo. Ele pediu ao Secretário do Exército que aprovasse a reconvocação de Hennis ao serviço ativo — o que pode ser feito com qualquer militar aposentado — e seu indiciamento por três homicídios. (Pelos prazos do Código Militar, o crime de estupro já estava prescrito.) Em questão de semanas, o pedido foi atendido.

Na noite de 26 de setembro de 2006, um advogado militar e um agente da Divisão de Investigação Criminal de Fort Bragg, acompanhados por dois policiais, dirigiram até a casa de Hennis; ele agora vivia em Lakewood, Washington. Heather Hilton, a agente da DIC, entregou à Hennis uma carta com ordens para se apresentar no Fort Bragg dentro de trinta dias. "Isso é um monte de bosta", exclamou Hennis. Gritando, falou para a mulher, que estava dentro da casa: "Ligue pro Beaver!". E mandou os visitantes saírem de sua propriedade.

No mês seguinte, Hennis se apresentou no serviço, em circunstâncias pouco comuns. Apesar de ser indiciado por três homicídios e estar encarando uma possível pena de morte, ele voltou a receber salário integral como militar, além de benefícios. Ele não foi confinado ou restringido, e após trabalhar por meio período fazendo serviços burocráticos, lhe era permitido se reunir com seus advogados e um investigador particular quase toda tarde, no escritório de advocacia de Billy Richardson.

Whisnant, por sua vez, reagiu ao resultado do teste de DNA com desalento. "Eu desabei", ele disse. "Eu não quero ter participação nenhuma na absolvição de alguém que matou crianças de cinco e três anos de idade, e deixou um bebê de vinte e dois meses abandonado no berço para morrer." Ainda assim, a decisão dos militares de assumirem o caso pareceu à Whisnant "fundamentalmente errada". Ele se perguntou como o Exército poderia se prestar a "ser um peão do gabinete do xerife da Comarca de Cumberland". Ele disse, "Não posso acreditar que, nos Estados Unidos da América, você possa fazer um 'melhor-de-três' pela sua própria vida".

O coronel Mulligan, da Divisão de Recursos do Exército, enfatizou para mim que a decisão dos militares não foi tomada de forma leviana. "O caso Hennis é singular", ele disse — uma injustiça ultrajante que pedia uma resposta especial. E acrescentou: "Estou certo que nunca levamos algo como Hennis à julgamento antes". O caso Hennis pode não ser o único de sua espécie: o Exército registrou queixas contra um soldado no Kentucky, acusando-o de assassinar a esposa e a ex-sogra dela, depois que o processo estadual foi encerrado com júris dissolvidos e anulações.

David Glazier, o professor de direito, acredita que o caso Hennis levanta questões "muito, muito críticas". "Os Constituintes claramente pretendiam que os militares não tivessem autoridade para julgar soldados por infrações civis", diz ele. "Mesmo que seja verdade que isso não viola nosso atual entendimento de *bis in idem*, certamente viola o entendimento dos Constituintes. E isso é legalmente duvidoso." Glazier acrescentou que havia também uma questão de paridade de direitos: "Por que alguém que dedica sua vida para defender este país deve ter menos garantias no que concerne a infrações não-militares do que um civil qualquer? O fato que ele já estava fora do serviço militar e foi reconvocado parece moralmente repreensível".

O fórum de Fort Bragg, com sua fachada de cor ocre, quatro colunas brancas e cobertura pontilhada, fica no topo de uma colina em talude. Dentro, há uma galeria com paredes recobertas de painéis de madeira com acabamento cor de caramelo; lá, três fileiras de bancos fornecem assento para cinquenta ou sessenta pessoas. A Corte Marcial de Tim Hennis começou em 17 de março de 2010, e a galeria logo estava lotada.

Um coronel de expressão severa chamado Patrick Parrish, que anteriormente adjudicou comissões militares na Baía de Guantánamo, presidiu. Quatorze homens e mulheres dc farda tomaram seus assentos no banco do júri. Os jurados, chamados na Corte Marcial de "membros", eram de patente igual ou superior a Hennis. Para uma condenação, dois terços deles tinham que concordar que Hennis era culpado; para a pena de morte, os jurados teriam que concordar por unanimidade tanto quanto à condenação quanto à pena.

Hennis contratou Frank Spinner, um advogado de justiça militar de alto nível, para coordenar seu time de defesa, que incluía mais dois advogados fardados. Spinner, um homem de sessenta e dois anos, baixinho, parcialmente careca, e com um nariz fino, tinha defendido muitas personalidades controversas, incluindo Sabrina Herman, uma das soldadas condenadas por abusar de prisioneiros em Abu Ghraib, no Iraque, e Jeremy Morlock, um soldado condenado por participar do assassinato de civis no Afeganistão. "Eu quero assumir os casos mais difíceis, mais desafiadores do sistema militar — as circunstâncias do caso não me importam", disse Spinner. No julgamento, ele declarou, "Nós não vamos nos encolher e correr para casa só porque há provas de DNA nesse caso. Nós vamos encará-las usando a razão, a lógica e a análise crítica".

O governo destacou o capitão Matt Scott, de vinte e nove anos, para o caso. Scott, um homem musculoso e troncudo nascido na Carolina do Norte, entrou para o Exército assim que concluiu a faculdade de direito; após passar um ano no Iraque, ele voltou em 2005 para Fort Bragg, que fica perto de onde ele cresceu. O caso Hennis lhe foi entregue menos de dois anos após sua chegada. Era seu primeiro julgamento de homicídio.

A Corte Marcial começou vinte e um anos depois de Hennis ter sido declarado inocente na sala do júri de Wilmington. O capitão Nathan Huff, um dos promotores, destacou que "A única diferença entre esse julgamento e os julgamentos anteriores é a descoberta dessa nova prova genética". Claro, as pessoas envolvidas no caso estavam em posições muito diferentes em suas próprias vidas. A filha de Hennis, Kristina, estava grávida de um segundo filho; em seu testemunho, ela recordou de caçadas de cervos e de ler "James e o Pêssego Gigante" com o pai. Seu filho, Andrew, era um escoteiro-águia, a patente mais alta conferida no escotismo. Os pais de Hennis já estavam mortos.

Para Gary Eastburn, retornar à sala de audiências trouxe ondas de emoções inesperadas. "Eu pensei, terceira vez, isso vai ser fácil", ele disse. "Não foi." A raiva que ele sentia de Hennis voltou com tudo, especialmente quando, em certo ponto, o réu adormeceu em sua mesa. "Eu pensei, que bastardo sujo — olha só isso", disse Gary.

Jana, a filha de Gary e Katie que sobreviveu, tinha agora vinte e seis anos. Ela tinha o queixo proeminente e os olhos expressivos da mãe. A morte de sua mãe e irmãs tinha marcado sua vida, mas ela não se lembrava delas. "Eu não tenho essa tristeza profundamente arraigada que todos os outros têm", ela disse em seu testemunho. "E isso só faz com que eu me sinta culpada e ruim por não ter sentimentos com relação a elas." Ela descreveu visitas aos seus túmulos e, enquanto os outros choravam, ela não sentiu nada. "Me sinto mal por não lembrar delas."

Na Corte Marcial, Spinner e sua equipe repetiram muitos pontos levantados pela defesa durante o segundo julgamento. As marcas de pegadas achadas do lado de fora da casa não batiam com o tamanho do calçado usado por Hennis; a pequena mancha de sangue na toalha do banheiro não era dele; os fios de cabelo e as impressões digitais não eram dele. Scott, o promotor, contra-argumentou que Hennis podia facilmente ter tido a precaução de limpar a casa naquela noite, apagando sua presença ali. Mas, Scott continuou, "em 1985, o que ele não tinha como saber, o que voltaria para assombrá-lo, era a evolução da ciência... DNA. Ele deixou para trás uma coisa naquela cena de crime que ele não tinha como saber que precisaria limpar: o esperma".

Spinner questionou a cadeia de custódia das amostras. "Onde está a documentação?", ele perguntou. "Onde está qualquer testemunha que viu ou tocou ou transportou ou embalou ou desembalou essa prova, a removeu, ou a reembalou?" Ele informou aos jurados que o responsável pela guarda das evidências materiais da Comarca de Cumberland durante o período de 1993 a 1994 tinha sido condenado por roubar armas do cofre onde as provas ficavam guardadas. Além disso, Spinner argumentou, a cena do crime na Estrada Summer Hill número 367 tinha sido "atropelada" depois dos assassinatos — peritos no local não tinham usado luvas. Teria sido a prova contaminada? Scott caracterizou esse argumento como uma teoria de conspiração, acrescentando que "É comparável àqueles que acreditam que a viagem à Lua aconteceu no deserto do Arizona".

Spinner tinha ainda uma carta na manga: sugerir que Hennis e Katie Eastburn tinham tido uma relação sexual consensual. Spinner declarou em audiência que a prova de DNA "poderia corroborar um argumento de adultério". Mas conseguia "levar para além do adultério e até assassinato?". E se Hennis e Katie tivessem dormido juntos naquela terça à noite, quando ele foi pegar o cachorro? Ou em algum momento entre o primeiro encontro entre os dois e os assassinatos? Spinner disse, "Uma das coisas do mundo e uma das coisas que sabemos sobre a natureza humana é que eventos podem acontecer espontaneamente e por nenhuma razão significativa. Um jovem soldado cuja esposa tinha tido um bebê recentemente. A esposa de um capitão que estava longe há muito tempo. Tudo que estou perguntando é: é possível que algo tenha acontecido independente dos assassinatos?"

A tese não caiu bem. Os próprios jurados eram com frequência enviados para longe de casa, e era improvável que abraçassem a sugestão que os cônjuges de militares com frequência pulassem a cerca quando seus entes queridos estivessem longe. (Embora não houvesse evidência que Katie tivesse sido estuprada à força, dois estudos já demonstraram que em sete de cada dez casos de estupro as vítimas não sofrem ferimentos físicos.) Mais ainda, John Butts, o perito médico legal que tinha recebido os corpos, havia atestado que esperma "abundante, intacto" tinha sido depositado em Katie "pouco antes de sua morte". Butts me contou recentemente que ele não pôde especificar o momento exato, mas apontou que "depois de um dia ou dois", espermatozoides encolhem, perdem suas caudas, e se desintegram. Diferentemente de impressões digitais, sangue, e de fios de cabelo localizados na cena do crime, contestou outro promotor, o sêmen de Hennis era "a única prova encontrada na casa que vinha com data marcada".

Se Hennis tivesse admitido um interesse romântico em Katie, a teoria de Spinner poderia ter sido mais convincente. Mas Hennis negou consistentemente tal fato. Durante o segundo julgamento, Beaver tinha lhe perguntado, "Depois da conversa com a Sra. Eastburn, você viu ou teve notícias da Sra. Eastburn novamente?". "Não, senhor", Hennis respondeu. Ele não prestou depoimento durante a Corte Marcial. Um psicólogo que atuou junto à promotoria me contou que achou Hennis "um enigma" e "um indivíduo reticente, de forma geral". O psicólogo, que deixou o caso antes de realizar uma avaliação formal, disse, "Eu acho que ele sabia mais sobre essa jovem" — Katie Eastburn — "do que ele estava dizendo, mas não necessariamente mais sobre esse crime".

Em 08 de abril, depois de três horas de deliberação, o júri chegou a um veredito unânime: culpado. Agora vinha a questão da pena de morte. A situação era complicada pela vida que Hennis tinha levado nos vinte e um anos desde sua absolvição. Embora sua boa conduta pudesse dificilmente confirmar sua inocência, ela demonstrava sua habilidade para se tornar um membro produtivo da sociedade. Era a função da pena de morte servir de punição extrema para crimes extremos? Ou remover da sociedade criminosos que não têm potencial para reabilitação?

Durante a fase da sentença, Gary Eastburn prestou depoimento mais uma vez. Scott lhe perguntou do que mais ele sentia saudades em Katie, Kara e Erin. "Delas. Eu sinto saudades de estar com elas", Gary respondeu. Ele olhou para a fileira da frente, onde sua esposa, Liz, estava sentada. "Me desculpe", ele disse. "Eu não sei se alguém no mundo poderia ter duas esposas melhores. Como, como ela consegue sentar ali e me ouvir falar sobre uma mulher que amei e ainda amo e não guardar mágoa de mim..." Sua voz sumiu. Mais tarde, ele me contou, "Eu percebi que seria um dilema. Você quase se sente como se estivesse traindo sua esposa, como se fosse infiel".

Uma semana depois, o júri entregou seu veredito a Hennis: "Todos os membros concordam e lhe sentenciam ao rebaixamento à patente de cadete, com prejuízo de todos os ganhos e benefícios, a ser dispensado desonrosamente do serviço militar, e ser posto à morte".

Hennis se reuniu brevemente a sós com seus advogados e sua família. Então, foi algemado e colocado em um camburão. Por fim, ele chegou aos alojamentos disciplinares em Fort Leavenworth, no Kansas, onde se juntou a cinco outros homens que aguardavam a morte. A última execução militar aconteceu em 1961.

"Eu ainda acho que Tim Hennis é inocente", Scott Whisnant me contou recentemente durante um almoço em Wilmington. "Não estou tão convencido quanto estava em 2005, quando estava batendo boca para todo lado sobre perícias legais. Mas alguma coisa não encaixa. Como foi que conseguiram exatamente o resultado laboratorial que eles precisavam quando todas as outras evidências materiais apontavam em outra direção?"

Quatro meses depois do veredito da Corte Marcial, Whisnant apontou, dois ex-diretores assistentes do FBI divulgaram um relatório expondo problemas na unidade de sorologia do Departamento de Investigação Estadual da Carolina do Norte, entre os anos de 1987 e 2003. O relatório concluía que a unidade tinha exagerado, errado, ou suprimido resultados de provas envolvendo sangue em dúzias de casos, incluindo três que acabaram em execuções. A investigação não se estendeu até a unidade de análise de DNA, mas colocou em dúvida a eficiência de todo o laboratório de perícia criminal. Whisnant disse, "Eles tiveram que jogar fora casos e mais casos porque os resultados eram manipulados, equivocados, ou foram acobertados. Mostraram que o laboratório do DIE era nada mais que uma ferramenta totalmente à serviço da promotoria estadual".

Ainda assim, é difícil tecer argumentos a favor da inocência de Hennis. Parte das provas apresentadas pela defesa durante o segundo julgamento parecem duvidosas: até Whisnant acha que as cartas do Sr. X podem ser uma farsa, e a entregadora de jornais que alegou ter visto outra pessoa que não Hennis do lado de fora da casa dos Eastburn perdeu sua firmeza quando foi inquirida pelo promotor militar. A Corte Marcial não resolveu todos os mistérios. A defesa não divulgou os resultados das perícias posteriores que foram realizadas nas amostras de sangue e cabelos, embora seja difícil ver como tal evidência poderia ser considerada mais crucial do que o esperma localizado dentro de uma vítima de estupro e assassinato.

Hennis recorreu da condenação, e espera-se que seu destino final ainda demore anos até ser decidido. Estudiosos de Direito consideram o caso extraordinário. Richard Dieter, o diretor-executivo do Centro de Informações Sobre a Pena de Morte, me disse que "Com certeza, ninguém exceto Hennis já foi absolvido e então voltou para o corredor da morte por causa do mesmo crime". Hennis passa seus dias no Fort Leavenworth em confinamento rígido; sua cela tem apenas um "pequeno pórtico" para entrada de luz natural e ele toma banho de sol uma hora por dia, normalmente sozinho, em uma área de recreação do tamanho de uma quadra de handebol. O Exército negou meu pedido para entrevistar Hennis, e ele não respondeu às quatro cartas que lhe enviei em Fort Leavenworth.

A esposa de Hennis, Angela, não prestou depoimento durante a Corte Marcial. Ela também se esquivou de diversas tentativas de contatá-la para registrar sua opinião sobre os fatos. No mês passado, apareci, sem avisar, na sua casa, em um município da Carolina do Norte. A mãe de Angela me atendeu na porta. Ela disse que ia ligar para Angela pelo telefone, e voltou para dentro da casa. Dois minutos depois, ela retornou e disse, "Você tem que falar com os advogados".

Em 26 de outubro, na Vara de Recursos do Quarto Circuito em Richmond, Virginia, Eric Allen, um advogado trabalhando para Hennis, argumentou que na época da Corte Marcial a jurisdição militar sobre Hennis tinha prescrito, tornando, desta forma, nulos seus resultados. A apelação se baseia em uma decisão da Suprema Corte de 1949, no caso de Hirshberg versus Cooke. Naquele caso, a Corte determinou que a Marinha não possuía jurisdição sobre um marinheiro que foi denunciado por maus-tratos de prisioneiros de guerra, porque os supostos crimes tinham ocorrido durante o alistamento anterior do marinheiro. De forma semelhante, Hennis tinha sido dispensado com honras em 1989, por ocasião de sua absolvição, depois da qual ele prontamente se realistou. Seus advogados alegam que esta "ruptura de serviço" extingue a pretensão persecutória sobre quaisquer supostos crimes ocorridos em seu primeiro período de alistamento. "A lei é tão clara sobre a jurisdição que Tim não tinha que passar cinco ou dez anos no processo de apelação militar até ser libertado", Spinner me contou. "Uma vara federal poderia libertá-lo hoje mesmo". O lado que perder irá provavelmente recorrer à Suprema Corte. Se a Corte revisar o caso baseando-se nesta apelação, vai provavelmente focar estritamente na questão da "ruptura de serviço", deixando de tratar que submeter alguém absolvido por uma corte civil à Corte Marcial configura risco duplo.

Em maio de 2011, pouco mais de um ano depois do julgamento ter terminado, Gary e Liz Eastburn venderam sua casa em Washington, com a intenção de voltarem a morar na Inglaterra. Antes da mudança, Gary e sua filha, Jana, passaram dias revirando caixas cheias de recordações. Jana guardou parte das joias da mãe, incluindo um bracelete de penduricalhos. Gary ficou com a camisola de seda de Katie e um dos vestidos de Erin.

Umas poucas semanas depois, me encontrei com Gary, em Pleasant Hill, Missouri. Antes de partir para a Inglaterra, ele estava na casa de um velho amigo. O lugar ficava em um vasto loteamento uma hora ao sudeste de Kansas City. Gary agora estava com sessenta e dois anos, com bochechas quadradas e pálidas e cabelo dourado escasseando. Nós sentamos em banquinhos de bar em volta do balcão da cozinha, enquanto relâmpagos espocavam do lado de fora e uma chuva pesada ensopava os campos cobertos de vegetação nos fundos. Eu lhe perguntei sobre o processo de apelação e quão atentamente ele pretendia seguir seu andamento no exterior. Ele me disse que, embora ele já tivesse quase conseguido deixar os assassinatos para trás, ele tinha o pressentimento que as coisas ainda não tinham chegado ao fim. "Eu gostaria só de ver ele apodrecendo na cadeia", ele disse, falando de Hennis. "Eu não tenho nenhuma necessidade ardente de ver ele enforcado ou fuzilado ou o que quer que façam. Só quero ele na cadeia sem possibilidade de sair." Ele ficou em silêncio por um instante. "Se o recurso dele for concedido, pode ser que eles tenham que me trazer de volta arrastado. Acho que três julgamentos são provavelmente o suficiente para mim. Se tiver um quarto, não vou ter mais muita coisa sobrando."

A Morte de um Distópico

Teóricos da conspiração de extrema direita acreditam que o governo matou o aspirante a cineasta e libertariano David Crowley. A verdade é ainda mais estranha

por **Alec Wilkinson**

03 de abril de 2017

David Crowley começou um diário em abril de 2014. Ele tinha vinte e oito anos e vivia em Apple Valley, Minnesota, com sua esposa, Komel, e sua filha de quatro anos, Raniya. O diário era "um registro de minha vida, uma vez que suspeito que o que sinto no presente momento pode vir a ter valor por nostalgia ou para reflexão futura", escreveu Crowley. Quando enfim ele deixou de escrever no diário, sete meses depois, ele tinha inadvertidamente criado um raro tipo de documento psicológico.

Crowley tinha servido como soldado no Iraque e no Afeganistão. Depois disso, se graduou em cinema, e em 2010 começou a escrever um roteiro que chamou de "Gray State", no qual um regime estrangeiro totalitário conquista o governo norte-americano e um bando de patriotas organiza a resistência. No LinkedIn, Crowley descreveu "Gray State" como "um filme que se passa no futuro próximo sobre o colapso da sociedade submetida à lei marcial".

O compromisso de Crowley com "Gray State" o consumia. "Eu sou cada pedacinho desse projeto", registrou. Além de escrever seis esboços diferentes do roteiro, ele fez três trailers para os quais testou, ensaiou e dirigiu os atores; desenhou storyboards; desenhou figurinos; achou locações e obteve permissões de filmagem; atuou como diretor de fotografia, supervisionando até quatro câmeras de uma só vez; compôs a música e fez os efeitos especiais. Como se estivesse habitando o próprio mundo que estava criando, ele periodicamente usava um penteado moicano no cabelo, e vestia roupas táticas e armadura corporal. Um ator chamado Danny Mason, que o ajudou a escrever o primeiro esboço do roteiro, me contou que Crowley o levava para fazer trilhas na floresta às três da manhã. "Nós chegávamos em uma clareira e ele dizia 'Vê aquele campo?'", disse Mason. "Imagine que tem um comboio ali e um brilho de fogo no horizonte."

Em 2012, Crowley postou um trailer para "Gray State" no YouTube que foi assistido mais de dois milhões e meio de vezes. O filme tem cinquenta e sete mil seguidores no Facebook. Seus apoiadores incluem "teóricos da conspiração, grupos de sobrevivência", escreveu Crowley, "libertarianos, veteranos" e "os militares", muitos dos quais acreditam que o governo tem planos para impor lei marcial, confiscar armas, e manter dissidentes aprisionados em campos de concentração construídos pela FEMA (Agência Federal de Gestão de Emergências).

O sistema de crenças de Crowley era uma colcha de retalhos. Ele considerava a si mesmo um libertariano, mas se identificava com a ala de esquerda do partido, não com a vertente militante — ter sido um soldado fez dele um pacifista. Depois de subir o trailer na internet, Crowley se apresentou em um evento do político libertariano e republicano Ron Paul, na esperança de arrecadar fundos. "Gray State", ele disse, exploraria temas como "a gradual entrega de nossas pacatas cidades e ruas americanas a um conjunto sufocante de redes de vigilância federais, e pontos de verificação policiais ilegais".

Através de uma campanha de financiamento coletivo, Crowley conseguiu sessenta mil dólares, principalmente depois que o comentarista de rádio conservador Alex Jones recebeu Crowley e Danny Mason em seu show, "Infowars", em 2012, para discutir "o filme impressionante em que você está trabalhando". O mundo descrito em "Gray State" já estava "acontecendo aqui", disse Jones. "As pessoas que sequestraram nosso país, elas estão admitindo isso. Elas estão admitindo que somos uma nação ocupada por bancos estrangeiros, elas admitem que estão se livrando da Declaração de Direitos e da Constituição." "Nós temos pessoas que estão vivendo no mundo de Alex Jones, que estão cientes do que está acontecendo, e outras que simplesmente não estão", Crowley respondeu. "Gray State", ele acrescentou, era factual e "poderia ser descrito como um documentário". (Jones declinou do meu pedido por uma entrevista.)

Em janeiro de 2015, Crowley, sua esposa e filha foram achados mortos na casa onde moravam. Notícias sobre o falecimento da família apareceram na mídia de todo o mundo. O Huffington Post chamou Crowley de militar, e o USA Today o chamou de cineasta. A polícia concluiu que Crowley tinha atirado em sua esposa, em sua filha, e depois em si mesmo, mas comentaristas na internet logo começaram a dizer que a morte de Crowley parecia "suspeita" e "misteriosa", e que mais provavelmente ele tinha sido assassinado por agentes do governo que pretendiam impedi-lo de fazer o filme. Entre certos devotos libertarianos e de extrema direita, antigoverno e de viés paranoico, Crowley se tornou uma espécie de mártir. Em janeiro, o coletivo internacional de hackers Anonymous, que declarou guerra contra Donald Trump no outono passado, publicou uma homenagem à Crowley, sugerindo que o governo o matou. Um porta-voz, usando uma máscara de Guy Fawkes e se dirigindo aos "irmãos e irmãs do mundo", disse que as circunstâncias de sua morte "não pareciam corretas".

No Facebook, há uma página chamada "Justiça para David Crowley & Família", que diz que seu propósito é "ajudar a limpar o bom nome de David Crowley". A página é administrada por um contador de Minnesota chamado Dan Hennen. Ele e Greg Fernandez Jr., um técnico de informática da Califórnia, conduzem longas discussões no Youtube nas quais apontam falhas na investigação policial e perguntam por que alguém cujo futuro parecia tão promissor mataria a si mesmo.

Hennen acredita que a cena do crime foi forjada. Ele menciona uma porta de vidro corrediça na casa de Crowley que a polícia descobriu ligeiramente aberta — "Algo muito suspeito no inverno de Minnesota", ele me disse. Além disso, nenhum vizinho ouviu tiros. "Uma calibre 40, que é o que a polícia achou, é tão barulhenta que teria acordado a vizinhança inteira", disse Hennen. "Acredito que um silenciador, ou um supressor de algum tipo, foi usado pelos assassinos."

Essas teorias são contrariadas pelo diário de Crowley, que me foi cedido, junto de vídeos e gravações, com a permissão da família de Crowley, pelo cineasta Erik Nelson, produtor de "O Homem-Urso". Nelson fez um documentário sobre Crowley para a A&E IndieFilms, chamado "A Gray State", que foi exibido no Festival de Cinema de Tribeca. Nelson tinha lido as notícias sobre a morte de Crowley, o que o levou a assistir ao trailer de "Gray State". "Parecia incrivelmente bem-feito", ele me disse. "Era claro que esse cara estava no comando de todas as habilidades necessárias para exercer sua arte." Quando ele leu que a polícia tinha descoberto vídeos e gravações de voz no computador de Crowley, registrando sua família e o progresso de "Gray State", ele imaginou que isto poderia servir de base para um filme. Nelson via Crowley como um solitário obsessivo, tenazmente fazendo arte em um lugar improvável.

O diário é dominado pelas anotações de Crowley enquanto ele escrevia "Gray State" — o que ele desejava que o filme fosse, sua ansiedade quanto a própria capacidade de realizá-lo, e a audiência que ele imaginava que iria alcançar. Ele também escreveu sobre suas ambições em geral (ter um roteiro produzido até 2016, ser um milionário até 2017), seus sentimentos por Komel ("Deus, eu amo aquela mulher. Forte, linda, feroz, e mortalmente inteligente"), e sua determinação em ser um bom pai. Porém, conforme os registros avançam, epifanias parecem chegar sem aviso e impor a si mesmas sobre ele. "Eu espero despertar como uma outra pessoa", ele escreveu. "Mudanças vastas de personalidade estão acontecendo rápido demais para que eu consiga escrever sobre elas todos os dias." E: "Eu estou sendo preparado para deslizar na direção do esquecimento ou do destino".

Crowley estava perdendo a cabeça, e não parece que ele tinha noção disso. Diários de pessoas tomadas por psicose são raros — relatos sobre loucura costumam ser escritos por pessoas nos hiatos de suas doenças ou retrospectivamente por aqueles que conseguiram se recuperar. Crowley era bonito, talentoso e carismático, mas ele era também profundamente inseguro sobre si. Ele tinha um certo número de gravações de auto-hipnose, usadas em uma tentativa de superar suas inseguranças. Ele acreditou que a convulsão psicológica que estava acontecendo era resultado de suas empreitadas para se tornar mais confiante, centrado, e um líder melhor. Ele acreditou que estava desenvolvendo um novo David.

Crowley nasceu em 07 de julho de 1985 como o filho do meio de Dan e Kate Crowley. Seu irmão, Dan Jr., um personal trainer, era três anos mais velho e sua irmã, Allison, estudante de arquitetura, dois anos mais nova. Os três foram criados em Owatonna, Minnesota. Dan, o pai, é engenheiro e dono da própria companhia, que produz equipamentos que ele mesmo projetou para revestir painéis solares e vidro arquitetônico. Ele e a mãe de David se divorciaram quando David tinha vinte anos.

Na nona série, David conheceu durante a aula de informática um garoto chamado Mitch Heil. Eles jogavam airsoft com outros amigos, um jogo militar que é como paintball, só que utilizando chumbinhos como munição e com armas de aparência mais realista. Eles se vestiam com uniformes de soldado, usavam capacetes e carregavam mochilas, decorando os rostos com camuflagem pintada. Depois de um tempo, David começou a trazer a câmera de vídeo do pai para a partida de airsoft. "Isso evoluiu para 'Não estou conseguindo o que quero', e começamos a encenar nossas próprias cenas e histórias curtas", Heil me contou. Nos finais de semana, eles se reuniam e assistiam aos filmes.

Em 2003, no fim do ensino médio, David contou aos pais que, após a formatura, ele e Mitch se alistariam no Exército. No Exército real, eles imaginaram, você também brinca de jogos de guerra, mas é pago para isso. Seus pais preferiam que ele fosse para a faculdade, mas Dan, o pai, achou que ele não devia se opor a algo que seu filho estava tão determinado a fazer.

Em junho de 2004, David e Mitch passaram pelo treinamento básico em Fort Benning, na Geórgia. Mitch acabou sendo enviado para o Afeganistão, e David foi para a Alemanha. À noite, enquanto os outros soldados iam beber na cidade, David estudava alemão e lia livros de cálculo e química. Em 2006, ele foi para o Iraque, onde ficou responsável por manejar o morteiro durante as batalhas. Mais tarde no mesmo ano, ele foi um dos primeiros a chegar depois que um carro-bomba explodiu matando mais de quarenta soldados. Dezenas de homens, ele escreveu, tinham se tornado "aparições que gemiam e urravam, suas peles dependuradas em filetes cinzentos, um sentado imóvel no meu assento com metade do seu corpo transformado em uma nojeira amarela gosmenta, chorando baixinho 'podemos por favor nos apressar? Você poderia se apressar, por favor?'". No final do ano, ele voltou para a Alemanha "sem ser recebido por ninguém", e dormiu "com minha primeira e única prostituta".

Em 2007, David foi transferido para Fort Hood, Texas, e em 2008 ele conheceu Komel, em um bar em Waco. No dia seguinte, ele a apresentou para um outro soldado como sua namorada. Komel, que estava no quarto ano da Universidade de Baylor, morava com os pais, Naila e Anjum Alam, e a irmã mais nova, Sidrah, que cursava o ensino médio. Eles tinham vindo do Paquistão três anos antes. Lá, as meninas e a mãe tinham um motorista para cada uma, e a casa era administrada por empregados. Nos EUA, elas tiveram que aprender a cuidar de si mesmas.

Poucas semanas depois de conhecer Komel, David soube que seu período de alistamento seria estendido sem seu consentimento — prática conhecida em inglês como "stop-loss". Além disso, ele seria enviado ao Afeganistão. Imediatamente, ele pediu para que Komel se casasse com ele.

Komel contou ao pai que seu relacionamento com David era sério. "Enquanto eu estava falando com ela, David apareceu em minha casa pela primeira vez", Anjum me disse. "Ele entrou e estava pronto para brigar comigo." Komel disse que eles se casariam em dois dias e que David partiria dali a duas semanas. "Eu estava completamente em choque", me disse Anjum. "Finalmente, eu disse 'Está bem. Se vocês amam um ao outro, quem diabos sou eu para ficar entre vocês.'"

David estava tão ressentido com a extensão do seu alistamento que informou ao seu oficial superior no Afeganistão que ele não podia ser responsabilizado pela vida de outro soldado, e por isso ele foi destacado para entregar cartas. Durante uma das licenças de David, no fim de 2008, Komel engravidou. Quando foi finalmente dispensado, em junho de 2009, ele estava desgostoso, e disse para Komel não comparecer à cerimônia para receber os soldados que estavam voltando para casa. Ao invés disso, ele a fez esperar no carro do lado de fora. "Eu não quero o Exército controlando como reencontro minha esposa", ele disse para outro soldado.

Raniya nasceu em agosto de 2009. Em setembro, a família mudou de Waco para Minnesota, onde Komel não conhecia ninguém. "Durante os primeiros seis meses, ela estava muito infeliz", disse sua irmã. "Ela ligava chorando: 'É tão deprimente aqui, e está sempre tão frio'."

David e Mitch tinham planejado, após o Exército, estudar em uma faculdade de cinema. Mitch saiu primeiro e trabalhou instalando paredes de drywall enquanto esperava por David, e então ambos se matricularam no programa de Vídeo e Mídia Digital da Escola de Negócios de Minnesota, em Edina. Komel assumiu um cargo de assistente de pesquisa na Universidade de Minnesota, enquanto também fazia mestrado em nutrição. Ela era expansiva por natureza, mas David a desencorajava a trazer pessoas para casa. "Ela realmente queria ter alguns de amigos", uma mulher chamada Sarah Johnson, com quem ela trabalhou em uma clínica de dietas, me contou. "Porém, David sempre estragava tudo." Komel e Johnson mais tarde começaram um negócio paralelo envolvendo o uso de nutrição como método curativo. Johnson tinha a impressão que quanto mais se aproximava de Komel, mais David ficava entre elas. Ele insistiu que elas gravassem suas conversas, porque ele queria que Komel tivesse tudo documentado para caso houvesse algum desentendimento.

"Gray State" começou no verão de 2010, quando Danny Mason, que David conheceu através de um professor na faculdade de cinema, enviou a David um e-mail com links para páginas na internet dedicadas a conspirações e supressão de informações. De acordo com Mason, "Ele deu retorno trinta e seis horas depois, tendo ficado acordado por vinte e quatro horas direto, e disse 'Você descobriu alguma coisa, vamos ver até onde isso vai'".

"Gray State" é uma fantasia febril e vingativa. Depois que as forças conquistadoras impõem a lei marcial, soldados chegam em Minneapolis — a sede do governo, depois que os litorais foram tomados. Algumas pessoas se submetem ao novo regime e vivem como antes; outros se retiram para as colinas, para reunir armas e montar um plano.

Antes de escrever o primeiro rascunho, David e Danny Mason escreveram cenas para o trailer, que eles filmaram com Mitch Heil em 2011. Ele tem dois minutos e quarenta segundos de duração, e custou seis mil dólares. Nenhuma cena dura mais do que seis ou sete segundos. Certas cenas foram filmadas diante de telas verdes, que David preencheu com helicópteros, tanques e outros equipamentos militares criados via computação gráfica. Os cenários são iluminados de forma sóbria, de forma que as pessoas, os edifícios e os recintos pareçam cobertos pelas sombras. Essa qualidade crepuscular dá a impressão que David não estava entrando em um mundo, mas tentando sair dele.

O trailer tem três atos — origem, resistência, e desfecho. Começa com uma mira vermelha definindo um alvo de bombardeamento aéreo em uma cidade. Um homem desperta de súbito, respirando pesadamente, e cobre os olhos para se proteger de uma forte luz que penetra pelas venezianas fechadas do seu quarto. As palavras "Aconteceu enquanto você dormia" aparecem em letras brancas na tela escura.

Imagens de noticiário televisivo mostram caminhões militares atravessando pontes e pessoas tentando fugir. Tropas da FEMA avançam sobre uma multidão de manifestantes. Um soldado anda ao lado de uma fileira de cidadãos de joelhos e dá um tiro no lado de trás da cabeça de cada um. A cidade queima. Em uma tomada que causa calafrios, Komel e Raniya aparecem como mãe e filha acompanhando as reportagens na TV enquanto as luzes do aparelho iluminam suas faces.

Para não se perder em sua história, David construiu uma espécie de storyboard, prendendo fichas-cartão, post-its e pedaços de papel em uma parede. O arranjo cobria sete metros e meio, e parecia a bandeira de uma nação desafortunada e turbulenta. David a chamava de seu "muro de escritor", e dizia que podia ser lido horizontalmente, para acompanhar a história, ou verticalmente, para acompanhar o desenvolvimento dos temas. Ele fez com que um amigo o filmasse de frente ao muro, como um repórter de meteorologia, enquanto ele dizia que aquilo exemplificava seu uso de "antigos métodos de contar histórias".

Em junho de 2013, David enviou um rascunho de "Gray State" para uma consultora de roteiros de Colorado chamada Linda Seger. Seger gostou de como o roteiro era intrincado, mas achou que tinha "ação demais, informação demais, e personagens em excesso". Ela também achou que era preciso um final mais feliz (o personagem principal, nessa versão do roteiro, morria). Ela sugeriu revisões e, um ano depois, David enviou outro rascunho. Seger me contou que lembrava deste roteiro específico, apesar de já ter lido milhares deles. "Tinha um bom senso de estilo, e um sentimento real ali", ela disse. "Eu me senti como se estivesse em perigo."

A ligação entre David e Komel era ardente, mas também tinha um tom de irrealidade. "Havia uma sensação quase adolescente no amor deles, do tipo que consome tudo", me disse Sarah Johnson. Komel contou para uma amiga que "David é a única pessoa que eu gosto nesse mundo", mas em duas ocasiões ela pensou em deixá-lo. Em 2011, ela sentiu que ele não estava contribuindo com tempo e dinheiro suficientes no relacionamento, mas eles discutiram o assunto e ele concordou em se dedicar mais. Ele conseguiu um trabalho como câmera e editor de vídeos, principalmente para publicidade, e economizou dinheiro o suficiente para retomar "Gray State". A segunda vez foi no fim de 2013. "Naquela altura, ele estava praticamente vivendo no mundo de 'Gray State'", me contou Mason. "Meu palpite é que Komel queria algum tipo de vida normal, não só a visão lúgubre de um mundo apocalíptico em que o David estava vivendo."

Komel ligou para o pai. De acordo com sua irmã, Sidrah, "Ela estava chorando e dizendo 'Pai, não consigo mais fazer isso. Quero voltar para casa'". Anjum perguntou se David a estava machucando. Quando ela disse que não, ele foi empático, mas disse: "Você tem uma família. Faça dar certo".

Em maio de 2014, um mês depois de David começar o diário, ele voou para Los Angeles, onde tinha agendado encontros com várias pessoas que estavam interessadas em "Gray State". Entre elas estavam dois produtores, Michael O'Donnel e Mike Boggio, que têm uma companhia chamada Michael Entertainment Group. David os chamava de "Os Mikes". Quando eles disseram que queriam a opção de compra do roteiro, David escreveu que aquele era um dos dias mais importantes de sua vida.

Acreditando que ela e David estariam ricos antes da chegada do outono, Komel deixou o emprego na clínica de dietas e começou a planejar o próprio negócio. Enquanto isso, David combinou de encontrar os Mikes novamente em Los Angeles. Para se preparar, ele ensaiou. "Segunda reunião com os Mikes, linhas gerais", ele começou. "Projetar força, confiança, falar *rápido*. Fale rápido, fácil, e *projete*." Ele esperava que os Mikes o perguntassem como as mudanças sugeridas no roteiro estavam andando. "Se vocês querem falar de mudanças no roteiro, acho que deveríamos falar de contrato", ele disse. A conversa imaginária durou uma hora.

No dia anterior à reunião, Komel encontrou David chorando em posição fetal no chão do banheiro. Ela o confortou dizendo que ele era valente. Ele estava preocupado que os Mikes o considerassem uma fraude, mas eles lhe tinham dito que "Gray State" era o projeto mais promissor que tinham. "Ele era totalmente profissional, não era quieto, não era tímido, tinha muita confiança", me contou Mike Boggio. "Nós deixamos a reunião pensando, 'Temos que fechar negócio com esse cara.'"

No decorrer do verão, a mãe de Komel foi diagnosticada com câncer cervical. Komel e o pai discutiram pelo telefone sobre tratamentos; depois disso, ela e David decidiram que a família estava tentando manipulá-la e que o melhor era cortar o contato. No dia seguinte, porém, David ouviu Komel ao telefone falando acaloradamente em urdu, e ficou irritado. Depois que discutiram, ela escreveu "Eu esperava que ele demonstrasse um pouco mais de compaixão". Ela disse a si mesma que se sentiria melhor pela manhã, mas teve pesadelos durante a noite. "Comecei a perceber graus de separação entre mim e David", ela escreveu. "Acho que me esqueci que éramos duas pessoas diferentes em dois corpos diferentes."

Uma psicose pode sobrecarregar e desabilitar uma pessoa, ou pode se manifestar episodicamente, na forma de pensamentos desordenados que são eles próprios uma tentativa de impedir um colapso total. No final de julho, David sofreu uma crise psíquica que envolveu uma "profunda compreensão que expandiu minha mente além do que meu corpo pôde suportar". Ele seguiu escrevendo que tinha passado por "um episódio físico de vinte minutos de visões de horror puro e profundo, uma vasta epifania se estendendo de forma contínua como um panorama". Porém, as visões se foram e ele voltou à vida corriqueira, levando Raniya para a babá, jantando com a família, lendo e escrevendo, e fazendo exercícios no quintal da casa com Komel.

Em setembro, David revisou "Gray State" para os Mikes. Ele escreveu por trinta e uma horas, Komel leu o roteiro, e o enviou para os Mikes para que chegasse na data do aniversário de um deles, 17 de setembro, junto de um pôster de "Gray State". Ele ficou abalado quando eles não responderam imediatamente.

Lendo o diário, é natural buscar o momento em que David ficou permanentemente à deriva, quando suas fantasias o eclipsaram, mas não é tão simples. Se preparando para escrever o rascunho que enviou para os Mikes, porém, ele fez uma anotação que parece prever o seu colapso:

A hora do meu propósito chegou. E se o universo espera pelo meu consentimento para seguir em frente, eu digo faça o seu melhor sua vaca suja e pegajosa, eu sei que você vai me premiar e seduzir antes de matar o que eu amo e enterrar o que construí e me destruir da pior forma possível em uma retribuição horrível por ter enfiado minha habilidade tão dentro de seu vácuo escuro que gerações depois de mim ainda estarão expandindo o que iniciei, colonizando o vácuo, conquistando as trevas, até que o grande objetivo seja atingido.

Nenhuma vida tem apenas um final possível, mas enquanto David esperava notícias dos Mikes, ele parecia entregar território que jamais recuperou, ou se o fez, foi apenas temporariamente. É como se escrever e produzir "Gray State" fosse um meio de conter as fantasias violentas dentro dele mesmo, e quando o projeto naufragou elas o afogaram.

Os Mikes reagiram ao roteiro como produtores reagem, avaliando os méritos e as dificuldades apresentadas pelo texto. "Minha primeira consideração, baseada no conteúdo da história, foi: Isso é um tipo de mapa detalhado da próxima Revolução Americana", me contou Michael O'Donnel. "Minha segunda consideração foi colocar na ponta do lápis o quanto o filme custaria." Quando David finalmente teve notícias deles, em 26 de setembro, eles disseram que “Gray State” talvez funcionasse melhor como uma série de TV. Eles não ofereceram o contrato com o qual ele contava.

David estava devastado. “Fazer ‘Gray State’ era tudo para ele”, disse Sidrah. Em uma publicação no Facebook escrita depois da morte de David, Mitch Heil disse que ele não achava que David sabia “como lidar com uma derrota dessa escala”. E continuou, “No meu coração sinto como se o estresse, a mensagem, a história, e o seu processo intelectual tenham feito com que seu mundo de ficção e a realidade começassem a se misturar”.

David começou a ter problemas para dormir, e certa noite passou uma hora acordado e chorando. “Acho que a grande espera causou muita ansiedade e precisava de uma solução que a situação não pôde fornecer”, ele escreveu. “Daí o clima ruim! Falo sério, a todo momento, já por um bom tempo, o clima vem acompanhando o meu humor.”

Ele parou de dizer que iria ser famoso. “Ele também não dizia mais que eles iriam se mudar para a Califórnia”, um amigo chamado Chris Peck me contou. “Tudo que ele dizia era ‘Foi só um sonho.’”

Como se para salvar alguma coisa dos anos de trabalho, David deixou “Gray State” de lado para se dedicar a um documentário que ele chamou de “Gray State: The Rise”, onde reuniu entrevistas com ele mesmo, amigos e comentaristas da internet; imagens de noticiário; e uma breve entrevista com Alex Jones que ele tinha filmado. O documentário expressava a crença que os eventos descritos em “Gray State” estavam de fato acontecendo. “Nós já estamos entrando em um sistema de controle orwelliano projetado cientificamente que pretende utilizar humanos como se fossem recursos naturais”, disse Jones. Os objetivos de David também tinham se alterado. Sean Wright, um amigo dele que trabalhou no documentário, me contou que "Ele estava mudando de ideia sobre fazer entretenimento, queria agora despertar as pessoas".

David acreditava que o documentário estabeleceria "Gray State" como uma marca, que poderia um dia incluir videogames e jogos de combate. Para alavancar a marca, ele planejava disponibilizar o documentário gratuitamente. Trabalhar nele o tinha possuído tão inteiramente quanto escrever "Gray State". Enquanto isso, ele e Komel tinham parado de responder a maioria dos telefonemas, mensagens de texto e e-mails. Anjum enviou para Komel uma foto de sua mãe, Naila, no hospital, na esperança de comovê-la para voltar a falar com ele. Imediatamente, ele recebeu uma ligação de David, que disse que ele e Komel não queriam mais ter nada a ver com ele ou o restante da família.

Sidrah e Vincent Sotelo, seu então noivo e atual marido, decidiram dirigir de Waco até Minnesota para ver se Komel estava bem. Alguns meses antes, Anjum tinha emprestado um carro para David e Komel e, como pretexto, Sidrah planejava dizer que precisavam dele de volta. No lugar, ela deixaria com eles seu próprio carro.

Sidrah e Vincent deixaram Waco em 16 de outubro, e dirigiram por dezesseis horas. Eles chegaram por volta das sete horas daquela noite. Com Vincent logo atrás, Sidrah bateu na porta. David abriu, e ela disse, "Estou aqui para ver minha irmã".

"Nós não queremos nada com vocês — Achei que tinha deixado isso claro", ele disse, e fechou a porta.

Ela bateu de novo. David disse, "Vão sentar no carro". Vincent viu uma sombra na parede atrás de David e achou que era Komel. Quando David saiu e foi até o carro, ele disse que não havia maneira de Sidrah ver a irmã. Sidrah disse que eles tinham vindo para trocar os carros. David disse que ele precisava de uma hora para deixar o carro pronto, mas ele o devolveria apenas se eles levassem ambos os carros, o que queria dizer que Sidrah teria que dirigir sozinha por dezesseis horas até chegar em Waco. Ela disse que não conseguia. "Certo", disse David. "Sem acordo." Então ele voltou a entrar na casa.

"Vinny e eu olhamos um para o outro, tipo, 'E agora?'", Sidrah me contou. Vincent bateu na porta de novo, e David saiu. Vincent ofereceu a mão, e David hesitou e então a apertou. "A mãe dela precisa da filha", Vincent disse. "Você disse uma hora, certo?"

Quando eles voltaram, Sidrah viu David os observando de uma janela panorâmica ao lado da porta da frente. O carro estava na rua e no painel havia uma foto de Komel, Sidrah e Naila. Komel tinha escrito na parte de trás, "Eu sempre amei você e a mãe e sempre amarei". Sidrah e Vincent decidiram deixar o carro deles para Komel, para caso ela algum dia precisasse fugir. Sidrah escreveu, "Eu amo você também" na parte de trás da foto e a deixou no painel, e então eles partiram rapidamente.

Quando um distúrbio afeta duas pessoas, uma delas aparentemente dominante, isso é chamado de transtorno psicótico compartilhado, e é raro. O tratamento começa separando as pessoas que compartilham o delírio. A anotação de David para o dia 30 de outubro diz, de jeito críptico, "Komel foi arrebatada hoje. Ela ainda está aqui". Naquela manhã, ele tinha ido até a loja de artigos de construção, e quando voltou, Komel foi até a cozinha e lhe pediu que a abraçasse. Ela disse que algo estava muito errado. "Alguma coisa sobre 'Não tenha medo, doce corpo, pois sentimos essa dor juntos'", disse David em uma gravação que fez imediatamente depois em seu telefone. Ele continuou, parafraseando-a, "Não se preocupe com a dor, porque você não sabe sentir dor, e você vai retornar ao pó e ao seu sono sombrio, e eu terei partido".

"Eu tenho minha missão", Komel disse para David. Ela disse que tinha ouvido a "voz assustadora" de uma mulher e perguntou se ele também tinha ouvido. Soando angustiada, ela reproduziu a voz: "Eu te avisei, eu te avisei". E então: "Eu quero você. Por favor venha comigo, por favor venha comigo, seu lugar não vem até mim... Não resta nada aqui".

David foi até seu escritório e fechou a porta. "Isso exigiu muito dela", ele falou para o telefone. Ele estava segurando Komel nos braços quando ela começou "a tremer e chorar e uivar", e então ela disse, "Isso que é o arrebatamento".

Komel então entrou no escritório e deitou no sofá.

"Você disse que era egípcia", David lhe falou. "Você disse que veio de muito longe para me encontrar, e que Rani e eu precisamos ir com você, e que não resta muito tempo."

"A emoção principal era, tipo, amor desesperado, desesperado, como amor desenganado", ele continuou. "E em algum nível sua alma se comprometeu com a minha, e estamos indo a algum lugar e Rani vem junto."

"Estas foram as últimas palavras", disse Komel, e sua voz era pouco mais que um sussurro.

Depois que Komel abandonou o emprego, ela contou para uma mulher com quem trabalhava, Heidi Lish, que estava escrevendo um livro sobre distúrbios alimentares. "Nós tomamos café juntas perto do Dia de Ação de Graças, e ela me contou que não estava mais escrevendo o livro", Lish disse. "Ela estava lendo um monte de livros sobre religiões e pessoas que não comem por quarenta dias seguidos. Ela disse que existia gente no mundo que nem sequer tinha necessidade de se alimentar. Então ela começou a falar sobre como ela não saía mais de casa."

Na semana anterior ao Natal, David e Komel visitaram um amigo, Chris Peck. "Eles estavam incontrolavelmente, zelosamente felizes", disse Peck. "David me deu alguns livros, um sobre como ter sucesso em Hollywood, um sobre técnica de escrita, e então ele me entregou uma pilha de comentários anotados para um roteiro que eu estava escrevendo, e me devolveu os jogos de videogame que eu tinha lhe emprestado. Ele me devolveu tudo que eu tinha lhe emprestado. Komel me desejou um Feliz Natal, e foram embora tão rapidamente quanto chegaram." Um estado de espírito animado é característico de pessoas decididas a se suicidar — é por isso que muitas histórias sobre suicídio incluem alguém dizendo "Nós achamos que ele tinha melhorado". A decisão frequentemente dá às pessoas a sensação de terem se livrado de seus problemas.

Dan Luttrull serviu com David no Afeganistão, mas fazia um tempo que eles não se falavam. Então, tarde da noite, poucos dias antes do Natal, "Eu estava sentado no computador, bebendo, e recebi uma mensagem dele", Luttrull me contou. Eles conversaram sobre o Exército, suas vidas, e "Gray State". "Ele estava bebendo absinto, e eu estava bebendo uísque e cerveja", disse. Depois de duas horas, Luttrull disse que estava pronto para ir para a cama, e David pediu que ele deletasse o histórico da conversa. "Suas palavras exatas foram 'Se você é realmente meu irmão e meu amigo, vai fazer isso. Prometo que você logo vai entender.'"

A última anotação no diário diz, "Sou um ninguém. Todos os outros é que são alguém". Na manhã de Natal, David fez uma lista de planos para o ano seguinte. "Natal: meme de contagem regressiva de seis dias: 'Será um Ano Novo'", ele escreveu, e lembrou a si mesmo que 30 de dezembro era o "ÚLTIMO dia do financiamento coletivo!". Então, com uma pistola que ele mantinha em um cofre no quarto, ele atirou em Komel e Raniya enquanto elas estavam deitadas no chão da sala de estar. Algum tempo depois, ele sentou ao lado delas e atirou em si mesmo.

Na manhã seguinte, Dan Jr. deixou presentes para David, Komel e Raniya na porta da casa. O cachorro da família colocou as patas no batente da janela panorâmica e ficou observando, mas Dan Jr. não olhou para dentro.

Foi um vizinho quem os encontrou. Em 17 de janeiro, depois de voltar da viagem de férias, ele viu os presentes espalhados na entrada e concluiu que a família devia estar ausente. Ele empilhou os pacotes com cuidado, e então ouviu o cachorro latindo, o que era estranho, se eles não estavam lá. Então, ele olhou pela janela.

A polícia descobriu a porta corrediça de vidro na parte de trás da casa levemente entreaberta. Uma luz estava acesa na sala de jantar; fios de pisca-piscas e uma árvore de Natal sintética estavam acesos. Komel estava deitada com a barriga para baixo no chão próxima da árvore, e Raniya repousava por cima de uma de suas pernas. David estava deitado de costas ao lado delas. Komel tinha recebido dois tiros na cabeça, e Raniya levou um tiro atrás da orelha esquerda. O cachorro tinha se alimentado dos restos mortais da família. Komel foi identificada na autópsia graças a uma fotografia da internet, que exibia uma tatuagem de coração no seu punho esquerdo com a frase "Tudo que você precisa" escrita dentro. David foi identificado por tatuagens no seu punho esquerdo e no ombro.

Pegadas de sangue levavam até a cozinha e desciam pela sala até o escritório de David. Um laptop estava aberto no balcão da cozinha. Quando um investigador usou um suabe no teclado para coletar amostras de sangue, as palavras "Eu amei vocês todos com todo meu coração" apareceu na tela. Em uma janela havia uma playlist que David tinha batizado de "Ascensão". Ela consistia em cinquenta e três canções, a maioria com temas desesperançosos, e que presume-se que ele pretendia que tocassem continuamente — aparentemente, as baterias dos alto-falantes tinham se esgotado. No escritório, havia um notebook aberto com sangue seco nas bordas. Nele, David tinha escrito, "Abrir 'A Subida' versão mais recente" e "Se entregue a Alá agora".

Na sala de estar, David fez algo que a polícia omitiu do seu relatório sobre o incidente e aguardou meses antes de revelar às famílias. Com suas mãos cobertas pelo sangue da esposa, ele ficou de pé no sofá e escreveu na parede "*Allahu akbar*", que quer dizer "Deus é grande". No chão ao lado de Komel, ele colocou um Corão, aberto na página de uma prece pedindo perdão.

Poucos dias depois dos corpos serem descobertos, o pai e a irmã de David foram até a casa. A polícia dissera que primeiro os ambientes precisavam ser limpos, e o serviço de limpeza retirou os pisos de madeira retorcidos pelo sangue acumulado, deixando evidente onde estavam os corpos. Na parede atrás do sofá, havia um retângulo de tinta branca. De resto, a casa estava inalterada. No balcão da cozinha, Allison achou a aliança de casamento de David, com resquícios de sangue. Dan, o pai, tentou imaginar o que Komel e Raniya estariam fazendo. "Estavam lendo um livro, talvez brincando no chão?", ele disse. "A gente fica dando voltas na cabeça."

Mason Hendricks, um amigo de David, foi até a casa diversas vezes, a pedido da família, para separar o que valia a pena guardar entre as coisas deixadas por David e Komel. Quando viu a tinta branca na parede, teve certeza que alguma coisa tinha sido escrita ali, porque ele e David tinham conversado sobre berserkers e guerreiros nórdicos e a tradição de deixar uma mensagem escrita em sangue antes de morrer.

Na primavera passada, eu fui até a casa com Hendricks. Ela tinha sido retomada pelo banco — os vizinhos torcem para que um futuro comprador a derrube e construa uma nova no lugar —, mas Hendricks conhecia o código da fechadura. Mais de um ano tinha se passado desde os assassinatos. Roupas estavam penduradas nos armários, da forma como David e Komel as tinham deixado. A árvore de Natal ainda estava lá, e havia um pequeno altar de velas e flores secas no local onde as tábuas do chão tinham sido retiradas. A tinta branca na parede ainda estava lá, e me perguntei se a equipe de limpeza tinha lavado a parede ou simplesmente pintado por sobre as palavras, deixando-as lá.

A eletricidade tinha sido desligada, e a única luz vinha das janelas. A sensação de que algo terrível tinha acontecido era inescapável, em parte porque o lugar ainda tinha a mesma aparência que nas fotografias da investigação criminal. Era difícil definir se a casa tinha mais jeito de negligenciada ou preservada. Nós ficamos tempo o suficiente para eu caminhar pelo corredor que saía da sala de estar e dar uma olhada no escritório de David, que ainda tinha documentos no armário de arquivos; no quarto de Raniya, com seus desenhos presos por fita nas paredes rosa e calçados no chão e glitter aqui e ali; a sala de exercícios de David, no porão, que tinha pôsteres de "Gray State" na parede; e o quarto de David e Komel, com os lençóis ainda na cama. No balcão da cozinha, havia uma pequena pilha de cartões de apresentação da MindBody Dietician LLC — "Terapia de Nutrição Holística, Alergias Alimentícias, Autismo, Condições Autoimunes" — nos quais havia uma foto de Komel, sorrindo.

Desde a morte de sua filha, Naila Alam passa a maior parte do tempo no hospital, sendo tratada do câncer. Ela costumava perguntar para Sidrah porque Komel não ligava para saber como ela estava, ou porque ela não atendia o telefone, e Sidrah desconversava. "Eu falava, 'Por que falar deles? Isso só machuca. Eles não querem saber de nós', mas ela conseguia ler a expressão no meu rosto."

Por fim, Naila, exasperada, perguntou se Komel ainda estava viva, e "simplesmente saiu", disse Sidrah. "Eu falei para ela, 'Você quer mesmo saber a verdade?'"

Naila perguntou se Komel tinha morrido em um acidente de carro. "Eu disse, 'David matou ela'. 'Ele está na cadeia?', ela perguntou. 'Onde está Rani?'"

Poucas semanas depois das mortes, os Crowleys realizaram um evento memorial para David, Komel e Raniya. Uma centena de pessoas compareceram. Nos meses seguintes, Dan, o pai, confeccionou uma linha do tempo do último ano de vida de David e Komel, organizando em uma planilha seus e-mails, mensagens de textos e o diário de David. Tem quinhentos e trinta e sete itens, classificados com dados para "Data, Fonte e Evento". Ele vê isso como se fossem "peças de um quebra-cabeças muito grande que não sei como montar". Certa tarde, me sentei com ele e Dan Jr. "Tem essa lista sem fim de questões com que estamos lutando", ele disse. "Eles queriam ser deixados em paz. David queria conseguir fazer seu filme. Pessoas o irritavam. Isso, eu entendo."

"Eu lembro que você passou quatro anos sem falar com seu pai", disse Dan Jr.

"Cinco anos", Dan, o pai, respondeu. "Mas eu não me matei." Seus ombros caíram. "Eu achei que eles superariam essa fase", ele disse. A ideia de que teria sido possível intervir assombra todos que os conheceram.

No computador de David, Hendricks abriu "Gray State: The Rise" e descobriu que David tinha deixado um vídeo especificando a ordem em que os arquivos deveriam ser juntados para criar o documentário. Ele seguiu as instruções e publicou o filme no Vimeo como "The Rise".

A primeira criança de Sidrah e Vincent, uma menina, nasceu em agosto. Eles torciam para que ela chegasse na data de aniversário de Raniya, o que não aconteceu. Danny Mason continua administrando a página do Facebook de "Gray State", criada por David, publicando vídeos e comentários a cada poucas semanas, normalmente criticando o governo. Ele e Dan, o pai, detêm os direitos sobre o conceito, e embora Dan não tenha certeza do que prefere fazer, Danny Mason ainda tem esperanças de produzir "Gray State".

A Vida e a Morte de um Sniper Americano

Chris Kyle, um sniper condecorado, tentou ajudar um veterano perturbado. O resultado foi trágico

por **Nicholas Schmidle**

03 de junho de 2013

Na manhã do dia 02 de agosto de 2006, três SEALs da Marinha dos Estados Unidos subiram no telhado de um prédio residencial de quatro andares em Ramadi, na região central do Iraque. Um deles, um suboficial e sniper chamado Chris Kyle, se posicionou com seu rifle. Usando a mira de sua arma, Kyle escaneou as ruas lá embaixo. Enquanto os outros soldados americanos procuravam e isolavam casas, ele esperava que os rebeldes aparecessem em seu campo de visão.

Era um momento especialmente sangrento da guerra, e Kyle, que tinha trinta e dois anos à época, tinha se distinguido em meio à violência. Naquele verão, ele registrou sua centésima morte em serviço — noventa e uma delas ocorreram em Ramadi. Ele estava no caminho para se tornar um dos atiradores mais letais da história dos Estados Unidos, com cento e sessenta mortes confirmadas. Em uma avaliação escrita, seu oficial comandante relatou que Kyle tinha "arruinado um ataque de grandes proporções contra um Posto Avançado da Marinha dos Estados Unidos *totalmente sozinho*", acrescentando que "é impossível exagerar a performance de Kyle em combate". Duas avaliações anteriores haviam recomendado que ele entrasse para o Time Seis da SEAL — mais tarde, esta se tornou a unidade que matou Osama bin Laden — e ele também recebeu duas Estrelas de Prata por suas conquistas em combate.

Em *"Sniper Americano"*, o livro de memórias que foi publicado em 2012 e que vendeu mais de um milhão de cópias, Kyle contou alguns dos momentos mais dramáticos da sua formação como atirador. Falou daquela vez, em Ramadi, em que acertou dois rebeldes que andavam de moto, um na garupa do outro, com uma única bala. "Quando você está em uma carreira em que seu trabalho é matar pessoas, você começa a ficar criativo", ele escreveu. Em outra ocasião, ele matou um combatente inimigo a mais de um quilômetro e meio de distância. Um ex-oficial do pelotão de Kyle contou que ele se dispunha a gastar horas preparando o tiro perfeito e disse, brincando, "como sniper, ele era extremamente paciente. Mas só como sniper".

Para os outros recrutas, Kyle era um texano de cabelos loiro-acobreados, afável e musculoso que poderia se passar por um Paul Bunyan de farda. Um ex-patrulheiro, cuja unidade estava alojada na mesma base que o pelotão SEAL de Kyle, me contou, recentemente, sobre o dia em que dois espiões iraquianos — ambos trabalhando para os Estados Unidos — reportaram estarem sendo seguidos por membros da Al Qaeda. Eles temiam serem sequestrados. Kyle escalou uma palmeira e se escondeu entre as folhas. Quando os membros da Al Qaeda apareceram, ele matou os dois.

Kyle parecia considerar a si mesmo como o cruzamento de homem da lei com carrasco. Seu pelotão havia grafitado uma ilustração do Justiceiro — personagem da Marvel que promove "uma luta contra o crime feita por um só homem" — em seus capacetes e coletes de proteção. Kyle fazia questão de ignorar o código de vestimenta militar: cortava fora as mangas de suas camisetas e usava bonés de baseball em vez de capacetes. ("Noventa por cento de *ser* legal é parecer legal", escreveu ele.) Como muitos soldados, ele era profundamente religioso e enxergava a Guerra do Iraque através desse prisma. Ele tatuou a cruz vermelha dos cruzados em um de seus braços, querendo que "todos soubessem que eu sou um cristão". Quando descobriu que os rebeldes haviam oferecido uma recompensa por sua cabeça e que o chamavam de *al-Shaitan Ramadi* — o Diabo de Ramadi —, ele sentiu-se "orgulhoso". Ele "odiava os malditos selvagens" com quem estava lutando. Em seu livro, ele diz que contou a um coronel do Exército que não atirava em pessoas carregando o Alcorão. "Eu gostaria, mas não atiro."

Logo que Kyle e seus dois companheiros de equipe chegaram ao telhado eles ficaram sob fogo inimigo. Um único disparo acertou a metralhadora M-60 do parceiro de Kyle, um jovem de vinte e cinco anos chamado Ryan Job. Fragmentos de metal explodiram em seu rosto. Job ficou criticamente ferido e foi evacuado em um veículo blindado de transporte de pessoal. (Ele perdeu a visão dos dois olhos, mas sobreviveu ao ferimento. Três anos depois, ele faleceu devido a complicações da cirurgia de reconstrução facial.) Kyle, profundamente abalado, bateu em retirada para um posto avançado de combate, a cerca de quinhentos metros de distância. Entretanto, ele não ficou ali por muito tempo. Em questão de horas, ele e outros membros do pelotão se armaram e, amontoados em dois tanques de guerra Bradley, retornaram àquela vizinhança. "Assim que a rampa do nosso Bradley baixou, começamos a meter bala", recordou-se mais tarde. Ele e outros doze homens correram para dentro de uma casa e reuniram-se na base da escada. O primeiro da fila, Marc Lee, de vinte e oito anos, começou a subir os degraus. Lee virou-se para falar alguma coisa quando uma bala estilhaçou uma janela próxima e entrou por sua boca aberta, saindo pela parte de trás de seu crânio. Ele foi assassinado.

A morte de Lee e o ferimento de Job "cobraram seu preço" em Kyle, me disse Taya, sua esposa. Ele passou a reviver aquela manhã, imaginando o que poderia ter feito de diferente. Sua pressão disparou e ele raramente conseguia dormir. A privação de sono é um componente chave do transtorno de estresse pós-traumático (TEPT), é o que afirma o Dr. Jonathan Shay, psiquiatra que trabalhava com veteranos de guerra na unidade de Boston do Departamento de Veteranos e autor de "*Odysseus in America: Combat Trauma and the Trials of Homecoming*"[13]. Ele me contou que o sono é o "combustível dos lobos frontais do cérebro", que são os responsáveis pelo "autocontrole ético e emocional" e pela "habilidade de dizer 'Isso está acontecendo agora e aquilo é passado'". Acrescenta ainda que "no cérebro com privação de sono, existe apenas um presente perpétuo".

Poucas semanas depois de Job e Lee serem atingidos, Kyle foi informado de que sua filha, ainda uma criança, estava doente, possivelmente com leucemia. (Ele e Taya também tinham um segundo filho, na época com um ano e meio.) Sentindo que caíra no "fundo do poço", Kyle voou para casa, em San Diego, na Califórnia.

Pouco depois de sua aterrissagem, outra tragédia, envolvendo três SEALs, ocorreu em um telhado de Ramadi. Desta vez, uma granada inimiga ricocheteou no peito de Michael Monsoor, um suboficial. Ele mergulhou sobre a granada segundos antes que ela detonasse. A explosão o matou, mas seu ato salvou a vida de seus companheiros. (Ele recebeu postumamente uma Medalha de Honra.) Em suas memórias, Kyle recorda-se afetuosamente de fazer parte do "trote" de Monsoor: "Me lembro de segurar a cabeça dele para que conseguíssemos

---

13 NT: "Odisseu na América: trauma de guerra e as provações de voltar para casa", inédito em português.

raspá-la". As mortes de Monsoor e dos outros "atormentaram ele pra valer", disse Taya.

Apesar de toda a complexidadc moral do combate, voltar para casa é, muitas vezes, uma experiência angustiante e desorientadora. A transição de zonas de batalha e rações de combate para estacionamentos e redes de fast-food pode perturbar até os veteranos mais bem-ajustados. Em um estudo de 2008, a Corporação Rand, instituto de pesquisa sem fins lucrativos, estimou que o transtorno de estresse pós-traumático afetava quatorze por cento dos que serviram no Iraque e no Afeganistão. Sintomas desse transtorno podem variar desde leve insônia até flashbacks debilitantes, e estudos feitos com veteranos sugerem que a probabilidade de desenvolver TEPT aumenta a cada convocação.

Quando Kyle voltou para casa de licença, ele se isolou por dias; Taya disse que ele estava "anestesiado para tudo". Quando ele se aventurava a sair, sua mente continuava no Iraque. Ele contorcia-se para evitar pilhas de lixo na rua — em Ramadi e Fallujah, essas pilhas eram usadas para esconder bombas. Uma vez, quando Taya ativou o alarme de casa por engano, Kyle se abrigou embaixo da escrivaninha. Às vezes, ele acordava dando socos. Certa noite, enquanto dormiam, Kyle agarrou o braço de Taya com as duas mãos. Receosa de que ele fosse partir seu braço ao meio, ela repetiu o nome de Kyle até que ele ficasse consciente e afrouxasse o aperto. (Taya me contou que ela nunca teve medo e que ele nunca a machucou.)

Shay, o psiquiatra, define o TEPT de guerra como "a persistência das adaptações válidas para sobreviver enquanto outras pessoas tentavam te matar mesmo após estar fora de perigo, na vida civil". Em uma entrevista no ano passado, Kyle fez a seguinte observação: "É impossível ir até lá, matar pessoas, ver pessoas sendo explodidas e mutiladas e tudo o mais e aí voltar para casa sem algum estresse". Contudo, ele fez um adendo em que reconheceu que TEPT era "extremamente subestimado" pela maioria dos SEALs. "Eles mantêm a cultura de que você não pode dar nenhum sinal de fraqueza. Você deve acreditar que você é invencível e melhor que todo mundo. O narcisismo é reforçado nessa cultura. Eles são muito inteligentes e estão no auge da forma física. Tudo o que fazem é treinar", disse outro psiquiatra, que trabalha em um hospital militar, sobre operadores especiais como os SEALs. E acrescentou "eles são treinados para avistar alguém, atirar na cabeça e ver a bala explodir a cabeça inteira. Eles são treinados para não se acovardarem".

Forças de operações especiais submetem-se a treinamentos especialmente completos. Entre outros preparos, eles passam pela versão mais intensa de um curso que simula a experiência de ser um prisioneiro de guerra: Sobreviver [*Survival*], Evadir [*Evasion*], Resistir [*Resistance*] e Escapar [*Escape*], ou SERE. Entre os militares, existe uma sensação amplamente difundida de que tal rigor torna os operadores especiais extraordinariamente resilientes ao TEPT. Shay concorda parcialmente com isso. Contudo, ele observa que "snipers sofrem com a maldição de ver o trabalho que fazem". As lentes telescópicas da mira sobre o rifle conferem uma intimidade assustadora ao ato de matar. Enquanto um soldado de infantaria pode ver seu inimigo cair após puxar o gatilho, um sniper frequentemente assiste, com enorme clareza e detalhes, sua bala penetrar o crânio de um inimigo. "Quando você pode ver o que você mata e saber quem você mata, o peso emocional da experiência tende a ser substancialmente maior do que quando você mata de um avião a nove mil metros de altura, ou quando você tem apenas uma ideia geral de onde o inimigo está", afirma Shay.

No fim das contas, a filha de Kyle não tinha leucemia, mas apenas uma infecção, e logo estava saudável de novo. Um ano e meio depois, Kyle voltou para o Iraque. Quando retornava de licença para casa, agia de forma cada vez mais distante. Em determinado momento, Taya o encontrou trocando mensagens com uma ex-namorada. "Chris não achava que a gente iria superar aquilo", ela me disse. Ela e Kyle se conheceram em março de 2001 e se casaram no ano seguinte; Kyle partiu para o Iraque pouco depois. Ele participou de quase todos os momentos críticos da guerra: a invasão de 2003; a segunda maior batalha de Fallujah, no outono de 2004; a batalha de 2008 na cidade de Sadr. Tão logo ele chegava em casa, já estava se preparando para fazer tudo outra vez. Mas ele era bom no que fazia e apreciava a camaradagem dos SEALs. "Eu voltei e voltei e voltei e voltei e voltei", ele disse uma vez.

Em uma noite de 2009, quando Kyle e sua família moravam em San Diego, ele e Taya sentaram-se à mesa da cozinha. Ele preparava-se para o realistamento. E, embora Taya soubesse que ele amava ser um SEAL, ela o avisou que, se voltasse para a Marinha, ela iria se mudar para o Oregon para viver mais perto de seus pais. Disse também que as coisas "não seriam mais as mesmas". Kyle não queria perder Taya nem as crianças, então, naquela noite, ele concordou em parar.

Mesmo antes do ataque bem-sucedido ao complexo de Osama bin Laden, em maio de 2011, os SEALs da Marinha já eram uma marca poderosa. Veteranos da força especial estrelavam vídeos de musculação e produções hollywoodianas. Durante a última década, muitos SEALs fizeram a transição de militares na ativa para carreiras lucrativas no setor privado, por exemplo, na Blackwater. No fim de 2009, Kyle Bass — gerente de um fundo de investimento em Dallas, que havia enriquecido durante a crise imobiliária ao apostar contra hipotecas *subprime* — buscava formas de ajudar alguns veteranos. Um amigo o colocou em contato com Kyle e eles se encontraram em Dallas. Bass rememorou: "você podia ver que ele estava lutando contra demônios interiores. Ele te impelia. Você queria ajudá-lo". Ao mesmo tempo, "Chris era um sujeito orgulhoso. Ele nunca quis caridade", acrescentou Bass. Bass perguntou a Kyle o que ele esperava fazer de sua vida, ao que ele descreveu seu sonho: criar uma empresa que oferecesse treinamento tático customizado para pessoas que trabalhassem com a aplicação da lei e com militares.

Bass reuniu alguns investidores e ofereceu a Kyle o capital inicial para sua companhia de treinamento, que recebeu o nome de Craft International. Não seria difícil divulgar a perícia de Kyle. Ele estava entre os melhores snipers que os militares já haviam produzido: houve dias no Iraque em que Kyle fez mais disparos hostis do que um sniper do FBI faria em toda a sua carreira.

Kyle montou um escritório em Dallas e mudou-se com a família para Midlothian, um subúrbio ao sul da cidade. Kyle nascera em Odessa, uma cidade petrolífera no oeste do Texas; quando estava no ensino fundamental, mudou-se com os pais para Midlothian. Seu pai trabalhava como gerente em um escritório da AT&T e tinha uma loja de nutrição animal. Sua mãe trabalhava no sistema penitenciário. Kyle foi uma criança grande e dentuça, com uma risada que "balançava os retratos nas paredes", disse Bryan Rury, um amigo de longa data. Rury e Kyle fizeram juntos o ensino médio na Midlothian High School. Kyle queria ser um caubói: desde muito novo, ele estivera próximo de armas, normalmente em passeios de caça. (Ele aprendeu a atirar antes de aprender a andar de bicicleta.) Ele calçava botas de caubói, mascava tabaco, pertencia à organização dirigida à estudantes Futuros Fazendeiros da América e criava gado de exposição. Kyle era muito popular, contou Rury, mas "de quando em quando" ele entrava numa briga. "Chris não era de ser desafiado", ele disse. "Ele te daria uma surra, sem parar de rir enquanto fazia isso."

Kyle se formou em 1992 e entrou na Universidade Estatal de Tarleton, uma faculdade de agricultura de Stephenville, no Texas. Porém, sua verdadeira paixão era o rodeio. Ele competiu na modalidade sela americana e pareceu promissor. Mas em uma competição em Rendon, no Texas, o cavalo deu um pinote para trás enquanto ainda estava na rampa, prendendo Kyle no chão. Ele quebrou o pulso e várias costelas. Foram necessários pinos para manter seu pulso no lugar, o que significou o fim dc sua carreira no rodeio.

Ele abandonou a universidade em 1994 e tentou juntar-se à Marinha. Durante o teste físico, Kyle foi avisado de que os pinos em seu pulso o impediriam de passar na rigorosa seleção dos SEALs. Ele não queria ser um marinheiro, então foi trabalhar em um rancho no Colorado. Pouco depois, outro recrutador o chamou e disse que ele poderia participar da seleção. Ele completou o curso e se juntou ao Time Três da SEAL, cuja base era em Coronado, na Califórnia.

Kyle e Rury não se viram durante a década que Kyle passou na Marinha. Mas eles continuaram de onde pararam, pregando peças um no outro. Diversas vezes, Rury se esgueirou pela entrada da garagem de Kyle no meio da noite e colou adesivos pró-Obama em sua caminhonete. (Kyle era um republicano ferrenho.) Como retaliação, Kyle colou um adesivo na caminhonete de Rury que declarava “Eu Amo Pau Preto”. No ano passado, em uma “lagostada” para o aniversário de Rury, Kyle prendeu os pulsos de Rury com uma amarra zip tie e enfiou lagostas — umas vivas, outras cozidas — para dentro de seu short. Kent Studebaker, sogro de Kyle, me disse que Kyle tinha um “senso de humor vigoroso”. Ele também era um “bom cristão”, gentil com os filhos, mas um firme disciplinador (em suas memórias, Kyle escreveu sobre dizer a seu filho que o olhasse nos olhos enquanto estivessem conversando). Studebaker descreveu Kyle como “um homem todo masculino” e observou que “havia uma grande parte dele que não era revelada aos outros”.

Enquanto Kyle organizava a Craft International, ele se esforçava para encontrar uma noção de propósito como a que sentia quando estava na Marinha. Ele ressentia-se de Taya por dar a ele um ultimato para deixar os militares; em "*Sniper Americano*", ele conta que ficou depressivo e começou a ficar fora até tarde, "entornando cervejas". E vai além: "em pouco tempo, beber era tudo que eu fazia. Depois de um tempo, passei a beber destilados e bebia o dia todo... Eu estava descendo morro abaixo e ganhando velocidade". Pouco antes das 02h da madrugada do dia 05 de março de 2010, Kyle estava dirigindo sozinho no centro de Dallas, próximo ao aeroporto Love Field, quando perdeu o controle de sua caminhonete e passou por cima de uma cerca de madeira, quase caindo na piscina de um desconhecido. Um policial encontrou Kyle com "olhos vermelhos, discurso lento, respiração cheirando a álcool, equilíbrio instável e nistagmo". "Eu sou estúpido", Kyle disse a ele. "Eu bebi e dirigi. Eu perdi o retorno. Foi minha culpa." O oficial o prendeu sob acusação de dirigir embriagado. Kyle dormiu na cadeia até de manhã, quando foi liberado. Mais tarde, um juiz retirou a acusação.

Kyle tinha talento para arranjar confusão em bares. Brigar, ele escreveu, era "um fato da vida quando você é um SEAL". Uma vez, foi preso depois que ele e um amigo "meteram a porrada" em vários "metidos a lutador de UFC". Ele quebrou sua mão durante uma briga em um bar perto de Fort Campbell, em Kentucky. Policiais o prenderam depois que ele nocauteou um homem em Steamboat Springs, no Colorado, por bater em uma mulher. Kyle guardou esses incidentes como sendo "agressividade reprimida". E acrescentou: "Eu preferiria levar uma surra a parecer um frouxo na frente dos meus homens".

Apesar de toda a sua bravata, Kyle tinha um lado mais compassivo. Depois de deixar a Marinha, ele se envolveu em esforços de ajuda aos veteranos. Se exercitar foi algo importante para a sua própria reabilitação física e mental. Mas ele sabia de alguns veteranos que estavam impossibilitados de ir à academia. Uns porque viviam em áreas remotas; outros devido a amputações ou cicatrizes de batalha que os deixavam desconfortáveis em malhar na frente de outras pessoas. Um dia, Kyle pediu a Jason Kos, o diretor executivo da FITCO — uma empresa de equipamento para academias em Carrollton, no Texas — se ele poderia doar aparelhos aeróbicos ou de musculação para aqueles veteranos. Kos gostou da ideia e propôs uma parceria: FITCO iria fornecer o equipamento e Kyle iria providenciar a instalação das academias nas casas dos veteranos feridos. A Fundação FITCO Cuida, como a organização foi nomeada, começou a distribuir aparelhos de ginástica para veteranos ao redor do país.

Apoiar os veteranos foi apenas uma das formas que Kyle encontrou para estabelecer uma nova identidade fora do campo de batalha; era difícil deixar de ser um herói. Em janeiro de 2010, Kyle contou a seus amigos que, mais uma vez, ele fora posto à prova: dois homens tentaram roubar sua caminhonete. Ele estava estacionado em um posto de gasolina no sudeste de Dallas. "Ele disse aos assaltantes que só precisava pegar as chaves dentro do carro", escreveu Michael J. Mooney em um artigo recente sobre Kyle que saiu na revista *D Magazine*. Mooney escreveu que Kyle "virou-se e, em vez disso, pôs a mão embaixo de seu casaco de inverno, por dentro do cós da calça. Com sua mão direita, ele agarrou sua Colt 1911" — uma pistola popular entre os militares. "Ele deu dois tiros por debaixo da axila esquerda, acertando o primeiro homem duas vezes no peito. Então ele se virou ligeiramente e disparou mais duas vezes, acertando o segundo homem duas vezes no peito. Ambos caíram mortos."

Agentes de polícia chegaram à cena. Quando eles escanearam a licença de Kyle, Mooney escreveu, algo incomum ocorreu: "Em vez de seu nome, endereço e data de nascimento, o que apareceu foi um número de telefone do Departamento de Defesa. Do outro lado da linha estava uma pessoa que explicou que os policiais estavam na presença de um dos mais habilidosos guerreiros da história militar dos Estados Unidos". De acordo com Kyle, câmeras de segurança documentaram o episódio.

Assim como Mooney, eu também ouvi muitos amigos e colegas de Kyle contarem essa história. Os detalhes variavam, mas o final era o mesmo: Kyle foi embora dirigindo sem qualquer acusação e, como Mooney disse no post de um blog relacionado ao assunto, depois recebeu "e-mails de policiais de todo o país, agradecendo a ele por 'limpar as ruas'". Mooney nunca viu o vídeo da câmera de segurança ou encontrou qualquer evidência que corroborasse, como arquivos policiais ou relatórios do necrotério sobre os dois assaltantes mortos. "Considere essa história confirmada pelo próprio Kyle", ele escreveu no blog, em que descreveu Kyle como o "verdadeiro fodão americano" e um "herói da vida real".

Mas há razão para ceticismo. Os condados de Erath, Somervell e Johnson compreendem o trecho da estrada onde o incidente supostamente aconteceu. Tommy Bryant, o xerife do Condado de Erath, me disse que ele poderia "garantir que aquilo não aconteceu lá". Greg Doyle, o xerife do Condado de Somervell, disse que ele "nunca ouviu falar" dessa história, que ele achou "meio chocante", e acrescentou "isso não aconteceu aqui". Bob Alford, o xerife do Condado de Johnson, disse ao repórter local: "se algo assim acontecesse aqui, eu teria ouvido falar do assunto e eu tenho certeza que todos vocês do jornal iam ouvir falar também". Essas negações não invalidam a história automaticamente, é claro. E é verdade que certos operadores, de certos departamentos do governo, dirigem veículos cujas placas impulsionam autoridades civis a contatar um call center em caso de acidente ou blitz. Mas um SEAL com extensa experiência em unidades de missão especial me contou que a noção de que esse tipo de medida sendo tomado para um ex-SEAL dirigindo um veículo privado era "besteira".

Em 2010, Peter Hubbard, um editor da HarperCollins, enviou um e-mail para Kyle perguntando a ele se já tinha "considerado escrever um livro sobre suas notáveis experiências como sniper". "Eu estou muito interessado em conversar com você", Kyle respondeu, mas acrescentou que a conversa não poderia ocorrer nos próximos dias. "Estou fazendo as malas agora mesmo para uma caçada de antílopes que minha empresa está organizando para vários veteranos feridos."

A caçada foi copatrocinada pela Fundação Troops First[14], uma organização sem fins lucrativos que financia viagens de caça para "guerreiros feridos". Kyle já tinha participado desse tipo de evento antes e adorava fazê-lo, pois eles permitiam que ele interagisse com os veteranos de um modo mais pessoal. (Ele não tinha nenhum apreço por trabalho de escritório e nunca se envolveu com o cotidiano das operações da FITCO Cuida.) Ele era um professor nato. Em avaliações militares que eu recebi, ele foi elogiado por sua liderança e didática diversas vezes; em um destes documentos, foi até chamado de mentor "excepcional". Ao trabalhar diretamente com veteranos, Kyle começou a sentir que sua vida tinha propósito mais uma vez.

Naquele começo de noite, Kyle, um colega da Craft International e Rick Kell, diretor executivo da Troops First, foram recepcionados no rancho de Kyle Bass, ao leste de Dallas. Bass era um dos dirigentes da Troops First. (Bass dirigia uma Ford F-20 com um adesivo de capô com os dizeres "DEUS ABENÇOE NOSSAS TROPAS, ESPECIALMENTE OS SNIPERS".) Kell explicou para mim a lógica por trás das caçadas: "Não é só sobre matar cervos e empalhar cabeças. A finalidade da viagem é conhecer alguém que pode impactar sua vida". Nor-

---

14 NT: Tropas em Primeiro Lugar.

malmente ele convidava alguém que estivesse "pronto para criar um laço" com os veteranos. Kyle era ideal, Kell me disse: "Você se sentia bem com ele, como se o mundo estivesse completamente em ordem".

Joe Washam estava entre os convidados daquela noite. Em abril de 2004, Washam, então um sargento, estava se preparando para inspecionar uma fábrica de tintas em Bagdá oriental — relatórios da Inteligência indicaram que talvez armas químicas estivessem sendo feitas ali — quando o prédio explodiu. Washam passou os vinte meses seguintes em um hospital. Queimaduras de terceiro grau cobriam quarenta por cento de seu corpo. Ele reaprendeu a andar e recuperou o uso das mãos enquanto lutava com ondas de estresse pós-traumático. Depois de passar tanto tempo com médicos e outros homens feridos, ele apreciava profundamente a companhia de Kyle.

Kell puxou Washam de lado e perguntou se ele gostaria de caçar antílopes — no dia seguinte, no Novo México. Washam, empolgadíssimo, aceitou. Ele e uma dúzia de outros veteranos dormiram no rancho naquela noite. No dia seguinte, vários deles voaram até Lubbock, próxima à fronteira oeste do estado. Kyle e seu colega os encontraram no aeroporto de Lubbock. Eles tinham arranjado rifles de caça, enquanto os outros foram dormir, e então dirigiram a noite toda, tirando um cochilo no carro. "Eles só queriam garantir que nós iríamos nos divertir", Washam me contou. Os homens passaram o dia caçando em meio à vastidão de ervas daninhas do Novo México. Do modo como Kell contou, Kyle adotou Washam como seu "parceiro de luta". Cada um dos guerreiros feridos atirou em um antílope.

"Sniper americano" foi lançado em janeiro de 2012. Kyle escreveu o livro em parceria com outras duas pessoas: Jim DeFelice, um romancista, e Scott McEwen, um advogado de San Diego que negociou o acordo. Mesmo com a grande quantidade de memórias de combate, o livro se destacou por seu tom casual e, às vezes, irreverente. (Ao comentar sobre patentes: "A verdade é que eu nunca me importei muito com patentes". Sobre oficiais: "Alguns são bons, outros são ruins. E alguns são simplesmente frouxos". Sobre matar: "Estávamos simplesmente massacrando eles". Sobre a vista-grossa do Congresso americano: "Como é que eles iam saber? Eles nunca tinham estado em uma situação de combate".)

O livro, que foi publicado oito meses depois da incursão de bin Laden, fez muito sucesso. Kyle dividiu seus ganhos com DeFelice e McEwen e doou seus lucros para as famílias dos soldados mortos. Peter Hubbard, o editor, não aceitou revelar o ganho de Kyle ou os royalties subsequentes, mas disse "é fácil ver como chegariam a sete dígitos". Bradley Cooper comprou os direitos do filme e Steven Spielberg aceitou dirigir. A HarperCollins assinou o contrato para mais um livro com Kyle, "*American Gun: A History of the U.S. in Tem Firearms*"[15]. (Uma das armas sobre as quais Kyle escreveu é a sua pistola Colt, que ele supostamente utilizou no posto de gasolina — ele a descreveu como uma "arma que, nas mãos certas, pode transformar azar em sorte".)

Kyle se tornou uma pequena celebridade. Ele saiu na capa da revista *Soldier of Fortune* e foi convidado para eventos da indústria de armamentos, como o SHOT, em Las Vegas. Lá, durante uma entrevista em janeiro, e, referindo-se ao presidente Obama, falou "eu sei que ele é contra a Segunda Ementa pra valer e que está tentando banir tudo". Ele apareceu no programa de entrevistas de Conan O'Brien com um pouco de tabaco em seu lábio inferior. A NBC criou até mesmo um reality show em torno dele e outros sete vetera-

15 NT: "Armas Americanas: A história dos Estados Unidos em dez armas de fogo", inédito no Brasil.

nos, pareando-os com atores, atletas e gente do tipo. Kyle fez uma parceria com o ator Dean Cain; Todd Palin também era cotado. O programa, de nome "*Stars Earn Stripes*"[16], foi ao ar no último outono. Em um episódio, Kyle atirou em alvos de plástico com uma câmera instalada dentro de seu capacete. A câmera capturou a ação do ponto de vista de Chris. Desmond Tutu e outros oito ganhadores do prêmio Nobel enviaram uma carta para a NBC criticando a rede por glorificar e banalizar a guerra. O reality show não foi renovado.

Para divulgar seu livro, Kyle foi no famoso programa de rádio, o "*The Opie & Anthony Show*". No ar, Kyle afirmou ter uma vez entrado numa briga com Jesse Ventura, um ex-lutador profissional que fora governador do estado de Minnesota entre 1999 e 2003. Nos anos setenta, Ventura foi um membro das Equipes de Demolição Submarinas, antecessora dos SEALs. Em uma noite de 2006, ele e Ventura estavam juntos em um pub irlandês em Coronado, em uma reunião de SEALs com suas famílias. De acordo com Kyle, ele ouviu Ventura falar, em um tom de voz alto, sobre sua oposição à Guerra do Iraque, e pediu a Ventura que mantivesse suas opiniões para si mesmo, em respeito às famílias presentes (parentes de Michael Monsoor, o SEAL que se atirou deliberadamente sobre a granada, estavam na cidade para seu velório). Kyle disse que, quando Ventura disse a ele que os SEALs mereciam "perder alguns membros", Kyle desferiu um soco e Ventura "capotou". Depois de repetir a história no programa "*The O'Reilly Factor*", Ventura — que nega ter menosprezado os SEALs, e afirma que não ocorreu nenhuma confusão — fez acusações de difamação.

Pouco após a aparição no programa de rádio, Kyle foi contatado por Brandon Webb, um veterano que servira com

16 NT: "Estrelas Ganham Listras".

ele no Time Três da SEAL. Webb, agora um editor do SOFREP, um site dedicado a cobrir forças de operações especiais, convidou Kyle e outro ex-SEAL para participarem de uma discussão gravada sobre a vida de um operador especial. Webb pediu que Pat Kilbane, um ator, fosse o moderador da discussão. Kyle o encontrou em um bar em San Diego para gravar o programa.

A sessão foi boa. Kilbane me disse que ficou fascinado com a "aura" de Kyle, notando que "sempre que ele entrava no cômodo, a dinâmica mudava, a energia no lugar se transformava". Mais tarde, um grande grupo saiu para jantar, ficou no bar do hotel até fechar e depois foi beber na suíte de Kyle. Os SEALs começaram a contar histórias e Kyle contou uma chocante. Logo após o Furacão Katrina, disse ele, o estado da lei e da ordem era crítico. E ele e um outro sniper viajaram para Nova Orleans, se ajeitaram em cima do estádio Superdome, e então começaram a atirar em dezenas de residentes armados que contribuíam para o caos. Três pessoas compartilharam comigo memórias diferentes sobre aquela noite: a primeira disse que Kyle afirmou ter matado trinta homens sozinho; de acordo com a segunda, Kyle e o outro sniper tinham matado trinta homens juntos; a terceira disse que não se lembrava de detalhes específicos.

Será que Kyle tinha ido para Nova Orleans com uma arma? Alguns boatos sobre snipers — tanto policiais quanto criminosos — circularam nas semanas seguintes ao furacão. Mas, desde então, esses rumores vêm sendo desacreditados. Quando eu repassei este relato para um dos oficiais de Kyle, ele respondeu sardonicamente: "eu nunca ouvi essa história".

Talvez essa história, assim como aquela do posto de gasolina, tenha um fundo de verdade. Ambas as narrativas, no entanto, retratam Kyle como se ele realmente fosse o Justiceiro, fazendo justiça de acordo com suas próprias regras. Era possível ver essas histórias como vaidade; mas também era possível vê-las como os esforços de um homem que luta para manter uma imagem invulnerável. Kilbane, por ter lido o livro de Kyle, sabia sobre sua relação com o álcool e batalhas contra o estresse da guerra. Assistindo Kyle beber um copo atrás de outro de uísque com gelo, ele disse: "Isso me fez pensar que ainda havia alguns demônios dentro dele".

A atenção da mídia bombou o perfil da empresa de Kyle, a Craft, que conseguiu contratos para prover a segurança das Olimpíadas de Londres e para proteger navios na costa da Somália. O próprio Kyle passou um tempo como guarda-costas de Sarah Palin. Pilotos do 160º Regimento de Operações Especiais de Aviação, a unidade secreta que transportou os SEALs para o Paquistão na noite da incursão bin Laden, participaram de exercícios da Craft, permitindo que a companhia treinasse pessoas na arte de atirar de plataformas aéreas. Um dos instrutores da Craft foi John Wayne Walding, um ex-Boina Verde e ganhador de uma Estrela de Prata, que perdeu uma perna no Afeganistão em uma batalha de 2008. "O maior problema, depois que você sai, é encontrar um trabalho que tenha significado", disse Walding. "Aquela história de propósito, todo mundo precisa disso. Chris me ajudou a ter isso."

Em setembro passado, Kyle Bass e Rick Kell levaram outro grupo de veteranos para o rancho de Bass. Um fuzileiro naval chamado Brady, que pediu para ser identificado apenas pelo primeiro nome, estava entre eles. Brady, um sniper, estava nervoso por conhecer Kyle. Como me disse mais tarde, ele temia que "fosse agir como uma garotinha dos anos cinquenta conhecendo Elvis". Mas Brady achou Kyle modesto; Kyle, disse ele, agia como se fossem amigos há anos.

Mais tarde, enquanto a maioria dos convidados estava conversando dentro do chalé principal, Brady pediu licença e saiu. Ele havia retornado há pouco do Afeganistão e não estava bem. Dois de seus amigos morreram por fogo inimigo durante uma missão de seis dias. Como líder de equipe, ele se sentia responsável. E ele viu outras coisas terríveis durante quatro turnos de guerra: o rosto de um amigo foi arrancado no estouro de uma bomba, em Ramadi; uma jovem iraquiana foi queimada viva durante a explosão de uma bomba. Não precisava de muito mais para que "algo na atmosfera da sala, que atingisse um certo tom, que simplesmente se conecta dentro da minha cabeça e me deixa mal, trazendo todas essas memórias de volta". Seu casamento havia fracassado e ele estava se distanciando de seus pais e de irmãos. Na varanda, Brady sentou-se em uma cadeira de balanço.

Depois de um tempo, Kyle puxou uma cadeira para sentar ao seu lado. Já passava da meia-noite e a paisagem estava repleta do som dos grilos. Kyle disse que Brady o fazia lembrar de si mesmo. Embora nenhum deles tivesse sofrido ferimentos físicos, Kyle disse, "por dentro, nossa cabeça era uma merda de labirinto". TEPT, ele disse, "pode destruir a nós mesmos e àqueles que amamos. Depende de como você encara". Brady acenou com a cabeça, e Kyle continuou, "Todos os nossos irmãos que morreram, era a hora deles. Deus nos deixou vivos por uma razão". Brady recontou cada momento da missão em que perdera seus dois amigos. Kyle então recordou de seus próprios camaradas que morreram em batalha. Ambos os homens se levantaram, abraçaram-se e soluçaram. "As pessoas colocaram o Diabo de Ramadi em um pedestal, como se fosse um deus, mas lá estávamos nós dois, chorando um no ombro do outro", Brady me disse. "Eu aceitaria um irmão como aquele em vez de um deus a qualquer hora."

Eles mantiveram contato por meio de ligações e mensagens de texto. Em dezembro, Kyle convidou Brady para participar de um curso de atirador de elite dirigido pela Craft. Brady só esperava assistir, mas ele rapidamente se envolveu no trabalho, instruindo snipers do FBI e da equipe da SWAT de

Dallas. O treinamento incluiu uma simulação de um cenário com reféns dentro do estádio Cotton Bowl. Após vários dias, Brady foi embora, sentindo-se animado com a experiência. No passado, ele havia procurado a ajuda de psiquiatras do Corpo de Fuzileiros Navais, mas isso não ajudou. Aquilo foi diferente. Brady, que continua na ativa, me disse: "Percebi que é só quando eu me esforço além do limite, tanto física quanto mentalmente, é que eu consigo substituir a incerteza que tenho por deixar meus homens morrerem em combate". "Ao substituir o sentimento de perda por uma sensação de sucesso, eu os honro", ele disse.

Esse sentimento foi a base da filosofia de caridade de Kyle. Durante as gravações do SOFREP, ele disse: "aqueles homens e mulheres que voltaram com estresse pós-traumático, eles não devem ser evitados e menosprezados. Vamos ajudá-los. Nós ainda podemos confiar neles".

Na manhã de 25 de janeiro de 2013, Kyle deixou seus filhos na escola. Enquanto ele conduzia seu Ford F-350 preto pelo estacionamento, uma mulher o parou e se apresentou. Seu nome era Jodi Routh e ela trabalhava como assessora no programa de educação especial. Seu filho, Eddie Ray Routh, era um ex-fuzileiro naval de vinte e cinco anos que sofria de estresse pós-traumático. Ela ouviu falar sobre a FITCO Cuida e estava desesperada para conseguir ajuda para ele. Kyle sugeriu que ela anotasse suas informações para contato e as enviasse para casa no material de seus filhos.

Jodi e seu marido, Raymond, moravam em Lancaster, Texas, trinta quilômetros a leste de Midlothian. Em 1997, Jodi conseguiu um emprego em Midlothian para que Routh e sua irmã, Laura, pudessem ter acesso a um sistema escolar melhor. Em 2002, Routh começou a frequentar o ensino médio na mesma escola em que, dez anos antes, Kyle havia se formado. Routh era um estudante descompromissado. (Jodi o descreveu como um "aluno na média".) Jeff Diener, um dos colegas de classe de Routh, me disse que ele era "meio difícil de conviver". Outro colega me disse que Routh era um "encrenqueiro padrão" que "quase não mostrava respeito" pelos professores. KcBernard, que foi segurança da escola por dois dos anos em que Routh esteve lá, disse que Routh estava "sempre pronto para brigar" e "parecia disfarçar sua insegurança com raiva".

De acordo com Jodi, Routh saiu de casa durante o penúltimo ano do ensino médio e foi morar com seus tios, que viviam em uma cidade próxima. Laura, que já havia se formado, já morava lá. Ela me disse que eles queriam ficar longe da mãe, que era superprotetora. Jodi não discute: "Eles eram rebeldes e queriam beber, fumar maconha e outras coisas. E isso não seria permitido na nossa casa". A tia me disse que mantinha álcool e maconha por perto, mas negou deixá-los à disposição das crianças. Laura, no entanto, disse que muitas vezes os amigos desmaiavam no chão e descreveu a casa da tia como "uma casa para drogados". Enquanto isso, em uma outra casa, não muito longe dali, o avô de Routh e Laura estava morrendo de câncer. A tia foi uma das encarregadas de lidar com os remédios do avô, incluindo morfina; parte da droga foi roubada, e o tio de Laura e Roth teve uma overdose de morfina que o matou em 11 de janeiro de 2005, o mesmo dia em que o avô das crianças morreu.

Laura ficou impressionada e voltou para casa. Routh continuou com sua tia por mais um ano, mas quis dar um novo rumo para sua vida e inscreveu-se nos Fuzileiros Navais. Para se alistar, ele precisava de um diploma. De acordo com Jodi e Laura, sua tia parara de levá-lo à escola, e Routh, que não podia se dar ao luxo de perder mais aulas, fez as pazes com seus pais e voltou para casa. Dez dias após sua formatura, Routh foi enviado para o acampamento de treinamento na Califórnia. Era o verão de 2006 e todos os recrutas sabiam que estavam a caminho do Iraque. Routh terminou o treinamento básico com distinção de mérito. Jodi e Raymond voaram para a Califórnia para a cerimônia. Mesmo que Routh ainda fosse alto e esguio, com olhos sonolentos e um queixo pronunciado, agora seu corpo estava cheio de músculos. Quando Jodi o viu, ela conta que "só gritei e gritei porque ele não era mais uma criança. Ele era um homem".

Os Fuzileiros Navais treinaram Routh para ser um armeiro, um especialista em consertar armas. O trabalho soou natural; ele e seu pai caçavam desde que Routh era jovem. "Você poderia entregar a ele uma arma e ele saberia o que fazer", disse Jodi. Em setembro de 2007, Routh foi enviado ao Iraque, onde ficou na Base Aérea de Balad, noventa quilômetros ao norte de Bagdá. Ele testemunhou vários ataques de morteiro na base; uma vez, enquanto estava ao telefone com Raymond, sirenes começaram a tocar e ele disse que precisava procurar abrigo. Ele passou grande parte de seu tempo supervisionando prisioneiros. Routh disse a Raymond que achava algumas das regras da prisão muito severas, comentando que os prisioneiros recebiam apenas três quadrados de papel higiênico por dia. Balad tinha ao menos uma prisão secreta irregular, de acordo com um artigo de 2009 da revista *Times*.

Certa manhã, Routh ligou para Raymond do Iraque depois de voltar de uma patrulha. Ele estava perturbado. Raymond, que continuava a ter seu sotaque do Mississippi, relembrou: "Eddie me disse: 'Como você se sentiria se eu matasse uma criança?'. Eu respondi: 'Faça o que for preciso para sobreviver e voltar para casa'. Isso era uma conversa de pai e filho. Eu disse a ele, você sabe, 'É você ou eles. Volte para casa'". Raymond me disse que não discutiu o assunto de forma mais específica, mas acrescentou: "Eles acabaram se metendo com algumas coisas que não deveriam".

Em março de 2009, Routh voltou aos Estados Unidos e, um mês depois, viajou para o Texas para o casamento de Laura. Ele não falava muito sobre o Iraque, mas sua família notou mudanças em sua personalidade. Uma vez, ele e Laura estavam no quintal e um vizinho disparou uma pistola de pregos. Routh se lançou ao chão e gritou: "Abaixem-se!". Ele também bebia muito, o que, na opinião de Raymond, era a maneira de seu filho de "afastar todas as memórias". Raymond me disse que Routh bebia desde o colégio, mas era principalmente cerveja, três ou quatro de cada vez. Agora, ele bebia destilados até desmaiar. No dia do casamento, ele começou a beber cedo e tornou-se agressivo, chegando ao ponto de, a certa altura, jogar uma embalagem de desodorante em uma prima.

Em 12 de janeiro de 2010, um terremoto devastou o Haiti. Routh, junto com milhares de outros fuzileiros navais, foi enviado para lá em uma missão humanitária. Ele não estava preparado para os cadáveres empilhados na beira da estrada. Como Routh disse mais tarde à sua mãe: "Eles não me treinaram para recolher corpos de bebês na praia". Ele empurrou os cadáveres para caminhões com carregador frontal, que os depositaram em caminhões caçamba, que foram esvaziados em valas comunitárias. Quando os fuzileiros ofereceram aos sobreviventes paletes de madeira carregados com provisões, eles pegaram tudo e, em questão de segundos, reutilizaram os paletes como abrigo. Routh disse à irmã: "Nunca vi pessoas pegarem tanto, tão rápido".

A experiência assombrou Routh por muito tempo. Ele disse que seu sargento o repreendeu por tentar dar sua porção de comida e sua água para um menino haitiano. Jodi relembrou: "Ele disse: 'Eu era forte, eu teria dado conta. Ele precisava de comida e eu não dei pra ele, mãe'". Raymond disse: "Isso o machucou muito. Você nunca esquece isso. Sempre ensinei o menino a dar, dar para receber". Em junho de 2010, após quatro anos em serviço, Routh deixou a ativa, como cabo. Laura me disse: "A essência dele ainda estava lá, mas ele não era mais o mesmo Eddie que conhecemos desde criança".

Routh desabou sem a estrutura de vida dos Fuzileiros Navais. "Se alguém estava dizendo a ele o que fazer e para onde ir, ele ficava tranquilo", disse Laura. "Mas, quando alguém não controlava o que ele fazia, ele se distanciava muito." No final do verão, um velho amigo da Marinha ajudou Routh a conseguir um emprego com um empreiteiro militar de Nova Jersey. Ele viajou para bases em todo o país, consertando armas. Mas começou a ter ataques de pânico durante os voos e, depois de cinco meses, saiu do emprego. Por um tempo, ele ficou fazendo bicos, cortando grama e entregando pizzas. E, então, voltou para casa.

Em julho de 2011, um primo ofereceu um emprego em Houston para Routh. No emprego, ele faria o revestimento de metal de unidades de armazenamento. Routh foi para o sul. Os verões em Houston são abafados e, como disse Raymond, "você sabe que aqueles meninos provavelmente estão bebendo o dia todo e sem tomar água o suficiente". Routh teve uma insolação e ficou de cama. Laura dirigiu até Houston para trazer seu irmão de volta para casa. No caminho de volta, ele disse a ela que tinha uma tênia. Ele "ficou obcecado com isso", disse Laura. Raymond o levou ao centro médico do Departamento de Veteranos de Dallas. Os médicos não conseguiram encontrar nenhuma tênia. Routh ficou no hospital mais alguns dias, para mais exames, e depois recebeu alta. (O Departamento de Veteranos não comenta sobre o tratamento de pacientes individuais.)

Pouco depois, Raymond o levou para o lago Richland Chambers, em Corsicana, no Texas. "É onde sempre íamos para relaxar e fugir, para ter os momentos pai e filho", disse ele. "Eu o levei para lá e ele ficava falando todo tipo de besteira. Tipo nada com nada — como dizer que ele era o Drácula, ou que era um lobisomem e todo esse absurdo." Duas vezes, Routh foi até o carro de seu pai, pegou uma pistola calibre .357 Magnum que Raymond levava consigo, quando estava fora de casa, e ameaçou se matar. Raymond pegou a arma ambas as vezes; após a segunda tentativa, ele esvaziou o cilindro e jogou as balas no lago. Ele finalmente convenceu Routh a voltar para o hospital de veteranos de Dallas. Raymond lembrou-se de que: "A médica estava anotando todas as coisas e eu disse: 'Eddie, por que você não conta a ela o que repetiu pra mim o dia todo? Sobre querer se machucar e como você é o Drácula e todas aquelas coisas sem pé nem cabeça?'". Desta vez, Routh ficou por três semanas. Raymond lembrou que, quando Routh foi internado, na sala de emergência, um dos médicos deu o diagnóstico de TEPT.

Diagnosticar o TEPT não é uma ciência exata. Antes da Associação Psiquiátrica Americana codificar formalmente o transtorno, em 1980, veteranos do Vietnã que se queixavam de flashbacks eram rotineiramente classificados como esquizofrênicos paranoicos, de acordo com David Morris, um ex-fuzileiro naval e autor do livro, *The Evil Hours: A Biography of PTSD*[17]. Muitos sintomas do distúrbio — insônia, depressão, picos de terror — são compartilhados por outros tipos de doença mental. Os cientistas ainda não encontraram um teste biológico que possa determinar com segurança se um paciente tem TEPT em vez de, por exemplo, um transtorno bipolar. Peter Chiarelli — antigo vice-chefe do Exército e diretor executivo da One Mind, organização de pesquisa especializada em lesões cerebrais traumáticas e TEPT — me disse: "Quando você observa as doenças do cérebro, as lesões cerebrais, não estamos nem um pouco perto das certezas que temos no diagnóstico ou no tratamento de doenças no resto do corpo".

Durante a internação de Routh no hospital de veteranos de Dallas, Raymond e Jodi não conseguiram notar grandes avanços, mas, eventualmente, os médicos disseram que ele

---

17 NT: "As horas sombrias: uma biografia do TEPT", inédito no Brasil.

havia melhorado o suficiente para receber alta. Eles prescreveram oito medicamentos para seu filho, que, de acordo com Raymond, foram colocados em "um daqueles saquinhos ziploc". Entre as drogas estavam: o lítio, que trata a mania; a prazosina, que pode ajudar na diminuição de pesadelos; e a sertralina, um antidepressivo que é comum no tratamento de TEPT. Raymond disse que o coquetel de produtos farmacêuticos "fez Eddie piorar", acrescentando: "Não sou médico. Eu não sou nenhum gênio ou coisa do tipo, mas eu podia perceber a diferença nele". Routh ainda estava desempregado e continuava bebendo. Ele voltou a cortar grama para um corretor de imóveis, que me disse que Routh era um "bom trabalhador" e "muito simpático". Em janeiro de 2012, ele foi detido em sua caminhonete e preso por dirigir alcoolizado. No caso de Routh, nenhum juiz descartou as acusações; ele foi considerado culpado e encarcerado com uma fiança de mil e quinhentos dólares. Incapaz de pagar, ele cumpriu pena de trinta dias de prisão.

Pouco depois de sair, ele conheceu uma mulher em um site de relacionamentos, o Plenty of Fish. Jen, que pediu que eu me referisse a ela apenas pelo primeiro nome, achou Routh divertido e "bobão", mas também gentil. Às vezes, Routh e seu idealismo pareciam um pouco apaixonados demais. Ele desprezava o desperdício, fosse comida que sobrava intocada em um prato ou um chuveiro ligado à toa. Jen acabou conectando esse impulso à experiência dele no Haiti. Ele também se tornou um acumulador, guardava coisas como restos de madeira. Quando uma cerca velha foi derrubada em seu bairro, Jodi disse: "Ele cismou que seria usada para alguma coisa. 'Eu posso transformar isso em molduras e placas.' Ele me encheu o saco até que eu finalmente dirigi até lá e o deixei encher a caminhonete".

Outros episódios, mais perturbadores, sugeriam que as experiências de Routh nos Fuzileiros Navais ainda causavam dificuldades para ele. Ele só nadava em piscinas em que conseguia enxergar o fundo; Jen suspeita que isso esteja relacionado ao trauma da remoção de cadáveres da água no Haiti. Ele se sentia ameaçado pela possibilidade de alguém se afogar. Durante umas férias com sua família no Colorado, ele "surtou" quando viu sua sobrinha bebê em uma ponte. "Ele pensou que a deixaríamos cair no rio, se afogar e sumir para sempre", disse Jodi. As multidões o deixavam ansioso. No ano passado, ele passou o quatro de julho na casa dos pais e perdia a cabeça toda vez que soltavam fogos de artifício. "Muitas das coisas que fazíamos eram com a família", lembrou Jen. "Ele não tinha um grupo de amigos muito grande." Embora ela reconhecesse que o comportamento dele era estranho, ela pensou que ele estava apenas distraído — alguém que tinha "um déficit de atenção extremo".

Em um domingo de setembro, Raymond e Jodi ofereceram uma refeição com peixe frito para a família e amigos, em sua casa em Lancaster, uma estrutura de um andar com um telhado cinza e uma porta vermelha. Raymond, que estava trabalhando instalando e consertando equipamentos para alimentação de gado no *panhandle* texano, a região formada pelas vinte e seis comarcas mais ao norte do estado, viera passar o fim de semana em casa. Routh começou a beber naquela manhã. Na festa, ele disse ao pai que tinha interesse em fazer faculdade para se tornar guarda-florestal. Raymond sabia que seu filho não tinha muito dinheiro, então ele se ofereceu para vender algumas de suas armas — heranças que haviam sido passadas por seu avô e por seu pai. "Se for ser bom para você, pode vender", disse Raymond. Mas algo "deu um estalo na cabeça de Eddie" e ele ficou furioso. Ele e o pai entraram em uma briga e Raymond "acertou ele na mandíbula". Routh caminhou em direção à casa, ameaçando "estourar os miolos dele" e "se matar com um rifle na boca". Jodi sabia que ele estava indo atrás das armas, então ela agarrou o braço de um dos amigos de Routh e mandou que ele tirasse as armas de casa. Routh ficou furioso quando encontrou o armário de armas vazio e gritou: "Vou estourar os miolos de todos vocês!".

Jodi chamou a polícia, dizendo à operadora: "Eles precisam interná-lo na ala psiquiátrica". Routh saiu a pé com seu cachorro, um labrador preto chamado Girley. Ele não estava usando sapatos ou camisa. Os policiais o encontraram a alguns quarteirões de distância, fedendo a bebida. De acordo com o relatório policial, Routh disse a eles que sofria de TEPT e que seus pais "não entendiam o que ele passou". A polícia o algemou, empurrou-o para dentro da viatura e o levou para casa. Jodi encontrou os policiais do lado de fora e pediu a eles que levassem seu filho ao Hospital Green Oaks, um centro psiquiátrico em Dallas. Eles fizeram isso; depois de um ou dois dias, Routh pediu para ser transferido para o hospital de veteranos de Dallas. Poucos dias depois, ele recebeu alta. De acordo com Jodi e Raymond, os médicos estavam cientes de que Routh havia feito ameaças violentas.

Após sua liberação, Routh foi morar com Jen, que estivera no dia do peixe, mas tinha ido embora antes do início da briga. Ela dividia um apartamento no norte de Dallas com uma amiga. Por mais de mês, ele aparentou estar bem de saúde e conseguiu um emprego como construtor de armários. "A gente conseguia ver novamente o brilho nos olhos dele", Laura me disse.

Mas a depressão e o cansaço de Routh permaneceram, e ele começou a exibir sintomas mais comumente associados ao transtorno bipolar e à esquizofrenia. "Ele ficava num estado de espírito no qual você podia entender o que ele estava dizendo, mas você não tinha ideia de onde aquilo estava vindo", disse Laura. "Estávamos conversando, e ele disse, 'Cara, estou pronto para entrar nas pistas de esqui'. E eu disse, 'O quê?'. E ele disse, 'Sabe, isso seria ótimo. Arranjar um pouco de pólvora?'. Eu nunca esquiei na minha vida. E estávamos conversando sobre pesca. Ele simplesmente não falava coisa com coisa." Alguns dos temas dele tinham um tom conspiratório. Certa vez, ele disse a Laura: "Vai rolar uma condenação. Eu vou contar tudo".

Jen também estava preocupada com Routh. "Ele estava passando por um grande surto de depressão", disse ela. "Ele ficava horas sem falar. Ele estava obviamente desligado."

Devido a ansiedade, Routh não conseguia mais dirigir e voltou para a casa dos pais. Jodi lembrou: "Eu morria de medo de voltar do trabalho e encontrá-lo morto".

Em um sábado de janeiro, Routh e Jen estavam no apartamento dela quando ele entrou em estado de paranoia. Ele começou a reclamar com Jen e sua colega de quarto sobre as atividades de vigilância do governo. Certa vez, ele disse a um amigo que os helicópteros estavam observando-o. Episódios dessa natureza se tornaram mais frequentes. Ele fez questão de cobrir a câmera de seu computador ("Ele estava decidido quanto a isso", disse Jodi) e confidenciou à família e aos amigos: "Eles sabem o que estamos fazendo". Ele também temia ser forçado a retornar ao Iraque. E, no entanto, apesar de toda a sua angústia, Routh às vezes pensava em voltar ao serviço militar. "Ele se sentia muito culpado por não continuar na Marinha, ajudando as pessoas no exterior", Jen me disse.

Dentro do apartamento, Routh começou a andar de um lado para o outro na frente da porta de Jen, segurando uma faca. Ele disse que estava preparado para defendê-la de agentes do governo que estavam atrás deles. Por horas, ela tentou, sem sucesso, acalmá-lo. Finalmente, a colega de quarto de Jen mandou uma mensagem para a polícia, que prendeu Routh e o levou para Green Oaks. Ele foi transferido para o hospital de veteranos no dia seguinte.

A qualidade do atendimento varia de uma unidade do Departamento de Veteranos para a outra. Em 2004, o inspetor geral do DV classificou a unidade de Dallas como a pior do país; no ano passado, uma estação de TV de Dallas entrevistou veteranos que alegaram que aquela unidade era tão ruim que colocava "vidas em risco". O Departamento de Veteranos tende a ser lento, levando em média nove meses para determinar se cobrirá um pedido de assistência. E conseguir uma aprovação pode ser ainda mais difícil se os sintomas não forem evidenciados no exame físico. No entanto, os sintomas de TEPT podem demorar um pouco para aparecer e muitas vezes são acompanhados por uma cascata de outros problemas de saúde. Chiarelli, o ex-vice-chefe do Exército, me disse que os médicos deveriam ter "mais latitude" na avaliação dos veteranos de combate, acrescentando: "Mas é aí que você entra nas questões de preço". O DV é uma burocracia esclerosada e sobrecarregada; ele mal tem recursos para manter seu nível atual de cobertura de saúde, muito menos expandi-lo. (Um representante admitiu que os veteranos esperam "muito tempo pelos benefícios recebidos".)

Depois que Routh foi internado no hospital de veteranos, Jodi e Jen passaram a visitá-lo todas as noites. Uma semana depois, ele não parecia muito melhor. Ele estava tomando vários medicamentos e Jodi achava que ele mal conseguia ter uma conversa. Ela pediu aos médicos que o mantivessem hospitalizado, pelo menos até que estivesse estável.

Ignorando o pedido de Jodi, o hospital deu alta a Routh no dia seguinte; de acordo com Jodi, os médicos compartilharam a notícia por telefone, dizendo que Routh era adulto e queria ir embora. Quando ela dirigiu para o hospital para pegar o filho, ele já tinha saído e estava sentado no saguão. Ela o trouxe para casa e contou-lhe sobre Chris Kyle, que ela acabara de conhecer. "Eu disse: 'Esse cara tem uma grande reputação. Ele é um homem muito bom e realmente quer ajudar você'. E então ele ficou tipo, 'Mãe, isso é tão incrível'", lembra Jodi. "Eddie estava feliz. Ele podia sentir que alguém queria ajudá-lo, alguém que o entendia melhor do que eu".

Os próximos dias foram difíceis. Jen, que é católica, disse que Routh andava com uma fixação por "demônios e diabos". Ele foi com ela à missa de domingo, esperando que isso o ajudasse. Em casa com Jodi, ele oscilava entre ficar zangado e magoado, e ficar atordoado e sem emoções. "Eu podia ver que ele estava tendo flashbacks", lembra Jodi. "Sabe quando você está sonhando acordado? Você fica tipo com um brilho nos olhos? Era isso que estava acontecendo com Eddie. Eu sabia que o que ele estava vendo não era bom, porque ele parecia uma criança assustada. Ele não parecia um adulto." À noite, ele pulava da cama ao menor som, correndo para o quarto de Jodi para se certificar de que ela estava segura. "Eu pensei que alguém estava tentando te pegar", ele costumava dizer.

Durante o dia, Jodi disse, "ele ainda não conseguia manter uma boa conversa. Ele falava coisas sem sentido e chorava muito. Ele vinha deitar no nosso quarto. Trazíamos o cachorro, deitávamos na cama e ele dizia: 'Mãe, você vai segurar minha mão? Estou com tanto medo. Eu não estou bem. Eu não sou bom'".

Enquanto Jodi o segurava, Routh disse: "Eu só queria que você pudesse estar na minha cabeça por um segundo, só um segundo pra você conseguir entender como estou me sentindo".

"Eu queria poder", Jodi disse a ele. "Eu tiraria isso de você."

Na manhã de quarta-feira, 30 de janeiro, Jodi levou Routh de volta ao hospital de veteranos, para uma consulta de acompanhamento. Enquanto um psiquiatra revisava seu prontuário, ele notou que Routh havia recebido apenas metade da dosagem recomendada de risperidona — um antipsicótico poderoso que tem sido amplamente usado em hospitais do Departamento de Veteranos para tratar TEPT. O psiquiatra ajustou a receita e ordenou que o remédio fosse enviado para a casa de Routh em dois dias. Jodi estava lívida. Quando o psiquiatra questionou Routh, ele olhou para sua mãe. "Ele simplesmente não era capaz de falar por si mesmo", ela me disse. Ela explicou ao psiquiatra que Routh não estava dormindo e "não conseguia pensar direito". Ela implorou ao psiquiatra para reinterná-lo no hospital, onde "ele não será um perigo para os outros ou para si mesmo". Mas o psiquiatra, segundo Jodi, balançou a cabeça e disse que a internação não era necessária. (O psiquiatra, citando a confidencialidade do paciente, se recusou a discutir o caso de Routh, mas disse que qualquer paciente que representasse uma "ameaça iminente para si mesmo ou para outros" seria hospitalizado.)

Jodi então perguntou ao psiquiatra se ele poderia encaminhar Routh para o programa residencial para pessoas com TEPT, em Waco, no Texas. De acordo com o site do programa, os residentes "frequentam grupos terapêuticos e atividades de reabilitação. Algumas partes do programa ajudam os veteranos a lidarem com experiências traumáticas, enquanto outras partes do programa ajudam o veterano a adquirir comportamentos saudáveis e habilidades de enfrentamento". O site deixava uma observação de que o programa era destinado apenas a veteranos que "não representam perigo para si próprios ou para os outros".

O psiquiatra disse a Jodi: "Ele não está estável o suficiente para esse programa". Ele instruiu Routh a voltar em duas semanas. Jodi relembrou: "Pensei: Duas semanas! Isso é muito tempo. Eu disse ao médico: 'Sabe, ele nem consegue responder às suas perguntas! Ele nem consegue ter uma conversa. Eu realmente acho que ele precisa estar no hospital'".

Routh foi mandado para casa. Jodi pensou novamente em Chris Kyle. Algumas horas depois de se apresentar a ele no estacionamento da escola, ela foi chamada ao escritório do diretor e encontrou Kyle lá, esperando. Ele podia sentir o desespero dela e voltou para a escola para ouvir mais. Eles encontraram uma sala de aula vazia e se sentaram em uma mesa em forma de U. Jodi explicou um pouco do que Routh estava passando. Kyle confessou que ele também teve dificuldades com o TEPT. Felizmente, ele não precisou depender do Departamento de Veteranos, pois tinha um plano de saúde privado. (De acordo com um dos registros médicos de Kyle, ele procurou o conselho de um médico sobre "estresse de combate" após sua convocação em 2008, embora, em seu exame físico de saída, ele tenha declarado que não tinha "nenhum problema não resolvido".)

Kyle disse que ele poderia levar Routh para pescar ou caçar ou, talvez, para o campo de tiro. Mas ele não poderia fazer isso naquele fim de semana, porque a esposa de seu irmão estava prestes a ter um bebê, e ele estava saindo da cidade. Um dos SEALs ex-colegas de Kyle, Mike Ritland, me disse que atirar era "algo em comum que todos nós temos, seja você parte dos Fuzileiros ou do Exército ou da Marinha. É uma maneira de descarregar — uma liberação de estresse para os dois". Jonathan Shay, o psiquiatra, não tem tanta certeza de que "ir para o campo de tiro e estourar alguns bonés" faça sentido como "uma experiência de cura". Veteranos com TEPT, disse ele, carregam "feridas na mente e no espírito, e uma das maneiras pelas quais essas feridas se manifestam é por meio de explosões".

Kyle prometeu a Jodi: "Vou fazer tudo o que puder para ajudar seu filho". Eles se abraçaram — "um abraço muito bom", lembra Jodi. Ela começou a chorar. "Fiquei muito feliz por alguém estar ouvindo e disposto a ajudar", ela me disse. "Eu sabia que ele falava sério. Ele queria ajudar Eddie. E ele não conhecia Eddie. Ele nunca tinha posto os olhos em Eddie. Mas ele sabia, pelo que eu disse, que meu filho estava sofrendo, que estava sofrendo demais. E ele sabia que aquilo estava me machucando. Foi a primeira vez em muito tempo que senti um pouco de alívio. Eu senti alguma esperança por Eddie, que não iria dar tudo errado para ele, e que talvez algo bom fosse acontecer." Jodi foi para casa e colocou o número de Kyle na geladeira.

Na semana seguinte, quando ela o viu deixando seus filhos na escola, eles acenaram um para o outro. Um dia, na hora da consulta de acompanhamento de Routh, Kyle disse a Jodi que planejava que eles pudessem se encontrar no próximo fim de semana. Ela relembrou: "No dia seguinte, eu o vi novamente, ele parou perto de onde eu estava, parei a caminhonete e abri a porta. E eu disse: 'Ei, esqueci de perguntar, mas o que você ganhou? Uma sobrinha ou um sobrinho?'. Ele disse, 'Eu ganhei uma sobrinha'. Ele estava tão feliz. Ele tinha um sorriso tão grande e estava tão orgulhoso daquela pequena bebê. E essa foi, na verdade, a última vez que conversei com o Chris".

Na manhã de sábado, 02 de fevereiro, Kyle e sua esposa foram ao jogo de bola do filho. Depois, um amigo de Kyle, Chad Littlefield, apareceu. Kyle e Littlefield se conheceram durante um jogo de futebol juvenil e se tornaram amigos inseparáveis. Eles saíam sempre que Kyle encontrava tempo — entre eventos de livros, palestras e suas obrigações na Craft. Eles carregaram a caminhonete de Kyle e foram buscar Routh. Todos estavam indo para um campo de tiro.

Routh estava animado pela excursão. Ele ansiava pelo tipo de companhia e solidariedade que Kyle parecia capaz de fornecer. "Ele precisava de alguém para validar o que estava sentindo, validar que era OK para outras pessoas passarem por isso", disse Jen.

Na noite anterior, Routh havia pedido Jen em casamento. "Estávamos na cozinha", lembra ela. "Eu estava pegando o remédio para ele. Eu me virei e ele estava ajoelhado e me pediu em casamento." Routh não tinha uma aliança — ele estava falido —, mas prometeu economizar para uma. Jen aceitou a proposta e passou a noite na casa em Lancaster. (Depois do episódio da faca, o prédio de Jen tinha banido Routh da propriedade.) Porém, eles tiveram uma discussão na manhã seguinte e ela foi embora por volta das dez horas. Kyle e Littlefield chegaram algumas horas depois.

Routh subiu na F-350 de Kyle e eles seguiram para Rough Creek Lodge, um resort cento e cinquenta quilômetros a sudoeste. Kyle ajudara a projetar aquele campo de tiro de novecentos e quinze metros e tinha permissão para entrar e sair quando quisesse. A viagem demorou pouco mais de uma hora. De acordo com Taya, Kyle pensava que o passeio "daria a alguém que estava sofrendo a chance de conversar durante o trajeto, passar um tempinho atirando e depois dar a ele mais uma chance de falar no caminho de volta para casa, para desabafar um pouco e encontrar respostas". Uma das dificuldades apresentadas por TEPT, no entanto, é que a capacidade de confiar nos outros — um componente necessário do tratamento, de acordo com Jonathan Shay — muitas vezes foi completamente destruída.

Routh ficou na caminhonete enquanto Kyle e Littlefield entravam para se registrar. A propriedade se estende por quase um hectare; os campos de caça e o campo de tiro cobriam mais de dois terços dele, e um portão trancado evitava que os jogadores de golfe entrassem nas áreas perigosas. A pedido de Kyle, um funcionário fez uma ligação por rádio adiantando que era preciso destrancar o portão. Kyle e Littlefield voltaram para a caminhonete e sacolejaram pela estrada de terra por alguns quilômetros. Eles chegaram à plataforma de tiro e içaram uma bandeira vermelha sinal Bravo para alertar os outros que iriam disparar armas e o local se tornaria perigoso. Kyle reservara o campo até às quatro da tarde.

Às 16h55, um guia percebeu que a bandeira continuava hasteada. Ele dirigiu em direção à plataforma. Ele notou várias armas preparadas, esperando para serem disparadas, mas ele não viu a caminhonete de Kyle. De longe, o guia viu o que parecia ser um saco. Ao se aproximar, percebeu que era um cadáver. Littlefield estava deitado de costas, com vários tiros no peito; sua pistola continuava enfiada na calça jeans. De perto, o guia discerniu sulcos na areia em torno dos dedos de Littlefield, sugerindo que ele havia se agarrado à vida depois de atingir o chão.

A vários metros de distância, Kyle estava deitado de bruços. Ele havia levado um tiro nas costas e na nuca. O sangue cobria seu boné de beisebol. Sua pistola estava na areia, ao seu alcance. O guia discou 911 e se curvou sobre Kyle para fazer a massagem cardíaca. Não havia esperança. Ele já estava morto.

Enquanto os médicos e a polícia desciam até Rough Creek, Routh estava ao volante da caminhonete de Kyle. Ele parou na casa de um parente, em Alvarado, por volta das cinco, e ligou para a irmã. Ela perguntou sobre o dia dele, e ele disse: "É uma merda. Eu terminei com minha namorada da Louisiana". Laura, presumindo que ele estava falando sobre Jen, não o pressionou. (Jen não é da Louisiana.) Routh disse que estava indo para lá. Laura ligou o celular, que estava com a bateria descarregada, na tomada. "Se ele disser alguma loucura, vou chamar a polícia", disse ela ao marido, Gaines.

Vinte minutos depois, Routh entrou na casa. Ele perguntou se o mundo estava congelando e então anunciou que tinha uma caminhonete nova. Laura perguntou se ele havia negociado seu carro, um Fusca; ele disse que não, mas acrescentou: "Vendi minha alma por uma caminhonete". Ele continuou: "Nós fomos para o campo de tiro. Eu matei eles".

Laura perguntou ao irmão do que ele estava falando.

"Chris e seu amigo. Eu matei eles. Eu os assassinei", disse ele.

"Eu realmente não achei que ele estivesse falando a verdade", Laura me disse. "E ele estava tipo: 'Você e Gaines estão no inferno comigo?'. E eu disse, 'Não, nós não estamos no inferno'. E ele disse, 'Bem, você acha que eu posso chegar até Oklahoma?'. E eu disse, 'Oklahoma? Que que tem em Oklahoma?'. E ele, tipo, 'Bem, se eu conseguir chegar em Oklahoma, posso sair dessa'. E eu estava, tipo, 'Não sei do que você está falando, mas acho que você está me contando uma história. Não minta para mim. Me diz o que aconteceu'. E neste momento estávamos quase na porta da frente, e então saímos, e quando saímos eu pensei que ia vomitar em mim mesma, porque ali estava uma caminhonete que eu sei que ele nunca poderia pagar. Só os pneus já eram caros. Aquela foi a primeira coisa que eu vi — aqueles pneus gigantes e protuberantes naquela caminhonete picape."

Laura percebeu que Routh realmente devia ter matado dois homens. Ele se ofereceu para mostrar a Gaines a arma do crime e começou a levar a mão em direção a uma caixa de ferramentas na caminhonete. Eles disseram para ele parar. Laura temia por si mesma e por Gaines e pediu a Routh que fosse embora e se entregasse. Antes de partir, ele disse a ela: "Eu te amo, Beezer".

"Esse é o meu apelido — minha família sempre me chamou assim", ela me disse. "Naquele momento, ele era meu irmão caçula outra vez. Ele começou a andar na minha direção e me abraçou. E eu dei o abracei de volta. 'Eu também te amo, mas odeio seus demônios. Por favor, me diz que isso não é verdade', eu falei. Ele só olhou para mim de um jeito estranho, que eu nunca tinha visto nele antes."

Quando ele saiu, Laura ligou para a polícia. "Ele está psicótico pra caralho", disse ela ao atendente. "Meu irmão teve TEPT", ela continuou, e disse que "matou Kyle e Littlefield antes que pudessem matá-lo. Ele disse que não podia confiar em mais ninguém".

Saiu um boletim de polícia. Dois policiais esperaram do lado de fora da casa de Routh, que estava vazia — Jodi e Raymond não estavam na cidade. Routh chegou por volta das 20h e estacionou bem na frente da casa. Os policiais se aproximaram caminhando. Eles conversaram por aproximadamente quinze minutos e então Routh colocou o câmbio automático do carro em modo de direção e acelerou em fuga. Seguiu-se uma perseguição, conseguiram pegá-lo depois que as autoridades furaram seus pneus. Na delegacia, ele confessou ter matado Kyle e Littlefield. Quando a divisão dos Texas Rangers fez uma busca na casa de Routh, foram encontrados um *bong* e uma caixa de munição.

Naquela noite, Routh foi transferido para uma prisão no condado de Erath, onde ocorreram os assassinatos. Ele está sob vigilância contra suicídio desde então. Ele tem permissão para escrever cartas e fazer ligações, embora Jen não tenha notícias dele há meses. Ela ainda o ama e não sabe se deve parar de se considerar sua noiva ou não. Routh está enfrentando acusações de homicídio doloso qualificado que podem levá-lo à pena de morte.

Pouco depois dos assassinatos, ele me enviou uma breve carta, escrita a lápis: "Preciso sair da caixa em que estou. Se você puder ajudar, me avise. Quero voltar para o exterior para ajudar o mundo".

O velório de Chad Littlefield aconteceu em uma igreja batista em Midlothian. Compareceu muito mais gente do que o esperado, inclusive Taya Kyle. Três dias depois, o velório de Chris Kyle foi realizado, no Cowboys Stadium. Foi um dia nublado. Cavaleiros da Guarda Patriótica, organização que acompanha funerais de veteranos, alinharam-se do lado de fora, segurando bandeiras americanas. Todd e Sarah Palin compareceram. Embora quase sete mil pessoas tenham se reunido dentro do estádio, ele estava assustadoramente silencioso. O telão mostrou uma série de fotos; na maioria delas, Kyle estava segurando uma arma de fogo. A trilha sonora criou a atmosfera: "*Forever Young*" de Rod Stewart foi combinada com as imagens da infância de Kyle; "*Back in Black*" de AC/DC acompanhou as fotos no campo de batalha; "*You Raise Me Up*", de Josh Groban, tocava no fundo das cenas de Kyle com Taya e seus filhos. A montagem foi seguida por gaitas de foles, bumbos e carregadores de caixão.

Posicionada no meio do palco estava a cruz de batalha de Kyle: um arranjo geométrico de suas botas, seu capacete e sua jaqueta de kevlar (com o símbolo do Justiceiro). Ninguém que subiu ao púlpito naquele dia — incluindo Randy Travis, que cantou "Amazing Grace" — se apresentou. Um capelão pediu a Deus que "nos ajudasse a perdoar o nosso inimigo que roubou a vida de Chris" e implorou por "justiça certeira, implementada por meio de nossas autoridades governamentais, conforme exigido pelas leis de nosso grande estado e nosso grande país". O Texas executa mais prisioneiros do que qualquer estado dos Estados Unidos.

O capelão se referiu a Kyle como um "marido, pai, filho, irmão, amigo, colega de equipe e guerreiro justo, poderoso e vitorioso". Vários SEALs que eram ex-colegas de Kyle discursaram sobre ele. "O que o tornou uma lenda foi seu coração", disse um deles.

Taya finalmente subiu ao palco. Ela me disse que nunca considerou deixar de fazer um discurso fúnebre: "Eu queria dizer isso a ele e queria dizer em voz alta". No púlpito, ela disse que "não era fã de pessoas que romantizam seus entes queridos após a morte" e descreveu seu relacionamento com Kyle como "confuso, apaixonado, cheio de todas as emoções extremas conhecidas pelo homem". Ela continuou: "Essa jornada bagunçada, dolorosa e inconstante se transformou na experiência mais profunda e intimamente transformadora que só um homem, Chris Kyle, poderia fazer. Chris se dava por inteiro, não importava o que ele fizesse na vida".

Na manhã seguinte, a família e os amigos de Kyle viajaram para Austin para o enterro nacional; dizem que o cortejo fúnebre se estendeu por trezentos quilômetros. Desde então, Taya fez suas as causas de Kyle. (Isso incluirá a montagem de uma defesa contra Jesse Ventura, que decidiu pedir indenização contra o espólio de Kyle. Espera-se que um julgamento comece ainda neste ano.) Taya disse sobre Kyle: "Seu coração e espírito podem ser muito contagiantes". Em abril, ela apareceu em um seminário de um dia inteiro para educadores no Texas. O seminário detalhou o tipo de treinamento necessário para uma licença de porte de arma. (Kyle acreditava que as salas de aula seriam mais seguras se alguns professores fossem treinados para portar armas.) Mais recentemente, ela discursou na convenção anual da NRA, a *National Rifle Association*[18], em Houston. Usando um vestido azul marinho e cinza, com as placas de identificação militar de Kyle penduradas no pescoço, ela discursou longamente sobre seu marido, dizendo: "Ele amava o próximo o suficiente para assumir a imensa responsabilidade de usar sua arma — a única ferramenta eficaz que ele tinha — para parar o mal que vinha contra eles". Armas, ela sugeriu, eram parte da identidade de Kyle. Depois de voltar da guerra, Kyle foi "abençoado por poder servir a um número incontável de veteranos durante caçadas e sessões de tiro". Ela acrescentou: "Ele descobriu um novo uso para as armas: curar".

---

18 NT: Associação Nacional dos Rifles.

Joe Washam, o sargento do Exército que se juntou a Kyle na caçada aos antílopes, me disse que, depois do assassinato de Kyle, a ideia de usar armas para curar estava sendo objeto de uma "ricocheteada". Em janeiro, Washam havia participado de outro evento de "guerreiros feridos" — uma caça ao veado em uma "belíssima propriedade" perto de Fort Hood. Ele atirou em um cervo com galhada de dez pontas a cerca de setenta metros de distância. O dono da propriedade convidou Washam para passar a noite. Na manhã seguinte, eles foram caçar patos. Seu anfitrião, Washam disse, "se superou. Ele me deixou entrar em sua propriedade para atirar com um rifle, não checou minhas credenciais nem nada, e então me deixou atirar em um grande e monstruoso cervo". Antes de partir, seu anfitrião o convidou para voltar com alguns de seus amigos veteranos.

No dia seguinte ao assassinato de Kyle e Littlefield, o telefone de Washam tocou. Era o dono da propriedade, abalado com a notícia. "Isso me assusta", disse a ele. "Eu trouxe um completo estranho aqui." Washam me disse: "É por isso que estou preocupado em continuar, as pessoas vão pintar uma letra escarlate sobre nós — dizer que não somos confiáveis porque todos nós temos TEPT e estamos com a cabeça fodida". Washam garantiu ao proprietário que não se preocupasse, dizendo: "Vou trazer caras em quem confiaria minha vida".

No início de maio, voei para o norte do Texas para ver Raymond e Jodi Routh. Eles tinham acabado de comprar uma casa em uma cidade a uma hora de distância de Amarillo, onde Raymond continua trabalhando com equipamentos para alimentação de gado. Cheguei lá no final da manhã; Raymond já havia trabalhado algumas horas. Dentro da casa, as paredes estavam nuas, exceto por pregos salientes deixados pelo antigo dono. Jodi estava planejando se mudar de Lancaster para se juntar a Raymond no final do ano letivo, mas, depois dos assassinatos, ela não conseguia suportar a ideia de encarar os filhos de Kyle e não voltou para a escola desde então. "Eu só não queria que eles me vissem", disse ela. "Não achei que seria justo com as crianças."

Passamos grande parte do dia no pátio dos fundos. Havia uma casa na árvore em um canto e uma churrasqueira de tijolos em outro. Jodi e Raymond fumaram Marlboro Lights enquanto Girley, o cachorro de Routh, ficou deitado aos meus pés. Raymond entrava sempre que Jodi precisava de um lenço de papel para secar as lágrimas. Eles estão cientes de que seu filho enfrenta uma de três possibilidades: execução, vida sem liberdade condicional ou vida em uma enfermaria psiquiátrica. "Eddie é culpado do que aconteceu?", Jodi perguntou. "Ele é. Ele fez aquilo", ela respondeu.

Raymond disse: "Algum dia vamos ter nosso filho de volta? Não. Nós sabemos disso".

"Mas temos que evitar que eles deem a pena de morte pra ele", disse Jodi.

Raymond trouxe à tona a conversa telefônica em que Routh insinuou que poderia ter atirado em uma criança no Iraque. Ele disse: "É como eu disse a ele, 'preciso de você de volta'. E então, quando ele voltou, não consegui meu filho de novo. Consegui um corpo que se parecia com o meu filho. Mas aquele não era meu filho. E é isso que as pessoas não entendem sobre o Departamento de Veteranos. E foi isso que eu disse a eles lá também. 'Eu não quero isso. Quero meu filho de volta.' 'Bem, faça com que ele tome essas pílulas e traga-o de volta em duas semanas.' Isso era tempo demais, porra".

Jodi olhou para fora e disse: "Tudo em que consigo pensar é que, se eles tivessem deixado ele ficar no hospital, aqueles dois homens não estariam mortos hoje. E, você sabe, não é como se eu quisesse detonar o Departamento de Veteranos, essa não é de forma alguma a minha intenção. Minha intenção é que eles se corrijam e deem a esses homens...".

"A ajuda de que precisam", interrompeu Raymond.

"O tratamento que merecem", continuou Jodi. Ela disse que um psicólogo forense avaliou recentemente a capacidade de Routh de ser julgado, embora ele não receba assistência de saúde mental do Departamento de Veteranos desde janeiro. Ela falou, sobre os veteranos, que: "Não é só que eles merecem. É que eles já conquistaram isso. Eles já cumpriram seu dever. Eles já fizeram o que pediram deles". Jodi enxugou as lágrimas. Os Fuzileiros Navais haviam treinado seu filho para a guerra, disse ela, mas nunca o "destreinaram" para uma vida normal. Balançando a cabeça, ela acrescentou: "E nós estamos entre os sortudos. Porque nós conseguimos nosso filho de volta, sabe? Ele não voltou para casa dentro de um saco".

Os Limiares da Violência

Como os atentados nas escolas se popularizaram

por **Malcolm Gladwell**

12 de outubro de 2015

Na noite de 29 de abril do ano passado, na cidade de Waseca, ao sul do Minnesota, uma mulher estava lavando louça quando olhou pela janela da cozinha e viu um jovem caminhando pelo seu quintal. Ele estava de mochila e carregando uma embalagem de fast-food, e estava indo em direção aos depósitos da MiniMax perto de sua casa. Algo nele não parecia certo. Por que estava indo pelo seu quintal ao invés de usar a calçada? Ele andava pelas poças, não desviava delas. Ele forçou a fechadura da Unidade 129 como se estivesse tentando arrombá-la. Ela chamou a polícia. Um grupo de três policiais chegou e abriu a porta da unidade. O jovem estava parado no meio. Ele era franzino, com cabelos castanhos curtos e pele clara. Espalhados ao redor dos seus pés havia uma variedade de caixas e recipientes: óleo de motor, cimento, várias caixas de isopor, uma caixa de munição, uma bolsa camuflada e caixas de papelão com rótulos escritos "óxido de ferro vermelho", cheias com um pó vermelho. Seu nome era John LaDue. Ele tinha dezessete anos.

Um dos policiais começou a revistar LaDue. De acordo com o relatório policial, "LaDue imediatamente ficou na defensiva, afirmando que se tratava de seu depósito, perguntou o que eu estava fazendo e começou a me empurrar". Os policiais pediram para ele explicar o que estava fazendo. LaDue disse-lhes para adivinhar. Outro policial, Tim Schroeder, disse achar que LaDue estava fazendo bombas. LaDue admitiu que sim, mas disse que não queria falar sobre isso no depósito. Os quatro voltaram para a delegacia de Waseca, LaDue e Schroeder sentaram-se juntos com um gravador entre eles. "O que aconteceu hoje, John?", Schroeder perguntou. LaDue respondeu: "Vai ser difícil para mim falar a respeito". A entrevista começou às 19h49. E continuou por quase três horas.

Ele estava fazendo coquetéis molotov, disse, mas uma variante mais mortal do que a tradicional, usando óleo de motor e alcatrão ao invés de gasolina. A partir daí, ele pretendia passar a fazer bombas maiores e mais elaboradas em panelas de pressão, do tipo usado pelos irmãos Tsarnaev no atentado da Maratona de Boston. "Há muito mais coisas nesse depósito do que se pode ver", ele disse a Schroeder, listando vários tipos de pó explosivo, milhares de rolamentos, tubos para bombas caseiras, sete quilos de perclorato de potássio, quatro quilos de pó de alumínio e "fitas de magnésio e ferrugem que uso para fazer termite, que queima a cinco mil graus Celsius".

Schroeder perguntou quais eram suas intenções.

"Tenho um caderno debaixo da cama que explica tudo", respondeu LaDue.

Schroeder: "OK. Você pode me contar sobre essas intenções que estão no caderno?"

LaDue: "OK. Um pouco antes do final do ano letivo, meu plano era roubar uma lixeira da escola e pegar uma das panelas de pressão que fiz, colocá-la no corredor e explodi-la depois de um tempo... Eu detonaria quando as pessoas estivessem fugindo, assim como no atentado de Boston. Então meu plano era entrar e jogar coquetéis molotov e bombas caseiras e destruir todos e então, quando a SWAT chegasse, eu me destruiria."

Em seu quarto havia um rifle de assalto SKS com sessenta cartuchos de munição, uma Beretta 9 milímetros, um cofre com uma arma de fogo adicional e três dispositivos explosivos engatilhados. No dia do ataque, ele começaria com um rifle calibre .22 e passaria para uma espingarda, para comprovar que rifles de assalto de alta capacidade são desnecessários para um ataque escolar eficaz.

Schroeder: "Você tem irmãos e irmãs?"

LaDue: "Sim, tenho uma irmã. Ela é um ano mais velha do que eu."

Schroeder: "OK. Ela também vai para a escola?"

LaDue: "Sim."

Schroeder: "Ela é uma veterana?"

LaDue: "Ela é."

Schroeder: "OK. Então você teria feito essas coisas enquanto ela também estivesse na escola?"

LaDue: "Esqueci de mencionar um detalhe. Antes daquele dia, eu planejava me livrar da minha família também."

Schroeder: "Por que você queria se livrar da sua família? O que eles fizeram?"

LaDue: "Eles não fizeram nada de errado. Eu só queria tantas vítimas quanto possível."

Em 02 de fevereiro de 1996, no lago Moses, em Washington, um garoto de quatorze anos chamado Barry Loukaitis entrou no colégio Frontier vestido com um casaco preto e carregando duas pistolas, setenta e oito cartuchos de munição e um rifle de caça. Ele matou dois alunos e feriu um terceiro antes de atirar em seu professor de álgebra pelas costas. Nos dois anos seguintes, houve mais seis incidentes importantes, em rápida sucessão: Evan Ramsey, de dezesseis anos, em Bethel, Alasca; Luke Woodham, de dezesseis anos, em Pearl, Mississippi; Michael Carneal, de quatorze anos, em West Paducah, Kentucky; Mitchell Johnson, de treze anos, e Andrew Golden, de onze, em Jonesboro, Arkansas; Andrew Wurst, de quatorze anos, em Edinboro, Pensilvânia; e Kip Kinkel, de quinze anos, em Springfield, Oregon. Em abril de 1999, Eric Harris e Dylan Klebold lançaram seu infame ataque a Columbine High, em Littleton, Colorado, e de lá o massacre continuou, através dos trinta e dois mortos e dezessete feridos por Seung-Hui Cho no Virginia Tech, em 2007; os vinte e seis mortos por Adam Lanza na Escola Primária Sandy Hook, em 2012; e os nove mortos por Christopher Harper-Mercer no início deste mês na escola comunitária de Umpqua, em Oregon. Desde Sandy Hook, houve mais de cento e quarenta tiroteios em escolas nos Estados Unidos.

Tiroteios em escolas são um fenômeno moderno. Houve casos esparsos de homens armados ou atentados em escolas nos anos anteriores a Barry Loukaitis, mas haviam sido discretos. Os tiroteios em escolas envolvem principalmente jovens brancos. E, não surpreendentemente, dada a disponibilidade imediata de armas de fogo nos Estados Unidos, o fenômeno é predominantemente americano. Mas, além desses fatos, o grande enigma é como é raro encaixar os atiradores em qualquer tipo de padrão.

Evan Ramsey, que entrou em sua escola com uma espingarda calibre 12 e matou duas pessoas, tinha uma vida doméstica caótica. Sua mãe era alcoólatra e vivia com uma série de homens violentos. Em um período de dois anos, ele morou em dez lares adotivos e foi abusado sexual e fisicamente. Quando Evan tinha seis anos, seu pai enviou um anúncio que o jornal local se recusou a publicar, então ele empacotou duas armas, acorrentou a porta do jornal, disparou granadas de fumaça e manteve o editor sob a mira de uma arma.

Mas Kip Kinkel, que atirou em seus pais, matou dois colegas e feriu vinte e cinco pessoas em sua escola, não tinha sido traumatizado. Ele tinha uma família amorosa. Ele era filho de professores tão queridos que mil e setecentos pessoas compareceram ao seu funeral. Kinkel era psicótico: ele achava que os chineses estavam se preparando para atacar os Estados Unidos, que a Disney tinha planos para dominar o mundo e que o governo havia colocado um chip em sua cabeça.

Enquanto isso, o arquiteto dos assassinatos de Columbine, Eric Harris, era um psicopata clássico. Ele era encantador e manipulativo. Era um infrator habitual: ele roubou, vandalizou, comprou armas ilegalmente, explodiu bombas caseiras e, em dado momento, invadiu o sistema de computadores de sua escola. Ele escreveu "Ich bin Gott" — "Eu sou Deus" em alemão — em sua agenda escolar. Seus diários estavam cheios de fantasias sobre estupro e mutilação: "Eu quero rasgar uma garganta com meus próprios dentes como uma lata de refrigerante. Quero estripar alguém com a mão, arrancar uma cabeça, o coração e os pulmões pelo pescoço, esfaquear alguém no estômago, enfiar até o coração". Um atirador de escola, ao que parece, poderia ser alguém que foi brutalmente abusado pelo mundo ou alguém que imaginou que o mundo o abusou brutalmente ou alguém que quis abusar brutalmente do próprio mundo.

O caso LaDue não resolve esse quebra-cabeça. LaDue não ouve vozes. Ele não é emotivo ou malicioso ou colérico ou vingativo. Schroeder pergunta a ele sobre jogos violentos, e ele responde que não tem jogado muito ultimamente. Depois eles falam sobre música violenta, e LaDue diz que toca guitarra há oito anos e tem pouca paciência para a música "retardada" de "bandas como Bullet for My Valentine ou Asking Alexandria ou alguma porcaria dessas". Ele gosta de Metallica: o sólido e normal heavy metal, old-school. "Eu não sofri bullying", disse LaDue a Schroeder. "Eu não acho que tenha sofrido bullying na minha vida... Eu tenho bons pais. Eu moro em uma boa cidade."

Quando a entrevista terminou, o policial se dirigiu até os pais de LaDue. Eles moram há poucos minutos de distância, em uma casa de dois andares num terreno de esquina. Os LaDues estão exaltados. São 22h30, e seu filho nunca sai depois das nove durante a semana. Sua mãe está tentando localizá-lo com seu notebook através de sua conta de celular. Eles estão ligando para todas as pessoas com quem ele trocou mensagens de texto recentemente, tentando encontrá-lo. Então o policial chega com a notícia de que o filho deles ameaçou matá-los e explodir o Colégio Waseca — e os LaDues são forçados a explicar um fato totalmente fora da sua imaginação. Não, seu filho nunca foi diagnosticado com doença mental ou depressão, disse David LaDue, o pai de John, à polícia. Ele não está tomando nenhum medicamento. Ele nunca expressou o desejo de machucar ninguém. Ele passa muito tempo na frente do computador vendo vídeos no YouTube. Ele gosta de experimentar o que seu pai chama de "ferramentas interessantes". Ele usa muito preto. Não é isso que os adolescentes fazem? David LaDue está desesperado para pensar em algo — qualquer coisa — que dê sentido ao que acabou de ouvir. "David me disse que depois que seu filho ficou com seu irmão por alguns meses no início do verão passado, ele voltou se proclamando ateu, afirmando que não acreditava mais em religiões", diz o relatório policial.

Em seguida:

David LaDue também contou sobre um incidente quando Austin Walters e John LaDue foram caçar veados. Segundo consta, John atirou em um veado que não morreu imediatamente e teve que ser "liquidado". David LaDue afirmou que ouviu dizer que o celular de Austin foi usado para fazer um vídeo do animal, que ele considerou inapropriado, embora ele nunca tenha visto o vídeo. David LaDue me mostrou uma foto em seu notebook de John LaDue olhando de esguelha, segurando um rifle semiautomático ao lado de um veado que havia sido morto. David LaDue apontou para a foto afirmando que "esta" era a expressão facial da qual ele estava falando e que considerava preocupante.

É o melhor que ele pode fazer.

Era o melhor que qualquer um podia fazer naquela noite. Waseca é uma comunidade de cerca de dez mil habitantes em meio aos campos de milho no sul do Minnesota: uma escola secundária, um Walmart, um belo lago nos arredores da cidade. Minneapolis fica a bem mais de uma hora de distância. Simplesmente não havia espaço, no entendimento cultural de ninguém, para os atos que John LaDue estava descrevendo. Ao fim, uma espécie de fadiga pareceu se instalar e os códigos normais de civilidade do Meio-Oeste se reafirmaram. Tudo o que o interrogatório, confissão ou conversa — o que quer que fosse — entre Schroeder e LaDue pareceu ter estabelecido, é que precisamos de uma nova maneira de dar sentido ao fenômeno dos atentados nas escolas.

Schroeder: "Até que possamos entender o que acontece realmente, onde estamos, vamos apenas prender você e colocá-lo em uma cela, ou cela provisória por enquanto, até que possamos resolver isso."

LaDue: "OK."

Schroeder: "OK."

LaDue: "Hmm, hmm."

Schroeder: "Vou deixar você calçar os sapatos. E vou apreender seu telefone por enquanto... Certo. Diante de nós, vou deixar você colocar seus sapatos."

LaDue: "Estou usando lentes de contato, a propósito. O que devo fazer com elas?"

Schroeder: "Você pode ficar com elas."

LaDue: "OK... Você vai me algemar?"

Schroeder: "Eu vou algemá-lo."

LaDue: [inaudível]

Schroeder: "Vou revistá-lo novamente."

Então, quase se desculpando, ele acrescentou: "Eu sei que já fiz uma vez".

Em um famoso ensaio publicado quatro décadas atrás, o sociólogo Mark Granovetter, de Stanford, buscou explicar um paradoxo: "situações em que os resultados não parecem intuitivamente consistentes com as preferências individuais subjacentes". O que explica uma pessoa ou grupo de pessoas fazer coisas que parecem estar em desacordo com quem são ou com o que acham que é certo? Granovetter tomou as revoltas como um de seus principais exemplos, porque uma revolta é um caso de violência destrutiva que envolve um grande número de pessoas que normalmente não estariam dispostas à violência.

A maior parte das explicações anteriores focava em explicar como as crenças de alguém podem ser alteradas na ocasião. Uma das primeiras teorias era de que a multidão lança uma espécie de feitiço inebriante sobre seus participantes. Então, o argumento mudou para a ideia de que os integrantes podem ser atores racionais: talvez no momento em que uma revolta está começando as pessoas mudem suas crenças. Elas veem o que está em jogo e recalculam suas estimativas de custos e benefícios ao tomar partido.

Mas Granovetter pensou que era um erro focar nos processos de tomada de decisão de cada participante isoladamente. Em sua opinião, uma revolta não se tratava de um grupo de indivíduos em que cada um chegou de forma independente à decisão de quebrar janelas. Uma revolta era um processo social, no qual as pessoas agem em reação e em combinação com aqueles ao seu redor. Os processos sociais são impulsionados por nossos limites — que ele definiu como o número de pessoas que precisam estar fazendo algo antes de concordarmos em nos juntar a elas. No elegante modelo teórico proposto por Granovetter, as revoltas eram iniciadas por pessoas com um limiar igual a zero — instigadores dispostos a atirar uma pedra na janela diante da menor provocação. Então vem a pessoa que vai jogar uma pedra se outra pessoa jogar primeiro. Ele tem um limiar igual a um. Em seguida está a pessoa com o limiar igual a dois. Sua hesitação é superada quando ele vê o instigador e seu cúmplice. Ao lado dele está alguém com um limiar de três, que nunca quebraria janelas e saquearia lojas, a menos que haja três pessoas bem na frente dele que já estejam fazendo isso — e assim por diante até a centésima pessoa, um cidadão justo e honesto que, no entanto, poderia colocar suas crenças de lado e pegar uma câmera da vitrine quebrada da loja de eletrônicos se todos ao seu redor estivessem pegando câmeras da loja de eletrônicos.

Granovetter ficou mais impressionado com as situações em que pessoas faziam coisas por motivos sociais que iam contra tudo o que acreditavam como indivíduos. "A maioria não acha 'certo' cometer atos ilegais ou mesmo deseja fazê-lo particularmente", ele escreveu, acerca de evidências em um estudo com meninos delinquentes. "Mas a interação do grupo era tal que ninguém poderia admitir isso sem perder status; em nossos termos, seu limiar para roubar carros é baixo porque atos masculinos ousados trazem status, e relutância em fazê-lo, uma vez que outros já fizeram, carrega o alto custo de ser rotulado de maricas." Você não pode somente olhar para as normas e motivos individuais. Você precisa olhar para o *grupo*.

Seu argumento tem uma segunda implicação. Nós usamos erroneamente a palavra "imitador" para descrever o comportamento contagioso — sugerindo que os novos participantes em uma epidemia agem de maneira idêntica à fonte de sua infecção. Mas os agitadores não são homogêneos. Se um motim evolui à medida que se espalha, começando com o atirador de pedras e terminando com o cidadão honesto, então os desordeiros são um grupo profundamente heterogêneo.

Finalmente, o modelo de Granovetter sugere que às vezes os tumultos são mais do que explosões espontâneas. Se eles evoluem, significa que têm profundidade, extensão e uma história. Granovetter acreditava que a hipótese do limiar poderia ser usada para descrever tudo, de eleições à greves, e até mesmo questões tão prosaicas quanto como as pessoas decidem ir embora da festa. Ele escrevia em 1978, muito antes de garotos adolescentes terem o hábito de andar pelas escolas com rifles de assalto. Mas e se a forma de explicar a epidemia dos atentados em escolas for voltar e utilizar o modelo granovetteriano — pensar nisso como um motim vagaroso e em constante evolução, no qual a ação de cada novo participante faz sentido em reação e em combinação com aqueles que vieram antes?

Os primeiros sete maiores casos de atentados — Loukaitis, Ramsey, Woodham, Carneal, Johnson e Golden, Wurst, e Kinkel — foram desconectados e idiossincráticos. Loukaitis era obcecado pelo romance *Fúria*, de Stephen King (escrito sob o pseudônimo de King, Richard Bachman), sobre um estudante do ensino médio que mata seu professor de álgebra com uma pistola. Kip Kinkel, na manhã de seu ataque, tocou repetidamente a ária *Liebestod*, de Wagner. O pai de Evan Ramsey pensou que seu filho estava sob a influência do videogame *Doom*. Os pais de várias das vítimas de Michael Carneal processaram os produtores e distribuidores do filme *O Diário de um Adolescente*.

Então veio Columbine. O sociólogo Ralph Larkin argumenta que Harris e Klebold definiram o "roteiro cultural" para a próxima geração de atiradores. Eles tinham um site. Eles fizeram filmes caseiros estrelando como assassinos. Eles escreveram longos manifestos. Eles fizeram suas "gravações do porão". Seus motivos foram explicados com uma imponente especificidade: Harris disse que queria "dar o pontapé inicial em uma revolução". Larkin analisou os doze principais atentados em escolas dos Estados Unidos nos oito anos que sucederam Columbine, e descobriu que em oito dos casos subsequentes os atiradores fizeram referência explícita a Harris e Klebold. Dos onze atentados em escolas fora dos Estados Unidos entre 1999 e 2007, Larkin diz que seis eram nítidas versões de Columbine; dos onze casos de atentados frustrados no mesmo período, Larkin diz que todos foram inspirados em Columbine.

Na mesma linha, a socióloga Nathalie E. Paton analisou os vídeos on-line criados por atiradores pós-Columbine e encontrou um conjunto recorrente de imagens estilizadas: um momento em que o assassino aponta sua arma para a câmera, depois para sua própria têmpora, em seguida, abre os braços com uma arma em cada mão; o close; o aceno de adeus no fim. "Os atiradores em escolas explicitamente se nomeiam ou representam uns aos outros", ela escreve. Ela menciona um que "se refere a Cho como um irmão de armas"; outro que "demonstra que seus gostos culturais são como os de 'Eric e Dylan'"; um terceiro que "usa imagens da câmera de segurança do atentado de Columbine e dedica vários vídeos aos assassinos de Columbine". E ela observa: "Este aspecto destaca o fato de que os meninos ativamente tomam partido em associação a um grupo".

Larkin e Paton estão descrevendo a dinâmica do modelo do limiar do comportamento de grupo de Granovetter. Luke Woodham, o terceiro nessa progressão, detalha em seu diário como ele e um amigo torturaram sua cachorra, Sparkle: "Eu nunca vou esquecer o uivo que ela deu. Soou quase humano. Nós rimos e batemos nela com força". Um participante de baixo limiar como Woodham não precisava de ninguém para moldar seu ato de violência por ele: sua imaginação estava mais do que à altura para o serviço.

Porém, é preciso compará-lo com um atirador pós-Columbine como Darion Aguilar, o jovem de dezenove anos que em 2014 matou duas pessoas numa loja de skates em um shopping de Maryland e depois se suicidou. Aguilar queria ser chef. Era apaixonado por biologia vegetal. Ele era quieto, mas não era marginalizado ou sofria bullying. "Ele era uma boa pessoa. Ele sempre acreditava em paz interior", disse um amigo dele ao Washington Post. "Ele era apenas um cara muito engraçado." Nos meses anteriores ao atentado, ele foi ao médico, reclamando que ouvia vozes — mas essas vozes, de acordo com a polícia, "não eram específicas, violentas e realmente não o direcionavam a fazer nada". O garoto que quer ser chef e ouve vozes "não específicas e não violentas" precisa de um roteiro bem elaborado para realizar um ataque. Isso é o que Paton e Larkin querem dizer: o efeito do exemplo de Harris e Klebold foi tornar possível que pessoas com limiares muito mais altos — meninos que normalmente nunca pensariam em disparar uma arma contra seus colegas de classe — participassem do tumulto. Aguilar se vestiu como Eric Harris. Ele usou as mesmas armas que Harris. Ele tinha uma mochila como a de Harris. Ele se escondeu no vestiário da loja até 11h14 — a hora exata em que o incidente em Columbine começou — e então saiu atirando. Poucos meses depois, Aaron Ybarra entrou no campus da Seattle Pacific University e atirou em três pessoas, uma delas morreu. Depois disso, ele disse à polícia que nunca poderia ter feito isso sem "a orientação de Eric Harris e Seung-Hui Cho em minha cabeça... Especialmente, Eric Harris, ele era um, cara, ele era o mestre de todos os atiradores".

Entre Columbine e Aaron Ybarra, o levante se transformou: tornou-se cada vez mais autorreferencial, mais ritualizado, cada vez mais sobre a identificação com a tradição de atentados em escolas. Eric Harris queria começar uma revolução. Aguilar e Ybarra queriam se juntar a uma. Harris se via como um herói. Aguilar e Ybarra eram admiradores de heróis.

Agora imagine que a revolução dê um grande passo adiante na progressão — para alguém com um limiar ainda mais alto, para quem a identificação do grupo e a imersão na cultura dos atentados em escolas são considerações ainda mais dominantes. Esse é John LaDue. "Há um que você provavelmente nunca ouviu falar, em 1927, e seu nome era Andrew Kehoe", LaDue disse a Schroeder. "Ele matou tipo quarenta e cinco com dinamite e outras coisas." Ybarra era um estudante de Virginia Tech e de Columbine. LaDue é um estudioso do gênero, que fala de suas influências da mesma forma que um cineasta iniciante falaria sobre Fellini ou Bergman. "Um outro era Charles Whitman. Eu não sei se você sabe quem ele era. Ele era aquele que eles chamaram de o atirador da Austin Texas University. Ele era um ex-fuzileiro naval. Ele acertou uns dezesseis, bem impressionante."

LaDue tinha opiniões. Ele não gostava dos "covardes" que atiravam em si mesmos assim que a polícia aparecia. Ele desaprovava Adam Lanza, porque atirou em alunos do jardim de infância em Sandy Hook em vez de em pessoas da sua idade: "Isso é patético. Tenha um pouco de dignidade, droga". Ele não gostava de um "cara trêmulo e esquizofrênico que você olha na aula e se afasta". Ele preferia uma certa sutileza, "alguém que você diria, eu jamais imaginava que ele faria algo assim. Alguém de quem você não suspeitaria". Uma pessoa se encaixa no perfil: "Meu ídolo número um é Eric Harris... Acho que somente me vejo nele. Como se ele fosse o tipo de cara que eu gostaria de estar. Tipo, se eu o conhecesse, acharia simplesmente que ele era legal".

John LaDue foi indiciado em quatro acusações de tentativa de homicídio, duas de danos materiais e seis acusações por posse de explosivos. Não demorou muito, contudo, para o caso começar a ter problemas. O primeiro problema era que, de acordo com a lei do Minnesota, contar a um policial seus planos para matar alguém não chega ao nível de tentativa de homicídio, e as acusações mais graves contra LaDue foram descartadas.

O segundo problema era mais complicado. A promotoria viu alguém que queria ser como Eric Harris e presumiu explicitamente que isso significava que ele devia ser como Eric Harris, que devia haver um coração sombrio por baixo do exterior benigno de LaDue. Mas a lição da progressão granovetteriana, claro, é que isso não é necessariamente verdade: quanto mais um levante continua, menos as pessoas que aderem a ele se parecem com as pessoas que o iniciaram. Como Granovetter escreveu, é um erro presumir "que se a maioria dos membros de um grupo tomarem a mesma decisão comportamental — aderir a um motim, por exemplo — podemos deduzir disso que a maioria acaba compartilhando da mesma norma ou crença sobre a situação, quer tenham ou não concordado inicialmente". E em junho deste ano, em uma audiência em que os resultados da avaliação psiquiátrica de LaDue foram apresentados, ficou claro o quão heterogêneo o levante havia se tornado.

O testemunho do dia começou com a psicóloga forense Katheryn Cranbrook. Ela entrevistou LaDue por duas horas e meia. Disse que examinou muitos jovens envolvidos em crimes graves, e que eles frequentemente tinham um histórico crescente de agressão, roubo, brigas na escola e outros comportamentos antissociais. LaDue, não. Ele também tinha passado por uma bateria completa de testes para alguém em sua posição — a Avaliação Estruturada de Risco de Violência na

Juventude[19], a versão para jovens da Lista de Verificação de Psicopatia[20] e o Inventário de Tratamento de Sofisticação de Risco[21] — e os resultados não levantaram nenhuma bandeira vermelha. Ele não era violento ou doente mental. Seu problema era algo muito mais benigno. Ele era apenas um pouco desajustado. "Ele tem um comportamento bastante estranho, a linguagem formal demais", disse Cranbrook. "Ele parece não ter uma capacidade relacional típica para os membros da família... Ele indica que teria concluído as ações, mas não demonstra nenhuma preocupação ou empatia pelo impacto que isso poderia ter causado nos outros." A conclusão de todos os três psicólogos que falaram na audiência foi que LaDue tinha um caso entre leve e moderado de autismo: ele tinha um transtorno do espectro autista (T.E.A.), ou o que costumava ser chamado de síndrome de Asperger.

A revelação virou o caso de cabeça para baixo. O fato de LaDue ter confessado tão prontamente a Schroeder o fez parecer um assassino de sangue frio. Mas acontece que isso é típico de pessoas no espectro do autismo em seus encontros com a polícia: sua mentalidade literal os leva a responder às perguntas diretamente. LaDue era fascinado — como muitos meninos adolescentes são — por armas e explosões. Mas ele não sabia qual era a maneira aceitável de expressar essas obsessões. "John tem a tendência de dizer coisas meio chocantes, sem muita capacidade de avaliar seu impacto nas pessoas", disse Mary Kenning em audiência, outra psicóloga que o examinou. Ele não teve empatia quando falou em matar sua família, o que o fez soar como um psicopata. Mas os déficits de empatia das pessoas no espectro do autismo — o que as deixa socialmente isoladas e vulneráveis a predadores — são mundos à

19 Structured Assessment of Violence Risk in Youth (SAVRY).

20 Psychopathy Checklist (PCL).

21 Risk-Sophistication-Treatment Inventory (RSTI).

parte dos psicopatas, cujos déficits são colocados em uso para a manipulação e exploração.

Muito do que é chocante nas conversas de LaDue com Schroeder, na verdade, é simplesmente sua versão do sintoma quintessencial do T.E.A. de "gama restrita de interesses". Ele é obsessivo. Ele insiste em aplicar lógica e análise a coisas sobre as quais a maioria de nós sabe que não devemos ser lógicos e analíticos. O que ele deve vestir? O uniforme padrão para atiradores em escolas é um sobretudo. Mas não fazia sentido usar um sobretudo na escola, explicou LaDue, "porque isso é um pouco suspeito". Ele o guardaria em seu armário. Onde deveria colocar as bombas? Harris e Klebold escolheram o refeitório. Mas LaDue achou que isso era muito óbvio — e, logisticamente, colocá-las no corredor perto dos bebedouros fazia mais sentido. Quando ele deveria atacar? Abril fazia mais sentido, "porque esse é o mês em que todas as grandes tragédias acontecem... Titanic, Columbine, o bombardeio de Oklahoma, o bombardeio de Boston". E o que deu errado em Columbine, afinal?

Era para ser um ataque a bomba. Então, por que os dispositivos plantados por Harris e Klebold não explodiram? "Eles tentaram criar um circuito que acendesse com um pouco de gasolina para atingir o propano e causar um bleve — uma explosão do vapor de expansão de um líquido sob pressão... que é basicamente a mesma coisa que uma bomba caseira, exceto que é, tipo, feito com gases", LaDue pacientemente explicou a Schroeder, antes de iniciar uma longa digressão técnica sobre os méritos relativos da hidrazina, perclorato de amônio, cheddite, nitroglicerina e pó explosivo. Ele foi ainda mais mordaz sobre o uso de bombas de panela de pressão em Boston. Ele achou que eles fizeram um "design de merda". Eles usaram pregos e pólvora de fogos de artifício. Teria feito muito mais sentido usar pó explosivo e rolamentos, LaDue achava, porque "estilhaços esféricos" são "superiores em danos a pregos".

LaDue disse a Schroeder que ele tem dois canais no YouTube dedicados ao seu trabalho. Mas qualquer um que assistir às montagens esperando ver algo macabro ficará desapontado. São vídeos caseiros de LaDue testando se pequenos fusíveis se acendem quando colocados dentro de uma garrafa plástica de água ou se ele consegue abrir um buraco do tamanho de uma moeda na lateral de um escorregador plástico. No mundo antes de Columbine, pessoas como LaDue brincavam com aparelhos de química em seus porões e sonhavam em ser astronautas.

A ideia de que pessoas com transtornos do espectro autista podem tropeçar em padrões de grave criminalidade tem um nome: falso desvio. Há muito tempo é um problema em casos envolvendo adolescentes T.E.A. e pornografia infantil. "Eles são pessoas intelectualmente intactas, com bons conhecimentos em informática, mas extraordinária ingenuidade cerebral, agindo em isolamento social, perseguindo compulsivamente interesses que muitas vezes, sem saber, levam-nos para território proibido", escreveu o advogado Mark J. Mahoney em um artigo recente. Eles encontram uma imagem on-line que apela para sua sexualidade imatura e não entendem as implicações sociais e legais. A imagem pode estar "marcada" para o resto de nós, porque a criança está em algum tipo de sofrimento. Mas esses tipos de sinais emocionais são exatamente o que adolescentes T.E.A. têm dificuldade em entender. Eles começam a coletar imagens semelhantes obsessivamente, não por conta de algum impulso sexual distorcido, mas simplesmente porque é assim que sua curiosidade está configurada. O que põe esses jovens adultos em apuros com a lei "não são desejos sexuais anormais", escreve Mahoney, "mas sua tendência de expressar ou perseguir interesses normais de uma maneira fora das convenções sociais".

Tinha John LaDue um falso desvio? Ele disse a Cranbrook que teria seguido em frente com seu plano se não tivesse sido impedido, e ela acreditou nele. O segundo psicólogo a examiná-lo, James Gilbertson, também sentiu que a ameaça de LaDue era real: sua preparação obsessiva havia criado um poderoso impulso para a ação. Mas, a cada volta, sua relutância e ambivalência eram aparentes: ele era a pessoa noventa e nove a aderir, olhando cautelosamente para a pedra. Em determinado momento, Schroeder perguntou a ele por que, se em abril — como o mês do Titanic, Waco, Oklahoma e Columbine — era tão crítico simbolicamente, ele ainda não havia atacado a escola. Afinal, era 29 de abril. LaDue, que o tempo todo foi um modelo de lucidez, ficou subitamente confuso. "Hm, eu queria atacar em torno de abril, mas decidi não fazê-lo no dia 19 de abril porque eu acho que, não, 19 de abril não funcionaria, porque era um sábado, acho que seria dia 14 de abril, porque, hm, achei que não queria fazer isso no dia 18 de abril porque, eu imaginei, porque 4/20 estava chegando" — 4/20 é o Dia Nacional da Maconha — "e pensei que talvez eles teriam alguns cachorros lá e encontrassem as coisas que eu tinha colocado no corredor... Mas esse não é o caso agora, porque agora é maio e eu só queria ter concluído antes que as aulas terminassem".

Ele havia planejado meticulosamente todos os aspectos do ataque, exceto a parte em que ele realmente inicia o ataque. Ele estava desconfortável. Quando Schroeder o pressionou ainda mais, ele veio com mais desculpas. "Eu precisava comprar um fogão", disse, o que significa que ainda não havia comprado o componente central de suas bombas. E então: "Eu também teria que roubar uma espingarda". Ele estava protelando, prolongando o plano, atrasando o ato. Então os dois começaram a falar sobre munição e LaDue deu uma terceira desculpa: ele havia comprado vinte pentes, mas "eles não cabiam no pino porque eram muito largos e ele tinha um problema de alimentação aí".

Os atiradores de baixo limiar estavam dominados por fortes queixas. Mas LaDue não parecia ter quaisquer queixas reais. Em seus cadernos, em vez disso, ele parece desperdiçar muito esforço tentando fabricá-las do zero. O protocolo dos atiradores nas escolas exigia que ele matasse seus pais. Mas ele gosta dos pais. "Ele os vê como pessoas boas, que o amam e se preocupam com ele", disse Gilbertson. "Mas ele tem que tirar a vida deles, de acordo com [seu] manifesto, para provar que está à altura da tarefa, para provar que não tem mais sentimentos humanos, que foi purificado." Depois de ter causado uma pequena explosão em um parquinho da região, ele escreveu uma carta para a polícia. "Acho que vocês nunca encontraram", disse ele sobre a carta. "Vocês acharam? Eu coloquei na caixa de correio de uma pessoa e disse a ela para entregar a vocês, mas nunca o fizeram." Ele parece estar bastante ciente de que sua obsessão o colocou em um curso perigoso. "Ok, hm, primeiro, gostaria da checagem de um psiquiatra ou algo assim", diz ele a certa altura. E então novamente: "Eu só quero descobrir o que há de errado comigo na verdade"; "Eu só quero mesmo um teste psiquiátrico e é isso"; "Eu quis pedir [um psicólogo] muitas vezes, mas, obviamente, não queria que meus pais soubessem, porque eu queria manter isso escondido." Quando os três policiais apareceram em seu depósito deve ter sido um alívio. "Achei que vocês estariam procurando por mim", disse ele à polícia mais tarde.

O caso de John LaDue deu sua guinada em setembro de 2015. A audiência foi no Fórum da Comarca de Waseca, um sinistro edifício gótico na rua principal do centro da cidade. LaDue, vestido em um macacão laranja estampado nas costas com os dizeres "Prisão da Comarca de Waseca", era ladeado por dois policiais. Ele havia passado os últimos dezessete meses em uma instalação juvenil, antes de ser transferido, em julho, para a prisão local. Seu cabelo estava mais comprido. Ele usava óculos com uma grossa armação preta. Ele não olhou para nenhum dos espectadores que compareceram à audiência. A promotora e o advogado de LaDue anunciaram que haviam chegado a um novo acordo de confissão. LaDue se declararia culpado das acusações de explosivos em troca de um longo tratamento psiquiátrico e cinco a dez anos de liberdade condicional. O juiz o guiou pelos detalhes do acordo judicial e ele respondeu a todas as perguntas com uma voz profunda e estranhamente adulta. Ele foi respeitoso e educado, exceto quando a promotora perguntou se ele entendia a diferença entre um artefato incendiário e um artefato explosivo. Um dispositivo explosivo, acrescentou ela, como se estivesse falando com uma criança, era algo que poderia "explodir". Quando ele respondeu ("É"), sua voz explodiu em um breve tom de irritação: Você está brincando comigo?

Após a audiência, David LaDue parou na calçada em frente ao fórum e respondeu às perguntas. Ele é mais baixo e troncudo do que o filho, e se faz enérgico e direto. Ele disse que para se encontrar com John na noite anterior — e discutir o acordo judicial — ele teve que trabalhar dois turnos de dezesseis horas consecutivas. Ele estava exausto. Ele estava lá, disse, "porque eu o amo, não posso deixar pra lá, me afastar, esquecer e tirar isso da cabeça". Ele queria lembrar ao mundo que seu filho era humano. "Ele teve amor", disse LaDue. "Ele precisa de carinho como qualquer outra pessoa. Eu vi a expressão em seu rosto quando ele falou com sua irmã. Eu vi coisas nele que ele, certamente, naquela época, teria negado." Ele falou sobre como é difícil para homens — e particularmente para meninos adolescentes — admitir a vulnerabilidade. "Sabe, ele se formou entre os melhores em Prairie Lake", continuou, orgulhoso, referindo-se ao centro de detenção juvenil onde seu filho havia terminado o último ano do ensino médio. "Ele tirou um A em cálculo. Recebemos seu diploma pelo correio... De jeito nenhum eu teria conseguido isso."

Na época de Eric Harris, poderíamos tentar nos consolar com o pensamento de que não havia nada que pudéssemos fazer, que nenhuma lei, intervenção ou restrição às armas poderia fazer diferença diante de alguém tão perverso. Mas os massacres agora envolvem meninos que antes se contentavam em brincar com kits de química no porão. O problema não é que existe uma reserva infinita de rapazes profundamente perturbados dispostos a pensar em atos horríveis. É pior. É que os rapazes não precisam mais ser profundamente perturbados para contemplar atos horríveis.

A Arte Obsessiva e a Grande Confissão de Charlotte Salomon

Pintora, escritora, enigma, assassina. O trabalho da artista judia alemã, morta no Holocausto, vem por muito tempo sendo ofuscado pela história de sua vida e de sua época

por **Toni Bentley**

15 de julho de 2017

Em fevereiro de 1943, oito meses antes de ser assassinada em Auschwitz, a pintora alemã Charlotte Salomon matou o próprio avô. Como muitos judeus, os avós de Salomon tinham fugido da Alemanha em meados da década de 1930, com um pequeno estoque de "morfina, ópio, e Veronal" para usar "quando o dinheiro acabasse". Mas o crime de Salomon naquela manhã não era um ato de misericórdia visando salvar um homem idoso dos nazistas; foi algo inteiramente pessoal. Era o *Herr Doktor* Lüdwig Grünwald, e não "*Herr* Hitler que", escreveu Salomon, "simboliza para mim as pessoas a que tenho que resistir". E ela resistiu. Ela registrou o evento em tempo real, em uma carta de trinta e cinco páginas, a maior parte da qual só veio à luz recentemente. "Eu sabia onde estava o veneno", ela escreveu. "Está agindo enquanto escrevo. Talvez ele até já esteja morto. Me perdoe." Salomon também descreve como ela desenhou um retrato do avô enquanto ele expirava diante dela, por conta do "omelete de Veronal" que ela tinha cozinhado para ele. O desenho em nanquim de um homem distinto, enrugado pelo tempo — sua cabeça caída para dentro do colar de seu roupão de banho, seus olhos fechados, sua boca numa fresta estreita aninhada dentro de sua barba volumosa — sobrevive.

A carta de Salomon é endereçada, repetidamente, ao seu "amado" Alfred Wolfsohn, para quem ela criou toda sua obra. Ele nunca recebeu essa correspondência. Dezenove páginas do que Salomon chamava de sua "confissão" foram mantidas escondidas por sua família por mais de sessenta anos, o assassinato sendo assim recortado cirurgicamente de sua história. Fragmentos da carta perdida se tornaram públicos pela primeira vez na narração de um documentário holandês de 2011, do cineasta Frans Weisz. A madrasta de Salomon tinha mostrado para Wolfsohn as páginas, escritas em letras capitais pintadas com aquarela, em 1975, e lhe permitiu copiar o texto, mas, como solicitado, ele o manteve em segredo por décadas. Em 2015, a editora parisiense Le Tripode publicou a carta completa pela primeira vez, em uma nova edição dos trabalhos completos de Salomon, *Leben? Oder Theater? Ein Singespiel*[22]. A tradução inglesa dessa edição definitiva será publicada neste outono, pela Overlook Press.

Embora a descoberta do assassinato tenha atordoado os estudiosos de Salomon — nenhum questionou a veracidade do relato — a revelação de seu crime conquistou pouca atenção, até mesmo na França, onde Salomon gozava de um certo status cult desde a publicação, em 2014, do bem-sucedido romance *Charlotte*, de David Foenkinos, inspirado em sua vida (desde a primeira publicação de seus trabalhos, em 1963, Salomon frequentemente foi chamada apenas de "Charlotte" — um hábito que começou como uma tentativa equivocada de vendê-la como uma memorialista na linha de Anne Frank, o que serviu tanto para torná-la nada mais do que anônima e

22 NT: Vida? Ou Teatro? Uma Peça Musical.

apagar a ferocidade de sua obra). Separar a obra de Salomon da mal definida, inexprimivelmente triste categoria de "Arte do Holocausto" se demonstrou uma tarefa impossível, e essa Scheherazadc teutônica vagou a esmo pelas décadas, curiosamente por debaixo do radar de todos a não ser dos já iniciados. A má caracterização de sua obra é fácil de se rastrear: "Vida? Ou Teatro?" é a maior obra de arte avulsa criada por um judeu durante o Holocausto e, com maior frequência, seu trabalho é exibido em museus judaicos. Com apenas algumas poucas exceções, o acervo de Salomon — que tem por volta de mil e setecentas peças — é mantido no Museu Histórico Judaico, em Amsterdã, para onde seus pais o doaram, em 1971.

E ainda assim, salvo um punhado de registros do Terceiro Reich, o trabalho de Salomon não é em nada sobre o Holocausto mas, ao invés disso, sobre si mesma, sua família, amor, criatividade, morte, Nietzche, Goethe, Richard Tauber, Michelangelo, e Beethoven. É a crônica da gênese de uma artista vinda de uma família repleta de segredos sombrios — doenças mentais, colapsos nervosos, abuso sexual, suicídios, overdoses de drogas, e triângulos amorosos freudianos; um arauto da nossa era de grandes obras confessionais.

"Vida? Ou Teatro?" consiste em setecentos e sessenta e nove pinturas em guache que Salomon selecionou e numerou, de um total de doze mil e noventa e nove trabalhos; trezentos e quarenta sobreposições de texto; uma narrativa de trinta e duas mil palavras; e diversas notações de música clássica. É uma obra de poder hipnotizante e ambição espantosa. Colocadas lado a lado, as pinturas de 25 x 33 centímetros cobririam três quarteirões da cidade de Nova York. Salomon chamava sua obra de "algo doido de especial"; sua natureza avessa à categorização é outra razão pela qual ela ficou de fora do cânone da arte moderna, comparecendo apenas na periferia de outros gêneros na qual ela tocou com o pincel: expressionismo alemão, autobiografia, memorial, opereta, dramaturgia, e, agora, mistério policial.

A historiadora da arte Griselda Pollock, que estudou os trabalhos de Salomon por vinte e três anos, chama "Vida? Ou Teatro?" de "simplesmente um evento na história da arte". Este ano marca o centésimo aniversário do nascimento de Salomon, e três livros volumosos — da Overlook Press, Taschen (em quatro línguas), e Yale (um estudo feito por Pollock) — serão publicados em breve, junto de uma mostra de seu trabalho, em Amsterdã, que vai apresentar seu ciclo completo, de mais de oitocentas obras, pela primeira vez na história. O diretor de cinema Bibo Bergeron anunciou que fará uma cinebiografia da artista, animando suas imagens em 3D. Parece ter chegado a hora de Salomon ser reavaliada.

Eu conheci a obra de Salomon na tarde de 06 de julho de 2015. Sei disso porque o registro em meu diário daquele dia não apresenta nenhum dos pequenos detalhes de sempre, apenas seu nome em letras garrafais. Eu estava em Villefranche-sur-mer, uma vila medieval perfeitamente preservada adjacente à Nice, na Côte d'Azur. Tendo cruzado a pesada ponte levadiça de rocha, e entrado na imensa cidadela seiscentista de Saint-Elme, cujas muralhas se precipitam vertiginosamente sobre a baía de Villefranche, encontrei uma modesta exibição de pinturas de Salomon na pequenina capela da fortaleza. Salomon tinha chegado à cidade em 10 de dezembro de 1938, e fez "Vida? Ou Teatro?" ali; esta era a primeira mostra de seus trabalhos no local onde eles foram criados.

Os cinquenta guaches na cidadela apresentavam uma mistura exuberante de imagens vibrantes, textos irônicos, e diálogos sagazes — um exemplo precoce da graphic novel, como nós hoje definimos o gênero. Uma pintura azul e amarela vívida apresentava uma jovem Charlotte de joelhos na cama, sonhando com o amor, com onze corações vermelhos saltitantes caindo em cascata de sua cabeça abaixada. Em outro guache, um encantador retrato de família, algo não está muito certo. A mãe de Salomon está vestida de forma elegante, em um traje laranja com uma gola de peles volumosa, enquanto seu pai está pomposo, vestindo seu sobretudo, echarpe, e cartola. Mas ao lado deles, em seu vestido rosa-pálido e chapéu matinê, a filha aparece estranhamente à deriva, quase caindo para fora do enquadramento.

Muitas das imagens mais antigas de Salomon contêm múltiplas cenas em uma única página, como uma história em quadrinhos ou o storyboard de um filme — Salomon era bem versada na cinematografia da República de Weimar — registrando ações sequenciais com uma perspicácia excêntrica. Nas pinturas mais tardias, é possível ver a mudança na obra de Salomon, que deixa de ser delicada, serelepe e alegre, conforme as imagens se tornam mais esparsas, sombrias, ousadas, e o estilo mais moderno e urgente; o detalhamento do começo dá lugar à profundidade, enquanto a inocência se transforma em verdade.

Em 1994, Mary Felstiner publicou uma biografia arduamente pesquisada sobre Salomon, que sugere que o que sabemos sobre a vida real da artista está fielmente reproduzido em "Vida? Ou Teatro?". A obra de Salomon, porém, não é bem não-ficção, e narra sua própria vida com um afastamento: a heroína é sempre mencionada em terceira pessoa, identificada como "Charlotte Kann". Em nenhum lugar da obra o nome completo de Salomon aparece, embora um "CS" camuflado possa ser visto na maioria das pinturas. Sendo uma judia fazendo arte reveladora durante os anos do Terceiro Reich, Salomon dá aos seus personagens principais pseudônimos cômicos para proteger suas identidades: Professor Klingklang, Dr. Singsang.

Salomon nasceu em 16 de abril de 1917, em Berlim, a filha única de uma família alemã da alta burguesia. Sua mãe, Franziska, conheceu seu pai, Albert, durante a Primeira Guerra Mundial, quando ela serviu como enfermeira no fronte. Apesar das ressalvas de Albert, Charlotte recebeu o nome da única irmã de sua mãe, que, em 1913, deixou a casa da família em Berlim em uma noite de novembro, andou por trinta e quatro quilômetros, e se afogou em um lago. Naquele mesmo ano, Albert, um cirurgião e professor na Universidade de Berlim, fez a primeira identificação de câncer de mama em uma chapa de raio-X, sendo a partir daí citado como o fundador da mamografia.

Um dos guaches mais antigos de Salomon ilustra um mapa detalhado do apartamento de onze cômodos da família, incluindo os aposentos usados pela empregada, no subúrbio chique de Charlottenburg. O panorama da infância de Charlotte apresenta amas de leite, bambolês, trampolins, trenzinhos de brinquedo, árvores de Natal, e férias em Milão, Veneza, e nos Alpes Bávaros. Ela adorava andar de tobogã e esportes ao ar livre, e, nos conta Salomon, “não parecia nada mal esquiando no gelo”.

Mas, quando Charlotte fez oito anos, sua mãe ficou depressiva e começou a “falar apenas sobre a morte”. Em uma sobreposição transparente de “Vida? Ou Teatro?”, ela explica para a filha que “no Paraíso, tudo é muito mais bonito do que aqui na Terra”. Em fevereiro de 1926, enquanto convalescia de uma overdose de ópio na casa dos pais, Franziska pulou de uma janela. Contaram à Salomon que sua mãe tinha morrido de influenza. A mãe de Franziska tinha agora perdido as duas filhas para o suicídio. Uma imagem de “Vida? Ou Teatro?” mostra a avó de Salomon curvada em posição fetal, como uma lesma negra enrodilhada, suportando “o sofrimento do mundo”. A mãe de Charlotte tinha lhe dito que mandaria mensagens das “esferas celestiais” quando ascendesse, e, em outra pintura, a criança aparece se levantando "dez vezes por noite" para ver se algum "traço angelical" foi deixado na janela. "Ela fica muito desapontada", diz o texto.

Pouco depois do relato da morte de Franziska, dois guaches incomumente ominosos aparecem em "Vida? Ou Teatro?". No primeiro, a pequena Charlotte está na casa dos avós. "Ela está cheia de pânico, e corre-corre-corre..." Na imagem, a garotinha avança direto por entre as pernas monumentais de um monstro similar ao Nosferatu, com mãos gigantes cheias de garras. No painel seguinte, a criança se refugiou no banheiro. Ela senta encolhida na borda da banheira com seu vestidinho azul, olhando para dentro da privada, o cabelo arrepiado de inquietação. "Então", a menina diz, "isso é o que chamam de vida". Um texto posterior faz eco: "Um pouco de amor, umas poucas leis, uma garotinha, uma cama grande. Isto é a vida e essas são suas alegrias".

Em 1930, o pai de Salomon casou com a conhecida contralto Paula Lindberg (sobrenome de solteira, Levi) — chamada de Paulinka Bimbam em "Vida? Ou Teatro?" — e os membros da casa Salomon passaram a se misturar com figuras célebres como Albert Einstein, o arquiteto Erich Mendelsohn, o médico e filósofo Albert Schweitzer, e o intelectual Leo Baeck. Em janeiro de 1933, Adolf Hitler foi apontado como Chanceler da Alemanha, e o cerco aos judeus começou. Albert perdeu seu trabalho na universidade, e os espetáculos de canto de Paula pelas capitais europeias foram cancelados. Em setembro, Charlotte, que tinha dezesseis anos, se recusou a retornar para a escola; a ilustração de Salomon dessa declaração está recoberta de um acervo vertiginoso de suásticas, girando ao contrário.

Apesar de sua origem judia, Salomon foi aceita, dois anos depois, na prestigiada Academia de Artes, em Berlim; de acordo com as anotações do comitê de admissão, ela foi considerada tão "modesta e reservada" que não "apresentaria perigo para os estudantes arianos de sexo masculino". Quando Felstiner entrevistou alguns dos colegas de classe de Salomon, eles lembraram dela como "sem características definidas" e sendo "incomumente desarticulada", como "uma ninguém". Durante seu segundo ano na Academia, Salomon ficou em primeiro lugar em uma competição de arte em que os nomes dos participantes foram mantidos em sigilo, mas o prêmio foi para sua amiga não-judia Barbara, que mais tarde Salomon pintou como uma Madonna de Matisse lânguida, alongada como um Modigliani. Mais uma vez, Salomon se recusou a voltar para a escola.

Nesta época, Paula Lindenberg-Salomon contratou Alfred Wolfsohn como seu instrutor de canto, e no decorrer do ano seguinte ele se tornou o mentor e o primeiro amante de Salomon (apesar dele estar, de acordo com o relato de Salomon, apaixonado por sua madrasta, que era a "Madonna" dele). Wolfsohn – chamado de Amadeus Daberlohn ("Mozart Sem Tostão") em "Vida? Ou Teatro?" — tinha vinte e um anos a mais que Salomon e era um conquistador. Sua entrada no trabalho artístico dela foi marcada com a "Canção do Toreador", de "Carmem". Começava aí o verdadeiro aprendizado de Salomon.

O evento crucial da vida de Wolfsohn foi seu enterro literal, aos vinte e um anos de idade, entre os mortos e agonizantes nas trincheiras da Primeira Guerra Mundial. O trauma fez com que ele perdesse a capacidade de cantar; após a guerra, ele se tornou um professor de canto com teorias radicais sobre como curas emocionais poderiam estender o alcance das oitavas. Salomon o adorava, mas, em "Vida? Ou Teatro?", Charlotte não ignora o quanto ele era pomposo. "Você está agora no aposento de um pobre poeta, que é tão asceta quanto profeta", Daberlohn anuncia em um texto.

Em “A Ponte”, o manuscrito não-publicado de Wolfsohn datado de 1946, ele escreve que o silêncio de Salomon o “forçou a bancar o palhaço”, e que suas infindáveis conversas unilaterais se tornaram um tipo de sedução: “Ela era extraordinariamente taciturna, incapaz de romper e imergir da barreira que construiu em torno de si mesma”. Em um dos guaches de Salomon, Charlotte mostra para Daberlohn seu tétrico desenho de “A Morte e a Donzela”, baseado na canção de Schubert que adapta o poema de Matthias Claudius. Nesta imagem, a jovem donzela mira profundamente os olhos da Morte, sua figura encapuzada a abraçando gentilmente, sua grande mão esquelética envolvendo sua cabecinha. “Somos nós dois”, diz Daberlohn.

De 1937 até 1938, Salomon e Wolfsohn se encontraram sob risco crescente em cafés e praças públicas identificadas como os dizeres “*Nur für Arier*” (“Apenas Para Arianos”). Em vários guaches, Salomon coloca Fräulein Kann no colo de Daberlohn ou ajoelhada diante dele, declarando “Eu te amo”, seus corpos se fundindo. O duplo de Wolfsohn domina “Vida? Ou Teatro?” e suas dissertações sobre Cristo, Sócrates, Rembrandt, Tolstói, Schiller, psicanálise, Helena de Troia, Orfeu, “o eterno feminino”, e “Amor e Eros”, compõem quase um terço do total dos textos de Salomon. Ela pintou o rosto dele 2.997 vezes.

Imediatamente após a Kristallnacht, em novembro de 1938, Albert Salomon foi preso, encarcerado e torturado no campo de concentração de Sachsenhausen, trinta e quatro quilômetros ao norte de Berlim. Quando sua esposa conseguiu adquirir documentos falsos que garantiram sua libertação, ele já tinha perdido metade do peso. O casal rapidamente conduziu a filha para fora do país. A despedida recebeu vinte e sete pinturas em “Vida? Ou Teatro?” — seis delas mostrando um apaixonado encontro final entre Charlotte e Daberlohn, em seu quarto. “Que você nunca esqueça que acredito em você”, ele diz.

Muitos anos antes, os avós maternos de Salomon tinham aceitado a oferta de Ottilie Moore, uma estadunidense rica, de ascendência alemã, para ficarem em sua vila na Côte d'Azur. Moore, cujo pai, Adolf Gobel, fez sua fortuna como o "Rei das Linguiças do Brooklyn", tinha se estabelecido em Villefranche em 1929. Ele passou os anos da guerra ajudando mulheres judias grávidas a se esconderem e colocando inúmeros bebês e crianças sob sua proteção. L'Ermitage era uma grande e bela propriedade com diversas casas, terraços com jardins, e pequenas quedas d'água, com vista para a baía de Villefranche. Salomon passou cinco anos nesse paraíso Mediterrâneo de água, luz do sol, oliveiras, costa íngreme e acidentada e pores do sol rosados como em uma pintura de Tiepolo.

Mas L'Ermitage não era o santuário que parecia ser. Em setembro de 1939, a avó de Salomon tentou se enforcar no banheiro. Na sequência desse trauma, o avô de Salomon revelou para sua única neta que ela era a herdeira solitária de uma família que, por três gerações, tinha visto dois homens e seis mulheres, incluindo a própria mãe dela, cometerem suicídio. De acordo com Wolfsohn, após descobrir o legado da família, Salomon escreveu cartas nas quais "reprovou apaixonadamente seu pai por tê-la gerado, forçando sobre ela tamanho estigma hereditário".

Pouco depois, Salomon se mudou com os avôs para um pequeno apartamento em Nice. Lá, sua avó, aos setenta e dois anos, teve sucesso em sua empreitada, ao pular de uma janela do terceiro andar, como se em sincronia com a mãe de Salomon quatorze anos antes. "Minha vida começou... quando descobri que eu era a única sobrevivente", Salomon escreveu em sua confissão de assassinato. "Senti como se o mundo se abrisse diante de mim em toda sua profundidade e horror."

O horror não tinha acabado. Três meses depois, em junho de 1940, depois que os franceses se renderam aos nazistas, Salomon e seu avô foram internados por várias semanas no campo de concentração de Gurs, administrado pelo governo de Vichy, no sudoeste da França. O campo não tinha água encanada, os alojamentos não tinham janelas ou calefação, e a comida servida estava apodrecida. Febre tifoide e disenteria se espalhavam desenfreadas.

Estranhamente, há apenas uma imagem na vasta produção de Salomon que trata do seu período em Gurs, e ela nem sequer foca no campo. Na pintura, Salomon aparece agachada no chão de um vagão de trem lotado junto do avô, "a caminho de uma pequena cidade nos Pireneus" — Gurs — "para Nice". "Preferiria ter mais dez noites como essa a uma única noite sozinha com ele", diz o texto a guache. Em outros pontos em "Vida? Ou Teatro?", Salomon expõe os pedidos de seu avô para que ela compartilhasse "a cama comigo", e sua justificativa predatória: "Eu sou à favor do que é natural". "Tudo que fiz pelo meu avô fez meu sangue subir às minhas faces", ela escreveu na confissão. "Eu estava doente. Eu estava constantemente vermelha como uma beterraba por causa da raiva muda e da dor." Ela também se levanta contra sua "atuação teatral de homem civilizado e culto", o chamando de "um ator e um egoísta", um "fantoche" que "nunca teve verdadeira paixão por nada". Em face dos suicídios das duas filhas e da esposa de Grünwald, seu abuso provavelmente perdurou por gerações.

De volta à Villefranche, à beira de um colapso, Salomon se consultou com um médico local, Dr. Georges Moridis. Ele a aconselhou a pintar. "Vou viver por todas elas", Salomon escreveu se referindo às mulheres de sua família. "Me tornei minha mãe, minha avó", ela escreveu. "Aprendi a andar por todos os seus caminhos e me tornar todas elas... Eu sabia que tinha uma missão, e nenhum poder na terra poderia me deter." Ela começou a pintar em frequência industrial, chegando a produzir até três guaches em um dia. Por vários meses, no fim de 1942, ela ocupou um pequeno aposento no Hôtel Belle

Aurore, na comunidade próxima de Saint-Jean-Cap-Ferrat. Marthe Pécher, a dona do hotel, recordou anos depois que ela ocasionalmente levava um copo de sopa de nabos para Salomon, mas ela nunca conseguiu descobrir quando a jovem dormia; Salomon estava sempre em seu aposento, pintando e murmurando suavemente para si mesma, "como se estivesse possuída".

De acordo com Pécher, Salomon deixou o hotel em apenas uma ocasião, retornando tarde da noite. Uma nova lei estabeleceu que judeus tinham que comparecer diante das autoridades, e Salomon tinha ido até a delegacia de polícia em Nice, onde foi imediatamente colocada em um ônibus lotado. Quando o veículo estava prestes a partir, um policial francês subitamente a enxotou para fora do ônibus e lhe disse para fugir o mais rapidamente possível. "Eu lhe perguntei porque ela foi denunciar a si mesma", Pécher relembrou, "e ela respondeu que a nova lei era dirigida aos judeus e, sendo judia, ela tinha que obedecer".

Em uma reviravolta perversa do destino, o visto francês de Salomon dependia do fato dela ser a responsável pelo avô, e por isso ela retornou ao apartamento em Nice onde ele estava morando e onde, vários meses depois, ela o envenenou. "O TEATRO MORREU!", ela escreveu em sua confissão enquanto ele morria, uma declaração cujo retumbante eco nietzschiano parece responder a pergunta que ela própria fez no título de "Vida? Ou Teatro?". Com esse assassinato, Salomon desafiou sua "inclinação para o desespero e a morte" e escolheu a vida.

Ela voltou a morar em L'Ermitage. Conforme a guerra escalava, Ottilie Moore deixou a França no outono de 1941, levando pelo menos seis (alguns relatos falam em nove) crianças com ela, incluindo dois bebês, que balançavam em berços pendurados no teto de seu carro, e um bode para ser vendido em troca de gasolina na estrada para Portugal, onde ela embarcou em um navio para Nova York. Moore deixou L'Ermitage e quatro crianças remanescentes sob os cuidados de um de seus amantes, Alexander Nagler, um refugiado judeu romeno. Salomon se casou com Nagler, que era treze anos mais velho, na prefeitura de Nice, em 17 de junho — uma decisão arriscada que gerou evidência legal da existência e do endereço deles. "Ele é apenas o receptáculo vazio que preciso para ter onde despejar minhas ideias", Salomon escreveu sobre seu novo marido em sua confissão. O Dr. Moridis e sua esposa foram as testemunhas. A certidão de casamento lista Nagler como "diretor de um berçário"; Salomon é listada como "sem profissão".

Poucas semanas depois, Salomon embrulhou suas quase mil e setecentas pinturas e transparências, incluindo sua carta de confissão, em vários pacotes de papel pardo, que Nagler marcou como "propriedade da Sra. Nagler" (Salomon tinha dedicado seu trabalho à Moore, embora ela não apareça na narrativa). Uma noite, ela tocou a campainha da casa do Dr. Moridis na hora do jantar e lhe entregou os pacotes. "Mantenha-os à salvo", ela disse. "São toda a minha vida."

Em 23 de setembro de 1943, um caminhão carregando agentes da Gestapo parou na farmácia local de Villefranche, e perguntaram sobre o caminho para L'Ermitage, uma viagem de cinco minutos subindo uma estrada íngreme e sinuosa. Salomon foi posta nesse caminhão, e Nagler insistiu em acompanhar a esposa. Após serem registrados no Hotel Excelsior em Nice, eles foram transportados de trem até o campo de deportação de Drancy, nos arredores de Paris, chegando em 27 de setembro. Em 07 de outubro eles foram trancados em um vagão de carga usado para transportar gado — o comboio número 60, com "Charlotte Nagler, desenhista" listada como passageira número 660 — para uma viagem de três dias até Auschwitz. Salomon, que estava no quinto mês de gravidez, foi levada à câmara de gás assim que chegou, em 10 de outubro de 1943. Ela tinha vinte e seis anos.

O pai e a madrasta de Salomon sobreviveram à guerra, tendo se escondido em Amsterdã após escaparem do campo de concentração de Westerbork, onde Albert, arriscando a vida, se recusou a esterilizar mulheres judias. Em 1947 o casal viajou até Villefranche, onde Moore lhes entregou os pacotes com as pinturas que o Dr. Moridis tinha guardado. Os pais de Salomon não estavam cientes que a filha deles tinha pintado qualquer coisa, muito menos este espetáculo extravagante no qual eles próprios eram estrelas. Eles mandaram fazer cinco caixas vermelhas para guardar a obra de Salomon mas, por mais de dez anos, não ousaram mostrá-la para ninguém além de um amigo, Otto Frank, que tinha levado a eles o diário da filha, querendo saber se achavam que o documento valia alguma coisa.

"Vida? Ou Teatro?" apresenta um compêndio das circunstâncias que levaram — talvez impeliram — Salomon a se tornar uma artista, e há dois retratos de Charlotte Kann em "Vida? Ou Teatro?" que, vistas lado a lado, incorporam a essência da história de Salomon. Na primeira pintura, que aparece pouco depois da metade da obra, uma jovem mulher senta sobre as pernas dobradas para o lado, como a estátua da Pequena Sereia, de Hans Christian Andersen, em Copenhague. Este guache apresenta a garota em um vestido rosa, sentada em um campo verde pontilhado por narcisos amarelos impertinentes, um céu azul caloroso por sobre o horizonte verde, um breviário de feminilidade jovial. A face da jovem mulher está oculta; nós observamos por sobre seu ombro, olhando o que ela vê. Ela segura um pincel e uma tela rente ao corpo, como se fossem emanações de sua barriga, a mulher e o trabalho inseparáveis.

A segunda imagem — a final, e mais famosa, de "Vida? Ou Teatro?" — surge trezentos e vinte e cinco pranchas depois, e mostra a mesma figura na mesma posição, a qual, audaciosamente, contém as iniciais de Salomon, escritas de forma vistosa nas curvas da figura. Mas agora ela está seminua, quase translúcida, e vestida em um maiô moderno verde-escuro, suas costas bronzeadas servindo de painel para o título: "LEBEN ODER THEATER?". Entre essas duas pinturas, pode-se notar que, ao contrário da suposição fácil, o trabalho de Salomon não é arte marginal, mas sim uma obra que apresenta as curvas e cores tranquilizantes do romanticismo junto dos ângulos severos e os azuis, vermelhos e marrons robustos do modernismo. Também há traços de Cézanne, van Gogh, Dufy, Chagall, Gauguin, Modigliani, Beckmann, Kirchner, Dix, Nolde, até mesmo Friedrich; seus pés são triângulos de Picasso. Mas acima de tudo vemos, em sua tenra e ainda assim desapaixonada representação de uma jovem mulher transfigurada em pintora — sua dor transformada em beleza —, o confrère de Salomon, Edvard Munch.

Não mais uma menina em uma baía na Côte d'Azur, esta ninfa senta sozinha em um pequeno iceberg, olhando para uma vastidão sem fim de água, um oráculo no Monte Parnaso, testemunha da eternidade. Uma linha vermelha simples, quebrada, parte como um laser de seus olhos para o canto superior direito da imagem, dirigindo nosso olhar para o que ela vê; uma área de espaço branco onde o oceano se ergue contra o céu, e na crista da onda o perfil de uma pessoa se ergue do mar.

Quem é? Talvez fosse a tia homônima de Salomon, sua tia Charlotte, surgindo das águas de Schlachtensee, onde ela se afogou aos dezoito anos, a morte que dá início à "Vida? Ou Teatro?" com trinta imagens em stop-motion. Talvez seja a própria Salomon emergindo de sua jornada órfica particular. Ou talvez seja uma irmã hebraica da Vênus nascida das águas de Botticelli, privada de seus refinamentos pela modernidade, pela violência. Esse tsunami é a última carta de Salomon para nós — sua trajetória expulsiva, ascendente, em direção de se tornar uma criatura mítica, andrógina. Ela é uma mulher, uma artista, uma revolução.

A Imortal Gatito

O romance que escandalizou a França

por **Mavis Gallant**

19 de junho de 1971

Para traduzir o caso Gabrielle Russier para termos estadunidenses, seria necessário improvisar uma nova sociedade. Primeiro, cada professor no país, do maternal à universidade, teria que ser um funcionário público federal, como um fiscal da receita ou um carteiro, com uma carreira no serviço público controlada, observada, e dirigida por Washington. Esta sociedade teria tamanha uniformidade cultural que em cada região e em todos os patamares sociais palavras e expressões teriam o mesmo significado, a mesma ressonância: um médico no Oregon, um trabalhador desempregado em Buffalo, uma bibliotecária em Los Angeles, e uma garçonete em Nova York seriam capazes de responder da mesma forma à palavras como "a criança", "o pai", "a professora", "a família", "a mulher divorciada", "uma pessoa estudada", e "autoridade". Dado esse cenário, imagine que em algum lugar do sul uma professora de ensino médio de trinta e um anos se apaixona por um de seus alunos, um garoto de dezesseis. Os pais do menino são professores universitários. Quando eles descobrem o enlace, eles ajuízam uma queixa-crime por estupro de vulnerável. Suponha que essa acusação é grave quando é levantada contra uma mulher, mas não é levada a sério quando o acusado é um homem, a razão para isso não sendo uma longa história de jurisprudência dos Estados Unidos, mas a crença prevalecente que um Don Juan está apenas exercendo seu papel esperado na sociedade, enquanto mulheres são arranjadoras de encrenca desde o Gênesis. Quanto ao garoto da história, um adolescente que dorme com uma mulher mais velha, desobedece aos pais e foge de casa, ele não apenas será considerado um delinquente social, mas um caso psiquiátrico, e será tratado como tal.

Imagine que o *habeas corpus* não existe na lei estadunidense, mas que a prisão preventiva existe: qualquer um pode ser posto na cadeia sem julgamento e mantido lá por quanto tempo o juiz condutor da ação preliminar considerar apropriado. O juiz é soberano. Ele não é obrigado a consultar ninguém ou explicar a razão de qualquer coisa que decidir. Quando a professora é presa e mantida em custódia sem julgamento, a opinião pública se agita, porque é completamente incomum uma pessoa da classe social e antecedentes dela ser presa. Se ela está sendo tratada como os analfabetos e os pobres, então algo deve estar errado. Por todos os estados, pessoas se perguntam o que as varas judiciais estão aprontando. Finalmente, ela é julgada em segredo, em uma audiência fechada, e liberada com uma suspensão condicional do processo. Meia hora depois da sentença ser proferida, o promotor de justiça, que recebeu um telefonema do Departamento de Saúde, Educação e Bem-Estar, recorre a uma instância superior pedindo uma pena mais dura. O objetivo é garantir que a professora tenha antecedentes prisionais, o que tornaria impossível para ela ganhar a vida em qualquer lugar dos Estados Unidos. A professora se mata.

Agora, você precisa supor que esse caso teria tamanho apelo para a opinião pública que em todos os EUA dificilmente se fala de outra coisa; que qualquer um que tenha acesso a uma máquina de escrever ou um microfone — jornalistas, assistentes sociais, sacerdotes, ativistas políticos de todas as denominações, funcionários do governo, magistrados, advogados, psiquiatras, sociólogos, líderes de associações de pais e de movimentos estudantis — farão declarações apaixonadas sobre a lei, moralidade, hipocrisia, prisão preventiva, discriminação contra mulheres, os direitos dos menores, a necessidade de reforma prisional, os absurdos do Código Penal, e os abusos do poder.

Os pais do garoto são comunistas. O garoto é maoísta. Imagine que diferenças doutrinárias pequenas e grandes na esquerda poderiam se tornar assunto para discussões acaloradas na imprensa estadunidense, e que leitores saberiam do que tudo isso se trata e ficariam profundamente interessados. Não haveria virtualmente nenhuma notícia sobre o caso na televisão, que é propriedade estatal e censurada por Washington. Porém, o *New York Times* e o *Washington Post* publicariam cartas e até mesmo editorais expressando surpresa com o fato que comunistas poderiam se comportar de forma tão repressiva, e repreendendo os pais, tanto gentilmente quanto com violência, por terem cooperado com a polícia burguesa.

A morte da professora é um evento de importância nacional. O assunto é mencionado em uma coletiva de imprensa televisionada com o presidente, que (sendo Ph.D em literatura de Yale) recita, de cabeça, um poema sobre uma garota martirizada pela sociedade por ter amado a pessoa errada. O poema é obra de um celebrado escritor estadunidense, patriota, e membro do Partido Comunista.

É claro, tudo soa irremediavelmente errado; esta não é uma tragédia americana. Ela precisa de seu próprio contexto, que é preso ao costume, autoritário, estabelecido por Napoleão e a tradição mediterrânea do *paterfamilias*; ela precisa de um ambiente acadêmico alheio ao mundo onde literatura é ensinada como se fosse um modo de vida, quase um substituto para a experiência. Nesta atmosfera particular, foi fácil para alguém como Gabrielle Roussier, que era desenvolvida intelectualmente, mas muito jovem emocionalmente, se enganar fatalmente sobre suas possibilidades e suas consequências. A situação sexual específica de um jovem menino e uma mulher mais velha é um tema recorrente em romances e peças francesas. Ela sabia disso, porque ela dava aulas sobre Racine e Stendhal, Colette e Radiguet; ela cresceu em uma sociedade em que livros são reverenciados, mas ela obviamente não sabia nada sobre o que aquela mesma sociedade toleraria na prática. Ela se identificava com Fedra e Antígona, mas ela deve ter esquecido que os mesmos gregos que as chamavam de heroínas na vida real admiravam apenas heróis, numa vida em que mulheres não tinham nenhum status social.

Ela não era de forma alguma como outros professores. Quando ela entrou no Lycée Saint-Exupéry em Marselha, em outubro de 1967, para assumir as aulas de Literatura Francesa, os estudantes pensaram que era uma nova aluna. Ela tinha trinta anos, mas aparentava dezoito. Era pequenina, com pouco mais de um metro e meio de altura, e pesava por volta de quarenta e cinco quilos. Usava o cabelo curto, como os penteados de meninos costumavam ser. Mais de uma pessoa que viu sua foto depois que o romance se tornou público pensou que era ela o menino envolvido no caso. Em uma de suas cartas ela chama a si mesma de "uma hippie andrógina", que é bem como pessoas a descreveriam mais tarde. Ela não era bonita; seu nariz era comprido demais e ela tinha o perfil de ovelha típico de intelectuais que, por alguma razão, abunda em círculos acadêmicos. Em algumas fotografias, ela parece uma jovem Bea Lillie, mas ela é uma comediante triste, gravosa, ou preocupada, ou ansiosa, ou severa. Em outras, ela parece um garoto encantador, como um busto pintado por Piero della Francesca. Ninguém se lembra de ter visto uma foto dela sorrindo. Algumas pessoas lembram de seus olhos como sendo verdes, outros dizem não, castanho-escuros. Os estudantes a adoravam. Eles a chamavam de Gatito, que é espanhol para "gatinho", e eles usavam o pronome cheio de familiaridade "*tu*" ao falar com ela.

Isto é tão incomum nas relações entre pupilo e professor na França que quase resvala no implausível. Os relacionamentos são formais em um lycée. Até mesmo criancinhas pequenas são chamadas de "*vous*". (Lycées não são escolas de ensino médio; as turmas se iniciam com o equivalente à sexta série e seguem até o nível de uma universidade.) Uma das reclamações que os estudantes fazem é que seus professores são tão distantes quanto planetas e que eles nunca podem discutir nada com eles, nem mesmo seus trabalhos. Gabrielle, ao contrário, queria ser um deles. Ela baseava muito de sua vida social em seus filmes, seus passeios, suas canções. Ela os convidava para ir ao seu apartamento para conversar e ouvir discos. Os estudantes amavam isso, mas seus pais se incomodavam: por ela dar aos seus estudantes livros de Jean-Paul Sartre e Boris Vian, alguns pais começaram um boato de que ela estava organizando uma célula comunista (ela não era comunista, e era apenas vagamente politizada). Até seu carro poderia ter pertencido a uma adolescente. Era um pequeno Citroën vermelho chamado de Dyane, decorado com flores no estilo Pop Art. Na janela de trás ela tinha colado um adesivo dizendo "FAÇA AMOR NÃO FAÇA GUERRA". Conselho corajoso — ela era uma protestante francesa, filha de um respeitado advogado parisiense, neta de um sacerdote, e tudo, menos uma aventureira. Um de seus advogados a descreveu como uma "escoteira", e "um grupo de assistência social de uma pessoa só, sempre pronta para batalhar por uma causa justa". Para seu ex-marido ela era e continuava sendo "moralmente impecável".

O carro vermelho era importante para ela; parecia ter um papel na ideia que ela tinha de si mesma. Algumas vezes, ela assinava suas cartas como "Dyana Rossa", querendo dizer Dyane Vermelha, a marca e a cor do carro. Aos trinta, ela estava divorciada de um engenheiro chamado Michel Nogues e tinha a guarda dos gêmeos de nove anos do casal, com os quais ela era uma mãe atenciosa e cuidadosa, mas também — aos olhos de estranhos — severa e inflexível. Ela era meio estadunidense: sua mãe tinha chegado em Paris vindo de Utah nos anos 1920 para estudar música e acabou casando com um advogado que ela conheceu uma noite na ópera. Raymond Jean, um professor de literatura que deu aulas para Gabrielle na Universidade de Aix-em-Provence, publicou mais tarde uma coletânea das cartas que ela escreveu na prisão, e no prefácio desse livro ele disse que nunca a tinha ouvido falar uma palavra de inglês, mas que ela achava que seu lado estadunidense tinha de certa forma feito com que ela fosse "diferente". Nesse caso, ela era diferente de duas formas: protestantes são uma minoria unida, que protege a si mesma e, como todas as minorias do tipo, sujeitas a lendas. O mito de seu suposto puritanismo sexual é persistente. Um estrangeiro de origem protestante se encontra quer queira, quer não, identificado como parte de uma comunidade sisuda e funesta cujas ideias diz-se que são maçantes e virtuosas, e cujo temperamento coletivo é austero e tristonho. Não se espera que eles tenham muita diversão na vida (se há alguma verdade nisso tudo, essa é outra questão). De nenhuma forma protestantes são diminuídos, discriminados, ou oprimidos; eles são, pelo contrário, frequentemente considerados suspeitos de estarem por trás dos bancos, do comércio e da política — todos os mecanismos escondidos que preocupam o cidadão mundano e o fazem se sentir vítima de forças secretas. Os protestantes tendem a socializarem entre si; suas vidas domésticas e suas tradições não são exatamente como a da maioria dos franceses. O "desejo de servir, no sentido anglo-saxão da palavra" de Gabrielle Russier, como colocou alguém próximo a ela, pode ter saído desse contexto; pode ser também a explicação para a disciplina glacial que ela impunha sobre Joël e Valérie, seus gêmeos, que passavam a maior parte do tempo em quartos separados, como dois filhos únicos. Não lhes era permitido sair dos quartos sem permissão, ou interromper os adultos, ou até ficar muito tempo com eles. Eles eram expressamente proibidos de fazer barulhos "desnecessários", ou comer entre as refeições, ou procurarem comida quando estivessem com fome. Raymond Jean escreveu que um estranho entrando no apartamento de Gabrielle Russier nunca saberia que havia uma criança ali, tão profundo era o silêncio. De acordo com Michel del Castillo, que publicou um livro sobre o *affaire* — "*Les Écrous de la Haine*"[23], sua filha, Valérie, certa vez disse a um vizinho que, "Meu irmão saiu do quarto dele sem permissão. Ele comeu um pouco de geleia na cozinha. Acho melhor eu falar para a minha mãe. Ela vai ficar muito brava quando souber". Para alguns de nós, a Valérie de nove anos de idade poderia soar pernóstica e mexeriqueira, mas na França histórias assim são frequentemente repetidas com o intuito de conquistar a aprovação do ouvinte. Elas falam demais sobre certas ideias de educação infantil.

Gabrielle Russier tinha voltado à Universidade de Aix-em-Provence quando suas crianças eram ainda bebês, para obter sua graduação em literatura francesa. Parte de sua obra intelectual era um artigo sobre o uso do pretérito perfeito na ficção francesa contemporânea. Com planilhas, gráficos e diagramas, ela descreveu quantas vezes Robbe-Grillet ou Nathalie Sarraute tinham usado o pretérito mais-que-perfeito, o pretérito perfeito, ou o imperfeito, quando compuseram seus romances. Esses estudos, que são as pragas da literatura e o desespero da maioria dos escritores — exceto os da França, que gostam bastante deles — são também elementos importantes de uma carreira acadêmica. Para Raymond Jean, ela tinha as características de "uma linguista brilhante", e não há dúvidas que seu progresso foi impressionante, particularmente para uma mulher jovem cuidando de duas crianças. Ela tinha uma bolsa do governo equivalente a duzentos dólares por mês, em troca da qual ela assinou um contrato

23 NT: As Prisões do Ódio, inédito no Brasil.

que a vinculava a dar aulas em escolas públicas e universidades por dez anos. Se ela tivesse desistido do acordo, o governo poderia tê-la processado pela quantia total que lhe tinha sido paga através da bolsa.

Na realidade, isso raramente acontece. Parece existir um acordo suave e agradável. Há pouca pressão. Pode continuar por anos, e explica porque homens e mulheres parecem permanecer como estudantes até bem entrados na vida adulta — algo que frequentemente deixa os estadunidenses intrigados. Ela passou pelos competitivos exames públicos chamados de *agrégation* quando tinha vinte e sete anos, o que todos concordam que é uma idade baixa para essa prova particularmente difícil. Não há um termo ou instituição equivalente fora da França. Como uma *agrégée*, Gabrielle Russier adquiriu enorme prestígio acadêmico; ela podia ensinar em um *lycée* ou universidade com um salário maior que o de seus colegas, e ela embarcou em uma carreira à salvo de choques ou retrocessos — em tese, pelo menos. Espera-se que um *agrégée* saiba tudo que já foi escrito sobre o seu objeto de estudo, e o saiba de cor. Os exames, assim como muito da educação francesa, exigem uma memória prodigiosa; um candidato de geografia certa vez foi reprovado por ter esquecido o nome de uma montanha polonesa. Mas os *agrégées* não recebem formação em nenhum método pedagógico que seja, o que quer dizer que eles normalmente seguem ensinando na maneira em que foram ensinados uma geração atrás. Depois das revoltas estudantis de 1968, discutiu-se abolir o sistema que alguns educadores consideram completamente anacrônico, mas os *agrégées* se revelaram uma casta com vozes poderosas, e a questão foi abandonada.

Gabrielle Russier tentou usar novos métodos de ensino, o que pode ter sido outra razão para que os pais de seus alunos tenham suspeitado de suas posições políticas. Como uma *agrégée* destacada para um *lycée* em uma cidade provinciana — Marselha — ela provavelmente começou com um salário de trezentos e cinquenta dólares, além de ajudas de custo para moradia e sustento das crianças. Ela era estudiosa, trabalhadora, justa, e persistente. Ela também foi chamada de "descuidada", "uma peça", e "incapaz de ceder" por pessoas que a conheceram. Raymond Jean escreveu que Gabrielle "sabia o que queria" e tinha um grande apetite por obter controle sobre outras pessoas. Ela era especialista em preparar o palco para grandes cenas emotivas, e atuar nelas. "O resultado é que a vida ao redor dela era, com frequência, tensa." Algumas de suas qualidades parecem muito atraentes — sua habilidade para ver seus alunos como pessoas e não pequenos papagaios, por exemplo. Ela era maravilhosamente desinteressada — seria difícil pensar nela como sendo sovina ou mesquinha. Ela foi capaz de escrever, na prisão, "Estou aqui cercada por pessoas que arruinaram suas vidas por dinheiro" com tanto fascínio como se ela não tivesse dado aulas sobre Balzac e Mauriac, e não tivesse ela mesma saído de uma das mais combativas classes médias do mundo ocidental. Mas há também uma falta de humor, uma ausência de uma graça irreverente, até mesmo de amor. Poderia alguém além de uma mulher sem senso de humor ter assinado cartas como "Fedra" e "Antígona", ou comparado a si mesma com a ninfa Cloé? Chamar a si mesma de Dyana Rossa é ainda mais peculiar, para além de qualquer conclusão a que um estranho poderia chegar sem impertinência. Simplesmente não é corriqueiro que uma mulher adulta se identifique com heroínas clássicas ou automóveis. Em uma carta para uma garota que conheceu na prisão, ela chamava a si mesma de "Antígona" e Christian — o garoto que ela amava — de "Orestes". Por que Orestes? Por que ele matou a mãe? E por que Antígona? Estava ela sendo a filha leal, ou a moça que desafiou a autoridade e foi sentenciada a ser enterrada viva? O nome "Antígona" significa "no lugar de uma mãe". Era isso que ela estava tentando dizer? E quanto a Fedra, que se apaixonou pelo enteado e cometeu suicídio, a escolha é profética, assustadora.

"Ela tinha o lado infantil de todos aqueles que estudam por tempo demais, que vivem nos livros", disse um de seus advogados. "Seu mundo era irreal."

Por muito tempo, o rapaz foi conhecido apenas como "Christian R.", devido a lei que proíbe identificar um menor de idade envolvido com a polícia. Porém, muito antes da morte dela, todos vieram a saber que ele era Christian Rossi, que ele tinha uma irmã e dois irmãos mais novos, que ele vivia em Marselha, e que seus pais eram professores *agrégées* na Universidade de Aix-en-Provence, que é vizinha a Marselha, distante apenas uns poucos minutos de carro. Ele era alto, troncudo, "quase corpulento", com cabelos mais para compridos e barba, o que inevitavelmente fez com que ele fosse comparado a toda figura barbada da história, de Cristo a Castro. Ele era devotado de corpo e alma à políticas de extrema esquerda. Com quinze anos e meio — a idade com que Gabrielle Russier o conheceu — ele passava facilmente por um homem de vinte e quatro anos. Ele era sério e sóbrio, mas tinha um temperamento violento. Andava desarrumado, praticamente desleixado. Por causa de sua aparência, Gabrielle o chamava de *le métèque*, que é um termo pejorativo para estrangeiros, e também o título de uma canção popular que começa assim:

Avec ma gueule de métèque

de juif errant de pâtre grec

et les cheveux aux quatre vents...[24]

Seu pai era um italiano de Piemonte, sua mãe uma francesa criada em um ambiente conservador católico. Ambos eram comunistas. Para um maoísta como Christian, um comunista é alguém empolado, retrógrado, burocrático e desconfiado de novas ideias. "A rixa entre Christian e seu pai era

24 NT: "Com minha boca de estrangeiro // De judeu errante, de pastor grego // E os cabelos aos quatro ventos..."

na realidade a briga entre Rússia e China", relatou alguém que os conhecia. Entre a mãe de Christian e Gabrielle Russier, havia uma semelhança — uma coincidência, na verdade — *Madame* Rossi também tinha sido considerada uma aluna brilhante em sua época de estudos. Ela foi uma das mais jovens *agrégées* da França. E também tinha dado aulas no *lycée* de Marselha e sido adorada por seus pupilos, que a tratavam com o familiar "*tu*".

Apenas duas pessoas chegaram a saber como Gabrielle Russier, discreta e prudente em sua vida particular, mais dada à camaradagem com homens do que ao romance, acabou no fim escolhendo um amante entre seus estudantes. Uma das duas está morta, e a outra, chegando aos vinte anos, está a anos-luz de distância do filho rebelde de dezesseis anos. De tal forma que, em certo sentido, não há testemunhas. A partir do momento que seu enlace se tornou público, porém, teorias jorraram copiosamente. Foi dito que ele tinha se apaixonado por uma mulher mais velha porque sua mãe não tinha lhe dado todo o amor que precisava. Outra teoria era a história de Fedra — que ela tinha preferido o filho ao pai, daí a obstinação do pai. Nada havia para corroborar essas fantasias exceto boatos idiotas. Na revista semanal *Paris-Match*, um escritor bem conhecido, ganhador do Prêmio Goncourt, que nunca tinha sequer visto nenhum dos amantes, escreveu que Christian era frágil e afeminado, um filhinho da mamãe, e que Gabrielle era uma grande amazona — o completo oposto da realidade para ambos. Ela também foi criticada na imprensa, mais uma vez por alguém que nunca a tinha conhecido, por ter escrito à Christian que "Você foi o único homem que já conheci". Foi dado como fato que deveria haver algo de não exatamente normal sobre ela, para que tivesse escrito aquilo para um adolescente — uma das mais típicas declarações de pessoas enamoradas. O que ninguém questionou é como essa carta se tornou pública. Teria sido roubada de Christian? Sua correspondência teria sido aberta e lida em voz alta em uma coletiva de imprensa? Ele a mostrou para um repórter? A exibição de um comentário que ela deve ter considerado profundamente íntimo era a única coisa "errada" ou "não exatamente normal". A questão de o que as pessoas veem umas nas outras ainda desafia toda a análise. O mistério de o que um casal *é*, exatamente, é talvez o único verdadeiro mistério que ainda nos resta, e quando chegarmos a desvendá-lo não haverá mais necessidade para a literatura — ou para o amor, falando nisso.

Tudo que se sabe sobre esse mistério em particular é seu contexto — as revoltas estudantis de Maio de 1968, quando a França estava ou a um espirro de uma revolução armada ou apenas envolvida em uma vasta sessão de terapia em grupo. Por um breve período, todos puderam atuar nos papéis que tinham escolhido, e então a nação elegeu um governo conservador. Mas por umas poucas semanas, jovens viveram em uma febre de fúria, esperança, idealismo, e uma antecipação que agora parece indefinível a não ser como um clima geral. Nenhuma pessoa envolvida com o movimento, se pudesse evitar, dormia em sua própria casa. O pai de Christian ocupou o prédio da sua faculdade em Aix-em-Provence, enquanto o próprio Christian praticamente estava vivendo no Lycée Saint-Exupéry. Quanto a Gabrielle — "arrastada à política por Christian", disse um de seus amigos — estava ou nas ruas protestando com seus alunos, ou abrindo as portas de seu flat para estudantes que não iam ou não podiam voltar para casa, ou participando de infindáveis debates e reuniões de comitês. Seu primeiro encontro com Christian teve um aspecto cômico involuntário e mortalmente sério. Ela o convidou para acompanhá-la ao cinema. Ele disse que era aguardado em uma reunião dos maoístas. Se ela fosse na reunião com ele, ele iria ao cinema com ela, conquanto os pais dele concordassem. Ele tinha então dezesseis anos. Foi Gabrielle que telefonou para os Rossi para pedir permissão. Ela e os pais dele eram bons amigos. Ela tinha sido aluna deles. Durante a greve dos transportes em maio e junho, Gabrielle costumava ligar para os Rossi toda manhã e levar todas as quatro crianças deles para a escola em seu carro. Dizem que o professor Rossi ficou encantado ao saber que Christian estava tendo aulas com ela. Depois do filme, ela levou seu aluno de carro até em casa, e ficou por lá para beber um pouco com os pais dele.

Cerca de cinco semanas depois, sem telefonar para os pais ou pedir permissão, ela e Christian partiram para a Itália. Os pais de Christian achavam que ele estava indo pegando caronas na estrada junto de outro garoto, um colega da escola. O outro garoto de fato foi junto, mas logo sentiu que ninguém o queria ali. Gabrielle discutia violentamente com ele, o chamando de "esquizofrênico" e atirou parte de sua bagagem pela janela de um trem italiano. Naquele mesmo verão, os pais ainda desavisados de Christian o enviaram para passar algum tempo com uma família que vivia nas proximidades de Bonn, para ele melhorar seu alemão. Gabrielle deu as caras em seu Citroën decorado, dizendo que era uma prima que tinha sido enviada para levá-lo para casa antes do esperado. Eles voltaram para Marselha de carro e passaram três semanas no apartamento dela. Os Rossi, na mesma cidade, não sabiam de nada.

A viagem à Itália e as semanas clandestinas de agosto foram praticamente tudo que o caso amoroso chegou a ser. Eles estiveram juntos algumas vezes depois disso, mas descontentes, furtivamente, assediados e observados, em um clima de tensão e preocupação que teria sido desafiador até mesmo para amantes de longa data (talvez por prever parte disso, ela tentou trancá-lo para fora do apartamento antes mesmo da viagem para a Itália, mas ele acabou quebrando a porta). Do fim do verão até a morte de Gabrielle, exatamente um ano depois, Christian esteve se escondendo, ou em uma clínica psiquiátrica, ou em uma casa para delinquentes, ou vigiado e inspecionado por seus parentes, enquanto ela estava na cadeia, ou em um hospital, ou em uma casa de repouso, ou seguida por investigadores à paisana onde quer que fosse. Não é de se surpreender que ela certa vez lamentou para um amigo, "Eu não quero vê-lo!" quando ouviu o toque da campainha, ou que, no período entre seu julgamento e morte, quando o mesmo amigo lhe disse que "Christian ainda te ama", ela não demonstrou emoções, como se esse nome não significasse absolutamente nada.

Mas no começo eles queriam viver juntos para sempre. (Christian declarou, mais tarde, que ele nunca teve a intenção de casar com ela, porque o casamento ia contra as doutrinas maoístas — uma declaração sem pé nem cabeça. Na época — a lei mudou um pouco desde então — uma garota de quinze anos podia casar com o consentimento do pai, mas um menor de idade de gênero masculino com menos de dezoito anos precisava, e ainda precisa, da permissão pessoal do Presidente da República, o que de forma alguma é algo que se obtêm automaticamente.) Querer viver juntos significava que eles apresentaram aos Rossi um ultimato: os pais não tinham como optar por uma saída discreta. Eles não podiam olhar para o outro lado e tratar o enlace como uma "educação sentimental". Christian *parecia* adulto, mas os Rossi sabiam que ele não era, e talvez, para pais, nenhum filho jamais será. Até mesmo os pais mais desapegados e complacentes raramente cedem o direito a uma vida particular aos filhos sem que haja algum conflito.

No começo das aulas de outono, Gabrielle pediu para se reunir com o professor Rossi. Ela ficou despedaçada e atônita quando seu ex-professor não quis que ela "começasse a vida de novo", como diz a expressão francesa, com seu filho de dezesseis anos de idade. Ele perdeu a cabeça e gritou para que ela deixasse o garoto em paz, e ela partiu soluçando. O único resultado da conversa foi que a vida doméstica dos Rossi se tornou um inferno de bate-bocas diários. Às vezes, Christian ficava emburrado, às vezes ele saia furioso de casa e ia ou para o apartamento de Gabrielle ou para a casa de amigos da família por uns poucos dias. Depois de uma discussão, Christian escreveu uma carta para os pais rompendo relações — algo que, na sua idade, ele não estava em posição de fazer. Mas a carta acabou se tornando uma prova grave no caso contra Gabrielle, porque Christian a escreveu no apartamento dela. Ela é mencionada na sentença como prova de que Gabrielle estava tentando afastá-lo da influência dos pais.

Os Rossi ainda não tinham ideia de quão longe o caso tinha ido. Eles disseram a amigos que o rapaz estava "enfeitiçado" e "sob um encanto", e o levaram a um médico. Era um conhecido em comum em quem Gabrielle tinha confiado, e que foi quem enfim contou aos Rossi sobre a viagem à Itália e o retorno da Alemanha com a "prima". Seja você um pai leniente ou um tirano, é insultante ser enganado. Eles pensavam que Gabrielle era neurótica e perigosa, uma feiticeira que tinha conquistado primazia sobre um menino emotivo. Eles também viam o relacionamento em termos de uma possível paternidade precoce e uma vida dificultada. Quando Gabrielle Russier pediu para falar com o professor Rossi, relata-se que ele teria dito "Por Deus, o que ela quer? Ela está grávida?". Os pais de Christian não se sentiram seguros com a promessa de Gabrielle de que ela garantiria que ele iria passar em suas provas; soava como se ela quisesse assumir a criação dele. Gabrielle estava amando, e às vezes ela era Fedra, o que quer dizer "a que traz a luz", e às vezes, Antígona, mas o que os Rossi viam era uma mulher divorciada com dois filhos em casa; eles viam confusão, escândalo, e desastre emocional.

Assim que percebeu que os Rossi estavam seriamente se opondo ao relacionamento e não deixariam de forma alguma que Christian fosse morar com ela, Gabrielle Russier sofreu um colapso nervoso. Ela foi tomada por surtos de tremor incontrolável. Ela não conseguiu falar com volume maior que o de um sussurro. No começo do novo semestre, ela pediu uma licença médica remunerada de três meses, que mais tarde ela prorrogou. Ela estava transtornada demais para encarar uma sala de aula. É extraordinário que acabou sendo ela, a adulta do casal, que desabou quando eles encontraram o seu primeiríssimo obstáculo — uma recusa parental que qualquer pessoa madura poderia ter previsto. Era quase como se, com trinta e um anos de idade, ela tivesse ouvido o seu primeiro "Não". O próximo passo dos Rossi foi igualmente previsível: eles despacharam Christian para um colégio interno em Argelès-Gazost, nos Pireneus.

Se Gabrielle Russier viveu mais nos livros do que na vida, o professor Rossi, ao contrário, tinha esquecido das lições da literatura, e de que é uma tolice sem esperanças tentar separar amantes à força. Christian odiou sua nova escola. Gabrielle, que tinha ido vê-lo secretamente, escreveu a um amigo, "Você não o reconheceria; magro, ansioso, ele mal sabe mais como sorrir". Se encontrando do lado de fora da escola, eles foram descobertos nos braços um do outro no carro dela, e levados à delegacia de polícia. A situação deve ter sido levada a sério, pois Christian escreveu, "Eles querem me mandar para o reformatório". Gabrielle mais tarde soube que ela tinha sido seguida pela polícia desde Marselha. Os pais do garoto já tinham consultado um juiz da Vara da Infância e da Juventude, e pedido a ele que abrisse um procedimento.

Casos entre professores e estudantes são mais frequentes do que isso tudo faz parecer; se são discretos, ninguém os leva a sério. O Ministério da Educação Nacional tomou então uma atitude para impor a discrição: ofereceram à Gabrielle uma posição na Universidade de Rennes, do outro lado da França. Gabrielle queria que Christian soubesse da proposta. Como as cartas para ele eram retidas na escola, ela enviou um telegrama em italiano assinado com o nome de um homem. A sentença lida durante a audiência de seu julgamento menciona que ela foi até Argelès-Gazost para vê-lo, que ela o "assediava" por cartas, e que ela "atormentou o jovem deixando-o saber de sua nomeação para Rennes". Embora fosse uma promoção de um lycée para uma universidade, ela recusou o emprego. Christian também estava mostrando os sinais de um colapso nervoso; ele teve que ser levado à enfermaria da escola, onde foi medicado com tranquilizantes. Até o momento, seu exílio a esta escola tinha produzido nada além de mais tumulto e discórdia, e em novembro ele piorou a situação fugindo de lá. Christian chegou em Marselha com pasta de dente esfregada nos cabelos, o que deveria deixá-lo com aparência de mais velho e servir de disfarce. Seus pais não tinham ideia de onde ele estava — a última vez que alguém o tinha visto, ele estava sedado na enfermaria da escola. Ele não estava com Gabrielle; ela o tinha escondido na casa de amigos.

Um fugitivo menor de idade é uma questão legal na maioria dos países. Na França, um adulto que lhe dá guarida pode ser preso. Sendo filha de um advogado e professora de menores de idade, ela certamente sabia disso. É de se imaginar o que cada um dos dois pretendia fazer em seguida. Teriam eles pensado que poderiam se esconder indefinidamente? O que ela provavelmente jamais esperou foi que os Rossi levassem a questão ao Judiciário. Ninguém esperava. O interesse e a surpresa da opinião pública francesa mostraram o quão incomum era o caso.

O Código Napoleônico não fala de estupro de vulneráveis nestes termos. A palavra usada é "*détournement*", que quer dizer desencaminhar, desviar, dar a volta. *Détournement de fonds* é como o desvio de bens é descrito, por exemplo. *Détournement de mineur* especificamente quer dizer dar causa para um menor sair de casa. Nada dito ou escrito sobre o caso jamais deixou isso claro. A maioria das pessoas pensou, e provavelmente ainda pensam, que Gabrielle Russier foi indiciada por ter dormido com o garoto, ou que ela tinha sido processada pelos Rossi. Na verdade, a queixa deles era contra X, ou Fulano de Tal. Na lei francesa, qualquer um que "por fraude ou violência" retira um menor "do lugar no qual ele foi colocado por aqueles que detêm autoridade sobre ele" pode receber uma sentença de cinco a dez anos. Se nenhuma fraude ou violência estiver envolvida, a sentença pode ser de dois a cinco anos, além de uma multa. Todo crime ou simples contravenção envolvendo menores é julgado de acordo com os termos destes artigos — de ajudar um fugitivo de casa a assédio sexual, favorecimento a prostituição, e sequestro de crianças. Às vezes, a lei acaba trocando os pés pelas mãos: um gigolô de dezesseis anos certa vez foi indiciado por contribuir com a corrupção de menores — no caso, ele mesmo.

Situações envolvendo jovens de classe média são quase sempre silenciados por medo de escândalo. Aqueles que chegam ao fórum geralmente tem a ver com garotas dos mais despossuídos patamares da sociedade — moças que são tuteladas pelo estado, cujas famílias há muito foram privadas de seus direitos paternos. É extremamente raro uma mulher ser indiciada por ter corrompido um garoto. Quando se lê o Código Penal, na verdade, percebe-se que nem há previsão para isso. Mas se o indiciamento *é* feito contra uma mulher, então a lei é sentida com todo seu peso. Ela é tratada com mais severidade do que se fosse um homem que tivesse seduzido ou corrompido uma menina. Um dos advogados de Gabrielle Russier, Maître Albert Naud, tentou demonstrar essa diferença ao descrever um caso semelhante: "O diretor da faculdade de uma universidade seduziu uma de suas estudantes, uma moça de dezessete anos. Havia mais de trinta anos de diferença entre eles. Viajaram juntos e se hospedaram em hotéis, onde ela usou o nome da esposa dele. Eles trocaram cartas apaixonadas entre si, que a esposa conseguiu interceptar, obtendo assim um divórcio. Nunca ocorreu a ninguém que tinha ocorrido um estupro de vulnerável, embora a garota tivesse apenas dezessete anos e o diretor, cinquenta. Nenhum promotor, nenhum juiz, nem mesmo a família da moça mencionou este aspecto do caso. Porém, se o diretor fosse uma mulher e a moça, um rapaz, um indiciamento teria sido feito de pronto". Quase todo mundo que escreveu sobre o caso Russier — até comentaristas que acharam que ela tinha se comportado como tola — mencionou esse curioso detalhe na jurisprudência com relação à menores. Eles concordaram que parte de sua punição foi devido a ela ser mulher. Parece ser dado como fato que uma garota de qualquer idade está sempre procurando encrenca e deveria ser mais esperta que isso, enquanto o homem, o sedutor, é de alguma forma ou outra, sua vítima. De fato, se um homem seduz uma menina e ela tem quinze anos de idade ou mais, e é possível demonstrar sem qualquer ambiguidade que houve consentimento mútuo, o caso é arquivado. Mas o consentimento de um menor de idade masculino não é levado em conta, embora, por razões perfeitamente evidentes, ele deve ter ocorrido. A conduta de um homem é considerada inevitável e, portanto, largamente inocente, mas a de uma mulher é sempre deliberada e repreensível.

É algo de se quebrar a cabeça em uma sociedade que mulheres, de forma geral, conseguem viver melhor do que as mulheres de países anglófonos. Homens franceses não parecem se ressentir da presença feminina ou ter medo delas; eles não se entediam na companhia de mulheres (clubes ou eventos exclusivos para homens são raros e considerados ridículos); a guerra dos sexos mal existe. Salários iguais para trabalhos iguais é a lei do país, e mulheres francesas frequentemente detêm cargos mais importantes do que as mulheres dos Estados Unidos. A inteligência de uma mulher é respeitada, seu status profissional, aceito, e quanto a sua vida pessoal, os franceses são notórios por uma indiferença com relação aos outros que é também uma forma de cuidar da própria vida.

Mas isto se refere ao dia a dia. Quando se lê o texto das leis e quando se observa de perto situações sociais específicas, percebe-se que a mulher nunca tem a última palavra. O passado de uma mulher, assim como sua "alma", pesam na balança quando ela é colocada em julgamento. No verão de 1970, em Aix-em-Provence, uma mulher foi condenada à doze anos de prisão por ter incitado um homem a cometer assassinato. (O assassino recebeu oito anos — quatro a menos.) Não havia um fio de evidência contra a mulher exceto fofocas sobre sua moralidade, incluindo a de que ela teria dormido com um homem de quarenta e sete anos "quando tinha apenas vinte e dois". Quando ela perguntou durante a audiência se era crime uma mulher ter amantes, responderam-lhe que "depende da quantidade". A acusação formal dizia que "O recital de sua existência teria tentado a pena de um Balzac", e o relatório da polícia incluía que "Ela parece ter vendido a alma ao diabo". Sua vida particular e sua "alma" substituíram os fatos — algo que seria inconcebível se fosse um homem sendo julgado. Uma garota acusada de ter atirado em seu amante foi repreendida pelo magistrado por causa de seu gosto literário. "Busquei nos registros por sua alma, mas falhei em encontrá-la." Tudo isso vem de uma tradição que Maître Naud chamou de *"la latinité"* — a atitude latina com relação a homens e mulheres. Don Juan é admirado; talvez Deus o puna, mas isso é com Deus. Enquanto isso, qualquer um que defendesse publicamente Gabrielle Russier estava sujeito a receber um dilúvio de cartas lembrando que ela era uma desgraça ao sexo feminino, além de uma vagabunda, uma pervertida, e uma ninfomaníaca. Gabrielle Russier já tinha sete anos quando foi permitido às mulheres votar na França, vinte e oito quando mulheres casadas passaram a poder ter contas em bancos, e trinta quando se pôde pedir legalmente a um médico conselhos sobre métodos contraconceptivos. Ela morreu antes das mulheres poderem matricular os filhos no jardim de infância sem o consentimento por escrito do marido, ou poder opinar sobre onde a família vai morar. O protesto estupefato que seguiu a aprovação dessa última peça legislativa foi como algo disparatado saído da era Vitoriana. Após a Libertação da França, mulheres que tinham dormido com alemães (a maioria, prostitutas) tiveram seus cabelos raspados, enquanto homens que tinham voluntariamente ido trabalhar no esforço de guerra alemão não sofreram maiores consequências. Uma mulher condenada por adultério na França pode ser enviada ao cárcere por até dois anos, enquanto um homem escapa com uma multa — e ele só pode ser multado se for estúpido o suficiente para levar sua amante até sua casa. Nada disso quer dizer que se a situação legal das mulheres na França fosse diferente Gabrielle Russier teria encontrado juízes tolerantes, uma vez que os estadunidenses não precisam que lhes digam, nesta fase de sua história social, que não é possível legislar formas de ser e pensar.

Os Rossi tinham registrado sua queixa contra X, sem dar nome a ninguém. Ainda assim, a primeira pessoa que o juiz que conduzia a ação preliminar pediu para ver foi Gabrielle. Ele lhe perguntou se ela sabia onde Christian estava se escondendo. "Descubra você mesmo — é seu trabalho", é como sua resposta foi relatada, e ainda, "Tudo bem, então me prenda!". Retrucar desrespeitosamente a qualquer funcionário público "no cumprimento do seu dever" é uma contravenção na maior parte dos países latinos (nenhuma lei semelhante protege o público contra o atendente na agência dos correios, quanto mais de alguém ainda mais exaltado). O juiz perdeu a paciência com ela.

Impossível não notar que todos os envolvidos nessa causa eram ou irritáveis ou violentos. Christian arrombou a porta de Gabrielle; ela atirou a bagagem de um jovem pela janela de um trem; em uma de suas cartas, Gabrielle alerta seu ex-marido que ele não ajudará no caso se estourar com as pessoas. Quanto aos membros do Judiciário, eles já estavam sem paciência quando os procedimentos mal tinham começado. Até mesmo o ministro da Justiça, ao explicar o caso, após a morte de Gabrielle, disse que os pais do garoto tinham iniciado toda a questão porque tinham perdido a paciência.

O juiz de instrução não perdeu tempo discutindo com ela. Em 05 de dezembro de 1968, três semanas depois de Christian ter desaparecido da escola, ela foi indiciada e presa sem aviso prévio. Quatro homens bateram à sua porta, o juiz entre eles. Se ouviu na rádio que a casa foi revistada das oito da noite até às duas da manhã — o que parece irregular, pois nenhum policial tem permissão para entrar em uma casa particular entre o anoitecer e o amanhecer. A equipe de busca pode ter tentado achar drogas, além de procurar por Christian; eles deliberadamente provaram todos as ervas de tempero que ela tinha na cozinha, buscando maconha, e há um relato de um policial dividindo uma aspirina ao meio com os dentes para ver se ela tinha algum gosto peculiar. Porque ela guardava uma garrafa de uísque em casa, perguntaram-lhe se ela deixava seus estudantes beberem. No banheiro dela, os quatro homens encontraram "utensílios femininos" — absorventes, pelo jeito — e a censuraram por deixar tais coisas em um lugar onde suas crianças poderiam ver. No fim da busca, bem depois de escurecer, ela foi levada embora. Não se exige de um juiz de instrução que notifique uma prisão para qualquer pessoa que seja; só no dia seguinte Gabrielle conseguiu entrar em contato com alguém. Ela foi fotografada, suas digitais foram colhidas, e lhe deram um número. Uma de suas colegas prisioneiras disse depois, "A primeira e pior das humilhações era ser examinada completamente nua na frente dos outros. Nunca em sua vida Gabrielle tinha sentido tamanha vergonha, mas ninguém sequer notou". Em um manual voltado para carcereiros, são feitas menções específicas quanto à prática da revista íntima. Ela deve ser um "embate" psicológico, do qual "a autoridade prisional deve emergir vitoriosa". É um método conhecido de quebrar o estado de espírito de prisioneiros, em todo lugar. O prisioneiro é revistado friamente, eficientemente, silenciosamente, e, do seu ponto de vista, obscenamente. Sua nudez em meio às pessoas uniformizadas o faz sentir inferior, indefeso, e por fim, submisso.

Como tudo isso pôde acontecer com alguém que nunca tinha tido problemas com a lei, e nunca tinha sido processada? A resposta está no sistema de prisão preventiva. Se você é preso para ser interrogado na França, você é levado pela polícia e então para diante de um juiz de instrução. A única informação que ele vai ter sobre você é um relatório chamado de "telegrama". Pode ser uma longa lista de fatos, ou uma declaração lacônica. A primeira coisa que o juiz pode decidir, sem lhe perguntar uma questão sequer, é se vai manter você preso ou não. Se você parece ser uma pessoa que teve boa educação, bem vestida, morando em um endereço respeitável, se a acusação contra você não é coisa muito séria, se é improvável que você fuja, então o mais comum é que lhe seja permitido aguardar o andamento do caso em liberdade. Se você não tem domicílio fixo (talvez você viva em pensões ou em um hotel), se você é uma testemunha importante que pode desaparecer, se você é perigoso para a sociedade — *presumivelmente* perigoso, pois nesse ponto você ainda não foi processado por nada, quanto mais julgado — então você pode ser mantido preso por quanto tempo o juiz considerar necessário. Talvez fosse meramente o que Casamayor (o pseudônimo de um conceituado juiz, membro do Tribunal de Apelações, que escreve sobre tais questões; ele publica no *Le Monde*, por exemplo) chamou de "apenas um pobre diabo", alguém sem um centavo e maltrapilho, de uma raça considerada inferior — como um argelino; então seu destino parece ter menos importância. Você desaparece na prisão. Ninguém vai erguer um comitê para ver o que aconteceu com você. O juiz não é obrigado a pedir qualquer permissão ou conselho para qualquer pessoa; a assinatura dele é tudo que importa. Você pode até não ser o suposto culpado, mas apenas uma testemunha que mantém a boca fechada. O juiz suspeita que você sabe mais do que pretende falar. Ele é livre para te manter preso até você mudar de ideia. Se acontecer de você ser inocente, você não tem recursos contra as leis. Você não pode sequer entrar com um processo pedindo o simbólico um franco de indenização por danos, embora a prisão preventiva possa ter custado seu trabalho, seu equilíbrio doméstico, e sua reputação. Quando Gabrielle Russier foi presa pela primeira vez, o público subitamente descobriu que uma grande parte da população carcerária era composta de pessoas aguardando julgamento, alguns dos quais estavam há meses nessa situação.

Foi neste ponto, em dezembro de 1968, que a história, que tinha circulado por semanas nos círculos acadêmicos de Marselha e Aix-em-Provence, se tornou propriedade pública. A figura borrada de uma mulher tensa que parecia um menino acompanhou os primeiros relatos de um menor de idade fugitivo e dos pais comunistas que não hesitaram em apelar para os tribunais burgueses. Uma em cada cinco pessoas vota no Partido Comunista na França, todo ano, e por isso, naturalmente, uma grande parcela do público estava diretamente interessada. Jornalistas franceses, salvo se trabalharem para uma das estações públicas de rádio ou televisão, gozam de muito mais liberdade para expor opiniões pessoais do que no mundo anglófono. Se Gabrielle Russier era descrita como uma figura digna de empatia que tinha arriscado tudo por amor, ou como uma rebelde se levantando contra uma estrutura repressiva, os Rossi eram criticados pela esquerda, direita, e centro. Para aqueles que escreveram sobre o *affaire*, parecia inacreditável que pais comunistas poderiam se opor ao amor livre, ou aplicar padrões de comportamento de classe média aos seus filhos, ou fazer uso da máquina legal capitalista. Jornais direitistas fizeram graça com os Rossi, jornais comunistas ortodoxos apresentaram palavras duras contra o governo, mas não contra os Rossi, enquanto os libertários e os maoístas chamaram a atitude deles de uma traição. Houve longas, sinceras, e irrelevantes discussões na imprensa sobre o *quão* comunistas os Rossi eram; se eles eram bons ou maus comunistas; qual tinha sido a posição deles durante a Guerra da Argélia (que terminou quando Christian tinha dez anos); se o professor Rossi não era mais maoísta do que deveria ser, e como ele se sentia com relação ao Partido Comunista Italiano. Um autor assegurou a todos que a reação dos Rossi a vários posicionamentos tomados pelo PC italiano tinha sido "positiva", o que quer que isso queira dizer. Madame Rossi foi duramente criticada. "Ela tem cinquenta anos, mas aparenta o dobro da idade", foi anunciado solenemente no ar. Houve conjecturas sobre seus motivos, sua atitude com relação aos filhos, seu caráter, sua capacidade de afeição — normalmente por pessoas que nunca tinham sequer visto ela alguma vez. Uma mulher que descreveu a si mesma como "uma amiga da família" e falava com um forte sotaque marselhês cuidou (anonimamente, é claro) de informar a milhões de ouvintes de rádio que Mme. Rossi era "intratável... uma megera", e que ela forçava o marido a lavar os pratos. O escárnio na voz anônima era indescritivelmente zombeteiro. Ela soava como um monólogo de um velho filme de Marcel Pagnol. "Eles devem estar ganhando setecentos mil francos por mês, os dois juntos", a amiga da família continuou, como se isso fosse uma falta a mais. "Setecentos mil francos" significava sete mil francos novos, ou por volta de mil e quatrocentos dólares (como professores *agrégées* ligados a uma universidade, é bem possível, na verdade, que eles ganhassem até mais do que isso). O que se sugeria é que um homem que ganhava bem e ainda assim lavava os pratos era capaz de qualquer coisa. "Ele era completamente a favor da liberdade sexual", também se ouviu falar, "mas não para sua própria esposa e filhos".

Se a visão que um comunista francês tem da burguesia é a de um velho cartum de um capitalista com sacos de dinheiro no bolso e uma cartola na cabeça, a fantasia da classe média sobre os comunistas chafurdando em pornografia não era menos peculiar. É necessário um grande esforço de imaginação para visualizar um comunista francês da velha guarda, com sua argumentação sincera, seu paletó respeitável amassado, e sua esposa gorda e confortável, se envolvendo em uma orgia sexual. O decoro vitoriano que prevalece na União Soviética jamais foi mencionado. Talvez ninguém tenha ouvido falar dele. A princípio, os Rossi não disseram absolutamente nada; então a mãe de Christian enviou uma carta cheia de dignidade para um jornal. Ela mencionou o "efeito traumático" que o enlace do garoto e a discussão que ele provocou estavam tendo na irmã mais nova e nos irmãos, adolescentes também. Mas o que pareceu chocar e surpreender mais o público (e para uma estrangeira, isso foi o mais notável de tudo) era que alguém da classe e passado de Gabrielle Russier estava recebendo o mesmo tratamento que uma pessoa analfabeta ou pobre. Era desagradável, enfim, o viés de alguns dos protestos: como eles podiam prender alguém com um título universitário, uma professora, uma *agrégée*? Era "anormal e raro", disse Casamayor; "incomum para alguém de sua classe social e para alguém que tem um domicílio legal". Foi exatamente essa "anormalidade" que levou vários progressistas a adotarem sua causa: a prisão preventiva era tão inexplicável em termos da posição dela na vida que se tornou algo suspeito. Por que ela estava na cadeia? Ela tinha mesmo sido presa por ter dormido com um garoto? Era ela tão perigosa para a sociedade que tinha que ser excluída de um dia para o outro? Havia mais por trás da acusação do que se sabia? O público foi lembrado e lembrado que esta era "uma professora com um título acadêmico avançado". (Mais tarde, Gabrielle passou a ter pavor dessas campanhas na imprensa, achando que elas lhe causavam mais mal do que bem, e seus advogados terminaram implorando para que os amigos dela não dessem mais declarações em sua defesa.) Mas aí estava outra contradição: o fato de que ela era *de fato* uma "pessoa de qualidade" acabou se tornando um dos fatores pesando contra Gabrielle. Ela tinha sido bem-educada, ela era uma professora, ela devia ter mais bom senso. Em outras palavras, se ela fosse uma miserável ignorante não teria havido um caso, e se houvesse, o Ministério Público não teria se importado tanto em conseguir uma condenação. Como o promotor de justiça assistente diria depois, "Se ela fosse uma cabeleireira, ou se ela tivesse dormido com um jovem trabalhador, as coisas teriam sido diferentes".

Era evidente para qualquer um interessado no caso, e deve ter estado claro também para Gabrielle, que ela estaria livre em um minuto se revelasse onde Christian estava se escondendo, mas era improvável que ela o fizesse. Christian é que teria que se entregar. Antes de fazê-lo, ele pediu garantias do juiz de que não seria preso. O magistrado o encontrou no Palais de Justice em um domingo (o que é incomum) e por isso não pode assinar a ordem judicial até o dia seguinte. Ela foi libertada na terça-feira, 12 de dezembro. Com Gabrielle livre, a liberdade de Christian se tornou um problema, pois os dois não tinham intenção de se separar, e ele não desejava continuar morando em casa *nem* em um internato. Seus pais tomaram uma medida drástica — pediram a intervenção de um juiz da Vara da Infância e da Juventude. Ninguém parecia conseguir determinar se Christian tinha se apaixonado por uma mulher de trinta e um anos porque havia algo de errado com ele ou se ele tinha se tornado indisciplinado e desobediente como resultado do caso amoroso. A ideia de atração sexual, ou amor, ou ambos juntos, parecia ser tão singular que uma explicação racional para seu comportamento tinha que ser descoberta e um remédio aplicado. O juiz ordenou que Christian fosse enviado para um centro de exames para menores delinquentes, para verificar se ele era um neurótico necessitando de tratamento. O rapaz passou o Natal no centro, e estava entediado e infeliz. Depois de uma série de testes e entrevistas médicas, foi determinado que ele não possuía transtornos, mas tinha maturidade intelectual e emocional que iam além da sua idade. Isso pode ser interpretado em um sentido desfavorável, uma vez que pessoas jovens que parecem ser notavelmente maduras frequentemente têm problemas, ou os fundamentos para tê-los. De qualquer forma, nenhuma terapia foi sugerida. Ainda não convencidos, os pais de Christian fizeram-no ser transferido do centro para menores delinquentes para uma clínica psiquiátrica particular onde um programa de tratamentos poderia ser administrado. O guardião de um menor tem o direito de fazer aquilo que achar melhor, e é improvável que um psicólogo ou assistente social do estado questionasse a decisão de um responsável de bom nível educacional. Na clínica, Christian foi mantido isolado e lhe deram tranquilizantes. Ele não tinha ninguém com quem conversar e nada para fazer. Algumas vezes, era-lhe permitido sair do quarto, e em uma dessas ocasiões, ele conseguiu escapar. Ele foi direto até Gabrielle. Ele estava muito magro, e grogue por causa dos remédios que tinha tomado. Ela abriu a porta e caiu em lágrimas.

A acusação contra ela ainda estava em aberto, mas Christian tinha tamanho horror à clínica que ela não conseguia se forçar a enviá-lo de volta. Sabendo do risco que corria, ela mais uma vez o escondeu com amigos. Mas os amigos também não podiam ficar com ele para sempre; eles entraram em contato com os Rossi, que agora reiniciaram do começo seu procedimento judicial original — Christian foi mais uma vez entrevistado pelo juiz da Vara da Infância e da Juventude e *mais uma vez* enviado para o centro de exame para menores delinquentes. Ele ficou lá por três semanas, ocioso e entediado. Os psiquiatras no centro não indicaram nenhum tipo de tratamento ou terapia. Ele tinha se tornado alguém com quem ninguém sabia o que fazer. O juiz tinha a princípio sugerido aos pais que alugassem um quarto para Christian em Marselha e tentassem deixá-lo viver sozinho. Eles se opunham a isso. O juiz agora sugeria enviá-lo para uma casa para garotos, nas cercanias da estação de trem Saint-Charles. Não era um estabelecimento punitivo, mas um abrigo de reeducação para menores que tiveram problemas com a lei. A disciplina era frouxa; os garotos dormiam lá, mas podiam sair para trabalhar ou ir à escola. Christian, matriculado em um novo lycée, o Lycée Thiers, descobriu que seus sábados e domingos no abrigo eram livres. Todo sábado e domingo, portanto, ele aparecia na porta de Gabrielle. Eles não fizeram esforço para se esconder, e iam à restaurantes e ao cinema, e dirigiam por Marselha no carro vermelho vivo dela, seguidos por agentes à paisana vestidos como estudantes. Após três finais de semana assim, o juiz de instrução convocou Gabrielle e lhe deu um grave alerta. Ele achou que ela não entendia o perigo que corria, ou que a acusação contra ela poderia levá-la à prisão. O argumento dela é que ela amava Christian e que nunca tinha prometido que não iria vê-lo — mas isto não era argumento. Christian também tinha sido convocado para uma oitiva no Palais de Justice. Mais tarde, ele disse que conforme saía do edifício, dois homens, que na verdade eram dois enfermeiros, o agarraram pelos braços e o arrastaram até uma ambulância estacionada poucos metros adiante. Eles estavam agindo sob ordens do pai, e eram contratados da clínica psiquiátrica particular de onde ele tinha fugido mais cedo naquele inverno. As paredes do quarto eram acolchoadas. A única privada era um buraco no chão. Ele ficou lá por dois meses.

Talvez não tenha acontecido dessa forma. Talvez Christian tenha ido até a clínica por vontade própria, como qualquer paciente, mas posteriormente não conseguia se lembrar. Por outro lado, talvez ele tenha sido arrastado da escadaria do Palais de justice em Marselha até uma ambulância e mantido em confinamento solitário e sido forçado a se submeter a uma forma drástica de terapia conhecida como "cura do sono", quer ele precisasse ou não. De qualquer maneira, voluntário ou forçado, medicamente justificado ou não, seu aprisionamento foi *perfeitamente legal.*

O guardião de um menor tem não apenas a lei mas todo o peso da opinião pública lhe dando apoio. Mesmo quando a versão de Christian para a história apareceu na imprensa, era difícil encontrar alguém, exceto por psiquiatras e educadores, que desaprovassem por completo; o garoto soava nervoso e temperamental, ele era um fugitivo crônico, os médicos deviam saber o que estavam fazendo, e uma soneca longa nunca fez mal a ninguém. De fato, ninguém chegou a negar a história de Christian. O diretor da clínica manteve um escrupuloso silêncio profissional. Na França, como na maioria dos países, nenhum médico jamais vai criticar outro, exceto pelas costas. Nenhuma associação médica ou psiquiátrica chegou a pedir uma investigação ou sequer um esclarecimento da história, talvez por uma razão já mencionada — mesmo se tivesse acontecido daquela forma, era legal.

"Coloque-o para dormir e ele vai despertar curado" soa como uma fantasia, mas a "cura do sono" é, na verdade, uma forma de terapia largamente utilizada na França. Porque a palavra "sono" faz parecer um descanso, ela é procurada com frequência por pacientes. É uma forma de tratamento que começou na Áustria, no começo da década de 1920; ela é praticada na Suíça, e agora é um tipo de moda psiquiátrica na França, onde casas de descanso e clínicas estão equipadas para aplicar a "cura". Em terapias hospitalares sérias, ela é considerada útil quando — por exemplo — o paciente está em tal estado de angústia, agitação, ou desconforto que nenhuma forma de contato social é possível. O psiquiatra vai determinar uma cura do sono de oito dias, em média. Supõe-se que isso quebra o estado de tensão e tira o paciente do seu ambiente.

O paciente recebe altas doses de tranquilizantes e barbitúricos em suas diversas formas. Ele dorme, e fica sonolento quando acordado, e fica perdido para o mundo por vinte e três das vinte e quatro horas de um dia. Mas a cura também é usada voluntariamente, com avidez, por pessoas que sofrem de nervosismo, cansaço, insônia, depressão, excesso de trabalho, por estarem no meio de um relacionamento romântico infeliz, ou estarem passando por qualquer um dos problemas que fazem pessoas dizer, "Se eu ao menos pudesse dormir até tudo acabar...". Para alguém que não é médico, isso sempre soa aterrorizante, pois a parte suprimida da oração parece ser "e nunca mais acordar". Com a cura do sono, você acorda; parece ser apenas uma morte temporária, inofensiva. (Uma das razões pelas quais ela é aplicada com tantos requintes em clínicas particulares é porque, tal qual uma série de tratamentos de redução de peso em instituições similares, ela é muito cara.) O paciente passando pela cura do sono, exatamente como um suicida fracassado, volta ao mundo fisicamente enfraquecido, mais magro, grogue, terrivelmente deprimido, com as finanças exauridas, e infelizmente de volta a mesma vida. A cura do sono é, além disso, uma conhecida causadora de melancolia. O paciente é avisado sobre isso, e com frequência aconselhado a se recuperar passando um tempo respirando o ar das montanhas. Ele então vai ou para um hotel ou para uma casa de descanso repleta de outras pessoas doentes. A altitude elevada, o tédio da vida de pessoa institucionalizada, a solidão, a falta de alguma coisa interessante sobre a qual conversar ou algum trabalho produtivo para fazer, e a companhia de outros neuróticos dão o empurrão final e transformam a depressão temporária em algo agonizante. A consequência da cura do sono é, algumas vezes, o suicídio.

A reação dos pais de Christian pode parecer extrema, mas não é inexplicável. Em uma situação em que um estadunidense poderia esperar que um garoto de dezesseis ou dezessete anos se rebelasse, um pai francês é pego de surpresa.

A França é tudo menos uma sociedade matriarcal; a opinião pública considera um pai responsável por suas crianças e a forma como eles se comportam até depois de atingirem a maturidade. Em Paris, o filho único de uma família de classe média, psicótico e com inteligência abaixo da média, matou uma prostituta. Durante o julgamento, surgiu a informação de que seu pai dava-lhe uma mesada de duzentos dólares. Essa não parece uma soma excessiva para um homem dar a seu filho adulto abobado e sem perspectivas de conquistar emprego, uma vez que pelo menos o mantinha longe de sair cometendo furtos, mas subitamente o *pai* se tornou o réu. Toneladas de ódio e insultos recaíram sobre ele por causa dessa mesada. Quando o pai saiu da audiência onde tinha acabado de ouvir seu filho ser sentenciado a ser decapitado, ele foi cercado por uma turba de parisienses, vaiando, xingando-o, e erguendo os punhos no ar. Qual era seu crime? Ele não tinha se comportado "como um pai". Ele "não era um homem". Ele tinha falhado em seu "papel de pai" e o esperado é que o "papel de pai" seja autoritário. Conforme você vai para o sul, mais importante é o papel do pai. A despeito de migrações populacionais, industrialização e urbanização, o *paterfamilias* romano de alguma forma persiste. A estrutura familiar é quase intocável. O pai representa a lei familiar, e a lei em geral. Da mesma forma que ele obedece certas leis sociais tradicionais, ele é obedecido pelo grupo, que é sua família. Estas não são considerações aleatórias, mas ideias apresentadas por membros da Associação Psiquiátrica do Mediterrâneo em seu encontro de maio de 1970.

A França é dividida pelo rio Loire em duas zonas climáticas distintas. Ao sul do Loire, há menos divórcios, menos suicídios, e — onde a autoridade paterna é mais forte — quatro vezes *menos* parricídios. O catolicismo por si só não é capaz de explicar isso — algumas das comunidades protestantes mais importantes ficam no sul. O pai de Christian, que tinha nascido na Itália, certamente esperava ser obedecido, e tinha uma longa história de tradição lhe dando apoio.

Há que se levar em conta também o período em que, na França, os filhos moram com os pais, por razões tanto de costume quanto econômicas. Aparentemente, eles passam mais tempo estudando. Quando vão para a universidade, é em sua cidade natal, e seria considerado algo muito estranho se eles decidissem mudar para outro lugar. Além disso, para onde iriam? Há uma crise habitacional sem fim. Rígidos ou não, pais e mães franceses são próximos de suas crianças. Eles fazem as refeições e passam os dias de folga juntos. É extremamente raro ouvir um francês dizer que não gosta dos próprios pais. Talvez não admitam isso porque seria considerado algo indigno, ou talvez você apenas tenha que aceitar sua família quer goste dela ou não. O caso Russier, de qualquer forma, inspirou um certo número de comentaristas franceses a denunciar a vida familiar como a causa de todos os problemas dela, para não mencionar os de Christian. Wilhelm Reich foi parafraseado mais de uma vez, e houve ondas de Freud, Marx, e Lenin. A "Origem da Família", de Engels, caiu na moda entre estudantes de lycée por conta desse caso, e assim permaneceu. Ninguém mencionou a crença de Georg Groddeck de que se um elemento de crueldade não estiver presente em toda forma de educação, nem mesmo a mãe mais amorosa levantaria um dedo para ensinar qualquer coisa a uma criança. Genitores fazem as coisas mais impressionantes, todas em nome do amor — pois apesar de tudo que foi dito e escrito sobre os Rossi, nada levaria alguém a acreditar que os Rossi não amavam Christian. "O que você teria feito em meu lugar?", perguntou Mme. Rossi a um repórter, que respondeu, "Eu não sei o que teria feito, mas eu sei o que eu *não* teria feito" — o que parece fugir da questão. A não ser que os responsáveis sejam certificadamente perturbados, eles não imaginam a mais danosa, a mais irreparavelmente perversa, a mais demoníaca coisa que poderiam fazer e então, em seguida, a colocam em prática; eles sempre fazem o que acreditam ser a coisa certa. Se você perguntar sobre o interesse de quem faz isso, o pai ou mãe vai responder "Da criança" e esta é a única imprecisão. Equívocos pavorosos são feitos para salvaguardar futuros imaginários, e problemáticos. Quando os pais de Christian contaram aos amigos que o garoto estava "enfeitiçado" e "sob um encanto", eles deviam acreditar nisso. O exorcista moderno é o psiquiatra, e assim ele foi chamado para expulsar o espírito que tinha possuído o filho deles.

Christian disse que passou por duas curas do sono forçadas, cada uma com duração de três semanas. Ele virou dias dormindo, drogado, sendo desperto apenas para fazer refeições, que ele comeu em um estado de sonolência. Ao fim das primeiras três semanas, ele se sentou com o pai. Foi um encontro insatisfatório, e por volta de uma semana depois, ele foi submetido a uma segunda cura. Não houve reação pública dos médicos quando o relato disso apareceu na imprensa, mas houve vários comentários profissionais em privado. E diziam na prática que o tratamento não teria tido como matá-lo, mas poderia tê-lo deixado muito doente, e se ele *fosse* a pessoa neurótica, suscetível que se supunha, poderia tê-lo deixado com medo de inúmeras coisas na vida. Porém, seus pais deviam ter tido uma razão para interná-lo, e o diretor médico de uma instituição licenciada não viu problema nisso; do contrário, ele teria recusado. Uma das ilusões que pacientes de distúrbios mentais por vezes têm é que eles são arrastados até clínicas e forçados a se sujeitar a tratamentos intoleráveis.

Mas quão doente estava Christian Rossi? Ele tinha sido visitado duas vezes por especialistas designados pelo Estado, que concluíram que não havia nada de errado com ele. Claro, escreveu Raymond Jean, Christian era legalmente uma criança e tinha que ser protegido e defendido de si mesmo; mas era realmente proteção interná-lo em um abrigo para delinquentes ou em “uma cela em uma clínica psiquiátrica, para entregá-lo às injeções e curas do sono?”.

De qualquer forma, aconteceu, e o resultado imediato, após dois meses de encarceramento, foi que ele disse que faria o que quer que seus pais preferissem. Ele concordou em não ver mais Gabrielle, ao que ele foi liberado da clínica e enviado para morar com uma avó em Montpellier. Mais uma vez, ele foi matriculado em um lycée. Conforme sua saúde e vitalidade voltavam, ele passou a sentir que ser vigiado e observado e controlado era completamente intolerável. Todos pareciam temer que ele ia quebrar a promessa e fugir, e finalmente, em abril, foi o que ele fez. Ele foi até Marselha, seguiu para a casa de um amigo, e telefonou para Gabrielle. Àquela altura ele já sabia, mas talvez não compreendesse de todo, o escopo das dificuldades que isso traria para ela. Christian entendia que se ele se escondesse — sua intenção naquele momento — ela seria presa. “Faça o que quiser”, foi o que ela disse, segundo os relatos. Eles não chegaram a se ver. Exceto por um encontro em um parque público, na presença de uma terceira pessoa, eles nunca mais se viram novamente.

Após o telefonema dele, ela se preparou para ser presa com tamanha resignação — quase que com tal autossatisfação — que os amigos dela se agitaram. “Ela era muito inteligente”, disse um dos seus colegas, “mas no amor ela tinha o sentimentalismo de uma empregadinha que acabou de chegar do interior”. Gabrielle disse para os amigos, “Quando eu estiver na cadeia, os pais de Christian vão ver o quanto eu o amo”. Só se pode supor que ela tinha pesado todas as consequências — inclusive se seus pequenos gêmeos precisavam mais dela do que Christian precisava de um grande confronto com os pais. Valérie estava em um acampamento de férias nas montanhas. Gabrielle combinou com a faxineira para que ela ficasse de olho em Joël, e, lembrando da humilhante busca em seu apartamento que tinha precedido a primeira prisão, ela deu seus documentos pessoais para um vizinho. Dois dias depois que Christian tinha desaparecido da casa da avó, Gabrielle foi encarcerada na prisão marselhesa conhecida como Les Baumettes.

Ela ficou detida até meados de junho — dois meses ao todo. Ela ainda não tinha sido condenada por nada. Após sua morte, o Ministro da Justiça disse que a "educação" dela tinha sido levada em consideração, e que as autoridades penitenciárias tinham tentado limitar as oportunidades de "contágio" vindas das outras prisioneiras. Ele também comentou, contrariado, que estava cansado de ouvir sobre as péssimas condições de Baumettes. A prisão consistia em três grandes blocos com janelas gradeadas, um bloco para homens, um para mulheres, e um para delinquentes juvenis. Cães policiais vagavam pelo espaço entre os edifícios e luzes eram jogadas nas janelas à noite, como se fosse uma instituição de segurança máxima para criminosos lunáticos. Embora as mulheres fossem, como regra, quatro por cela, Gabrielle recebeu alguns privilégios: a princípio lhe foi permitido dividir uma cela com apenas duas outras mulheres, ambas contadoras, que por causa do nível educacional foram consideradas como tendo mais coisas em comum com ela do que as prostitutas. Na verdade, elas eram um casal de lésbicas praticantes, e Gabrielle desprezava estar presa com elas. Quase todos os prisioneiros a horrorizavam. Pela primeira vez em sua vida esta romântica extremada, a filha única super protegida de pais de classe média, entrava em contato com os subprodutos da pobreza, prostituição, e ladroagem. Mais tarde, uma das outras prisioneiras, uma garota chamada Muriel, contou para um repórter que Gabrielle era simplesmente incapaz de entender ou lidar com "a mesquinharia, a inveja, e a vulgaridade" que prevalecem no mundo penitenciário. "Ela tinha perdido até o nome. Ela não era nada mais além da número 59.264." Entre as duas e as quatro da tarde, os prisioneiros podiam sair para andar no pátio murado. Quando Gabrielle apareceu lá pela primeira vez, nenhuma das mulheres sabia qualquer coisa sobre ela. “Porque o cabelo dela estava cortado bem curto, como de um garoto, as prisioneiras mais maldosas espalharam o rumor que ela era lésbica.” Comentários e insinuações odiosas eram feitas na presença dela. “Gabrielle, pálida como a morte, ouvia sem dizer nada. Ela parecia uma menininha assustada levada a encarar de frente a ferocidade dos adultos.” Com o tempo, ela aprendeu a dar respostas aos que a atormentavam, “gentilmente e com inteligência”. Ela enfurecia os guardas da prisão com suas boas maneiras, e também por nunca ter absorvido a grosseria ou gírias da prisão. Ela era forçada a ouvir “obscenidades revoltantes” dirigidas a ela por esses mesmos guardas. A maior parte deste abuso era por ela ter dormido com um adolescente. Um dia, quando Gabrielle estava lendo na biblioteca da prisão, um dos guardas disse para ela, “De que adianta isso para você? Você não é nada mais que um trapo velho agora. Sua vida acabou”.

E ainda assim, em suas cartas, ela disse que no fim acabou preferindo os guardas aos seus colegas de prisão. Sua amizade com Muriel era curiosa. De certa forma essa garota, que tinha dezoito anos, parece ter se tornado uma substituta não-sexual para Christian. Muriel era viciada em heroína, e cumpria sentença por porte de entorpecentes. Gabrielle ficou bastante interessada nela, a apelidou de Satã, e pediu para tê-la como companheira de cela. Este pedido foi concedido. Ela imediatamente assumiu a educação da garota — elaborou listas de leituras, a acompanhou até a biblioteca da prisão. Quando se separaram, Gabrielle lhe escreveu cartas que pareciam estranhamente intensas, mesmo dada a amizade aguda que as pessoas desenvolvem quando estão trancafiadas juntas: “Muralhas nos separam, mas sei que você está em algum lugar...”.

Depois da morte de Gabrielle, repórteres localizaram Muriel nos bares marselheses onde se vendem drogas. Sua voz jovem e gutural foi gravada e amplamente difundida. Ela culpava a si mesma pela morte de Gabrielle, porque ela nunca fez qualquer esforço para vê-la. O que parece mais provável é que, após sair da prisão, Muriel tenha esquecido de Gabrielle por completo. Remorso e culpa não impediram Muriel de oferecer as cartas de Gabrielle por aí. Elas apareceram em uma revista feminina; foram lidas na rádio. Uma viciada em drogas, especialmente uma menor de idade, ainda era meio que um item exótico na França em 1969. A atitude dirigida pela imprensa à Muriel se tingiu com parte do sentimentalismo que transbordou do caso Russier, depois que Gabrielle morreu. Ela era invariavelmente descrita como "Muriel (ou Satã), a pequena viciada". Estas cartas tinham um tom diferente de qualquer outra reunida e publicada. Ouvindo uma delas sendo lida por uma atriz durante uma transmissão de rádio, o ouvinte poderia facilmente pensar que era uma carta para Christian. Descritas como "poéticas", as cartas para Muriel eram pedantes, cheias de floreios, românticas, e pretensiosas — "literárias" no pior sentido da palavra. Algumas vezes, Gabrielle parecia se dirigir a si mesma; quando ela falava diretamente para Muriel, parecia estar compondo uma carta de amor. A impressão é que Gabrielle deve ter sido terrivelmente inocente, e que ela tinha um desejo enorme de ser amada e necessitada por alguém mais jovem. As atrizes escolhidas para lerem *qualquer uma* das cartas dela invariavelmente adotavam uma dicção pomposa no estilo da Comédie-Française, com cobertura generosa de açúcar, e a voz verdadeira da prisioneira que perguntou "Por que estou aqui e o que foi que eu fiz?" permanecia em silêncio.

Gabrielle sofreu enormemente com os horrores mesquinhos da vida na prisão. As cartas que recebia não apenas eram lidas e carimbadas pelo censor da prisão, mas também ficavam longo tempo retidas na mão do juiz de instrução, que não tinha pressa para liberá-las. Algumas das suas cartas foram perdidas e podem ter caído por acidente em alguma lixeira repleta de documentos jurídicos. Cartas dela para a filha não foram entregues, tendo simplesmente desaparecido. Uma vizinha de

Gabrielle escreveu para o juiz, perguntando se ela poderia visitá-la na prisão. Apenas parentes tinham a permissão para ver prisioneiros, e Gabrielle não tinha nenhum em Marselha. Sua mãe era inválida, paralisada e em uma cadeira de rodas, o que queria dizer que era complicado para o pai idoso de Gabrielle sair de Paris. O juiz nunca respondeu ao pedido. Se Gabrielle estava confiante a princípio, e decidida a encarar o próprio aprisionamento como uma nova experiência, ela logo recaiu no desespero típico de pessoas que não compreendem porque foram presas. Isto é, embora ela soubesse que Christian tinha fugido e que ela estava sendo mantida como refém, ela não achava que tinha feito nada de *errado*. As freiras dominicanas que a visitaram, e de quem ela gostava, a aconselharam a ver a si mesma como uma "política" — ou seja, uma prisioneira política. Era um bom conselho: nos campos nazistas da Segunda Guerra Mundial, prisioneiros políticos eram menos propensos a cair no desespero e tinham, aparentemente, melhores chances de sobrevivência do que pessoas que não tinham feito nada para provocar suas prisões.

Ela também estava desesperadamente sem dinheiro. Havia aluguel para ser pago, e despesas legais, e impostos, e a perda do benefício assistencial porque ela estava na cadeia. Isso foi um golpe, porque afetava suas crianças. Ela tinha amigos devotados, mas não parece que algum deles chegou a botar as mãos nos bolsos para ajudá-la — embora certamente isso fosse a primeira coisa que um amigo com imaginação pensaria em fazer. Ainda assim, considerando o que acontece com os "humildes" da França, sua situação como prisioneira *era* privilegiada. Ela era apenas uma pessoa entre os milhares de detidos sem julgamento, com a lei rastejando na velocidade de uma lesma e suas vidas arruinadas e destruídas. Até isso ter acontecido com uma mulher francesa de bom nível educacional e de boa família, e por uma razão que os leitores dos jornais populares conseguiam entender e simpatizar — amor —, outros prisioneiros poderiam estar tentando se enforcar em celas na América do Sul que ninguém notaria. O sentimento na França subitamente parecia ser de que "Se isso pode acontecer com ela, pode acontecer comigo", enquanto o que quer que acontecia com o varredor de ruas argelino nunca afetaria ninguém. Não há absolutamente nenhuma dúvida de que se ela fosse obscura e "humilde", ninguém teria ouvido sobre ela e nunca haveria um editorial sobre o caso na primeira página do *Le Figaro*.

Dezesseis meses após Gabrielle ter sido presa pela primeira vez, prisioneiros argelinos se revoltaram na prisão Santé, em Paris. De acordo com o *Le Monde*, havia dois mil e setecentos "norte-africanos e outros estrangeiros" em celas que tinham apenas uma pequena janela debaixo do teto e, como única instalação sanitária, "um banheiro sem assentos, cuja pia tinha que servir tanto para lavar seus pratos como de bacia para suas abluções". Quando, durante uma onda de calor, estas condições se tornaram intoleráveis, os prisioneiros iniciaram uma greve de fome, a qual ninguém sequer notou. Então eles começaram a cantar e bater nas portas, e a jogar coisas pelas janelas. Na confusão resultante, alguns dos prisioneiros disseram que ocorreram espancamentos graves e talvez uma morte. As autoridades penitenciárias negaram, e foi tudo. Não foi publicada mais uma palavra sobre a história no *Le Monde* ou em qualquer outro jornal, e ninguém ouviu sobre isso em conversas particulares. Simplesmente não era assunto interessante. O público nunca ficou sabendo porque esses homens estavam na cadeia, quais eram seus nomes, ou nada mais sobre eles. E ainda assim é mais que possível que metade deles, ou dois terços, ou até mesmo todos eles, estivessem presos preventivamente. Agora, essas condições não são piores do que as que encontramos em alguns outros lugares, incluindo o Arkansas ou a cidade de Nova York. Mas a não ser que o público de classe média consiga ver a sua própria imagem refletida em alguém como Gabrielle Russier, ninguém — ou melhor, ninguém de classe média — se importa. "Pessoas detidas preventivamente cometem suicídio o tempo todo", disse Casamayor. "São pessoas humildes. Nunca ficamos sabendo sobre elas."

Os advogados de Gabrielle tinham feito dois pedidos de "liberdade provisória" que foram indeferidos, dando a impressão que ou a prisioneira era perigosa ou que a acusação era de fato muito grave. Não há até hoje explicação oficial de porque eles foram recusados. O Ministério da Justiça disse mais tarde que a questão da liberdade condicional dela era "delicada" e que quando ela tinha sido libertada após a primeira detenção o juiz de instrução recebeu cartas de protesto de pais. O público já dava como certo que a prisão dela era uma forma de pressionar Christian, que ainda estava escondido. Ela não foi libertada, de fato, até o dia em que ele se entregou. Ele disse a alguém que não tinha percebido que ela ainda estava presa, e talvez isso seja verdade, embora estivesse em todos os jornais. Ele agora tinha dezessete anos. Nunca tinha estado por si só, exceto como fugitivo, e nunca tinha ganho a própria vida ou sido responsável por outra pessoa. Ele pode não ter sido capaz de entender o que exatamente quer dizer ter antecedentes penitenciários, estar na cadeia, ser separado de suas crianças, se afundar em dívidas, perder o emprego, e ser impedido de exercer sua profissão. Ele disse em uma entrevista que ele escreveu para Gabrielle duas vezes por semana, mas que ela nunca respondeu. Ela raramente o mencionava nas cartas que escrevia na prisão. Seu ex-marido, Michel Nogues, que tinha sido leal a ela por todo o período, a encontrou quando ela atravessou os portões da prisão. Ele ficou chocado com a mudança que viu nela. Todos que a viram nas três semanas entre sua libertação e seu julgamento falaram de seu jeito diferente. Ela tremia, se encolhia como se estivesse com medo de um golpe, mal conseguia falar em um tom mais alto que um sussurro —

muitos dos sintomas do seu colapso nervoso de oito meses antes. Ela chorava quase que continuamente e parecia ter medo de broncas, como uma criança que conheceu muita rispidez. Raymond Jean, que a viu nessa época, disse que ela estava "abatida, pálida, caindo aos pedaços, magra". Ela olhava toda hora por sobre os ombros, como se estivesse com medo de estar sendo espionada, e parecia ter dificuldade para respirar. Uma amiga que a viu com frequência estava convencida que este comportamento era ensaiado, e um dos advogados de Gabrielle achou o mesmo. Ele disse que acreditava que ela tinha "simulado" alguns dos seus sintomas, ou pelo menos exagerado, mas que "o colapso em si era real o suficiente". Tudo sobre o que ela falava era a vida na prisão e seu terror e apreensão diante do julgamento, que ainda se avizinhava. Mais uma vez Christian foi despachado para ficar com um parente, e seus pais, no limite de suas razões, até mesmo sugeriram que ele se juntasse à Marinha. Não houve contato entre ele e Gabrielle. Parece que eles se afastaram da vida um do outro. Uma revista de notícias o repreendeu em um editorial por tê-la abandonado, mas não havia muito que ele pudesse fazer nesse ponto além de atrapalhar. Ela cansou os amigos repetindo as mesmas questões sem parar: Quão fortes eram os Rossi? O que seria dos filhos dela? Ela seria proibida de dar aulas? Era ela vítima de uma trama envolvendo os Rossi, o Judiciário, e o Ministério de Educação Nacional? Ela sentia como se tivesse sido "esmagada por uma pedra" e que tinha entrado em um mundo kafkiano. Entre o momento de sua libertação da cadeia em junho e seu julgamento em julho, ela permaneceu incapaz de cozinhar, fazer compras, cuidar do filho Joël — sua filha ainda estava no acampamento de férias — ou lidar com as mais simples situações domésticas. O livro de Michel del Castillo tem um relato de como um vizinho entrou em seu apartamento todo escuro uma noite e descobriu Joël sozinho em seu quarto, sem jantar, enquanto Gabrielle estava encolhida em uma poltrona na sala de estar. O vizinho perguntou para ela se o menino tinha recebido alguma coisa para comer. (Deve-se lembrar que as crianças não tinham permissão para se servirem sozinhas.) Gabrielle pareceu incapaz de compreender a pergunta ou até de entender o que estava sendo dito para ela. A cozinha estava completamente desprovida de comida, como se ela não fizesse compras há dias.

"Timidamente, Joël disse, 'Tem cereais no armário da cozinha'".

"Como se tomada por um surto súbito de loucura, Gabrielle saltou da poltrona e gritou, 'Cereais! Cereais! Estou cheia desses cereais! Nunca mais quero ouvir falar de cereais! Nunca mais!'"

Ela então engatinhou para trás da geladeira e se enrodilhou no chão, soluçando. Quando o vizinho, que tinha voltado para seu apartamento para preparar uma refeição para a criança, retornou uma hora depois, descobriu Gabrielle no mesmo lugar, ainda chorando. Ela disse para o vizinho, "Eles acabaram comigo na prisão. Tem momentos em que não suporto meu próprio filho, nem mais ninguém. Ontem eu chutei o gato. É o meu fim".

Os sintomas dela podem ter sido "simulados", mas suas preocupações eram reais. Ela tinha sido indicada para a posição de professora assistente na universidade de Aix-em-Provence — algo para o qual ela era amplamente qualificada. Vinte professores se encontraram em 27 de junho para votar na indicação, dentre eles Raymond Jean, que argumentou a favor dela, e o pai de Christian. Ela foi rejeitada por onze votos contra nove. Então, dois dias antes de seu julgamento, ela recebeu uma carta pedindo que ela devolvesse ao Ministério da Educação Nacional dois meses de salário, referentes ao tempo que ela passou na prisão. Parece duro demais e burocrático, como se o Ministério da Educação Nacional estivesse de alguma forma se perguntando onde ela estava esse tempo todo e tivesse acabado de descobrir. Claro, existe um outro lado da história: durante o ano acadêmico de 1968-69, ela mal pisou em uma sala de aula, pois ela tinha saído em uma licença-saúde prolongada, e depois de sua primeira prisão tinha sido suspensa sem prejuízo da remuneração por diversos meses (a suspensão não era punitiva. O diretor do lycée temeu que a presença dela poderia ser "disruptiva"). Gabrielle Russier não devolveu os dois meses de salário e provavelmente nem poderia. Como a reivindicação do Estado nunca foi revogada, essa dívida foi herdada por seus filhos. Joël e Valérie devem ao Ministério da Educação Nacional dois meses do salário da mãe falecida, a serem debitados do que quer que lhes reste de herança. Pouco depois do julgamento, Gabrielle tentou se matar ingerindo barbitúricos. Ela foi descoberta a tempo por um vizinho, que a persuadiu a se consultar com um psiquiatra. O psiquiatra disse que não havia muito o que pudesse fazer, e lhe deu uma receita para mais tranquilizantes.

A despeito do seu estado de espírito turbulento, ela não perdeu a cabeça. Ela se organizou o suficiente para escrever para uma de suas estudantes — uma garota que era amiga tanto dela quanto de Christian — pedindo a ela para ver se Christian não poderia ser convencido a comparecer na audiência marcada para 10 de julho. Ela achava que se os juízes pudessem ver a figura alta e barbada descrita na denúncia da promotoria como "uma criança", isso poderia tirar um pouco do opróbrio da acusação contra ela. Porém, ele não foi intimado, ele não testemunhou, ele não prestou depoimento, e sua presença não foi considerada "útil". Talvez o testemunho de um menor de idade do sexo masculino não seja levado em consideração (embora o de uma menina pudesse ser). O que ele poderia ter declarado? Ele poderia ter deixado registrado que quando ela quis encerrar o enlace ele arrombou a porta dela; que ele tinha proposto a viagem à Itália; que ele tinha implorado para ela buscá-lo na Alemanha; que ele tinha ameaçado fugir do internato se ela não fosse lá para vê-lo (e daí fugiu mesmo assim); e finalmente — e de capital importância — se ela era a primeira mulher de sua vida ou se ele já tinha experiências prévias e sabia exatamente o que estava fazendo. Talvez o juiz tivesse rejeitado seu depoimento. Por outro lado, talvez tivesse ajudado.

Um julgamento francês desse tipo é uma questão tripartite. Há a acusada, Gabrielle, representada por seu advogado; a *partie civile* — a família de Christian, com *seus* advogados; há o promotor de justiça, ou seu assistente, que representa o Ministério Público, o que quer dizer a sociedade, o povo da França. Para ser mais específico, quer dizer o poder judiciário de persecução penal em nome do povo da França. (Um equivalente inexato da *partie civile* na lei anglo-saxônica seria o "queixoso".) Uma vez que os Rossi tinham registrado sua queixa contra X, a questão estava fora de suas mãos — no sentido que eles não podiam mudar de ideia, voltar atrás e parar o andamento do procedimento — o que torna o caso um assunto do Ministério Público. O promotor de justiça e seus assistentes não são advogados comuns, mas sim magistrados de alto nível. Como seu título sugere, eles conduzem a acusação, pedem pela sentença que julgam necessária, e se o júri ou o juiz presidente da causa não dão o veredito ou a sentença requerida, eles pedem pelo seu direito de recorrer. Os advogados representando a *partie civile* também questionam as testemunhas e a ré, dando a impressão de que são duas partes no processo contra uma. O que os queixosos — neste caso, os Rossi — estão pedindo, como regra, são ressarcimentos por danos. Os danos podem ser uma quantia vultosa ou o valor simbólico de um franco, que ao serem reconhecidos em juízo como devidos confirmam que os queixosos foram prejudicados moralmente, ou mentalmente, ou em sua imagem pública. Um dos advogados de Gabrielle Russier comentou secamente, sobre os Rossi, "Se esperaria [de comunistas] uma atitude mais descompromissada com relação à valores burgueses, à moral burguesa, e à polícia burguesa". No julgamento dos Russier, o promotor de justiça assistente tinha instruções específicas para pedir por uma sentença de suspensão condicional por treze meses. Era algo de enorme importância, pois Georges Pompidou tinha acabado de se tornar Presidente da República, e a tradição é que o novo presidente proclame uma anistia de todas as sentenças de doze meses ou menos. (E todas as multas de trânsito pendentes são apagadas.) Se Gabrielle Russier recebesse uma sentença de doze meses ou menos, ela receberia o benefício dessa anistia; ela não teria antecedentes criminais, e não haveria razão legítima para impedi-la de dar aulas. Foi por isso que o promotor tinha recebido instruções de pedir por treze meses.

No dia do julgamento, o Palais de Justice estava repleto de fotógrafos e repórteres. Gabrielle viu o pai de Christian e teve um diálogo curioso com ele. Como se tivesse medo de levar bronca, ela lhe disse que não tinha sido ela que tinha chamado a imprensa. Ele a reconfortou. A responsável pela portaria do edifício viu Gabrielle passar e disse o equivalente à "cachorra vagabunda" por entre os dentes. Como frequentemente acontece em audiências onde menores estão envolvidos, a sala de audiências foi esvaziada. Alguns membros do público que não sabem que isso é costumeiro acabaram ficando com a impressão de que os detalhes do relacionamento eram obscenos e escabrosos demais para ouvidos delicados. Quando a sentença foi anunciada no dia seguinte, Gabrielle não estava na sala. Por causa dos repórteres, dos fotógrafos, e da turba de mulheres furiosas esperando por ela, o advogado de Gabrielle tinha obtido permissão do juiz presidente para que ela estivesse ausente durante a leitura do veredito. Só depois ela soube que tinha sido condenada a pagar uma multa equivalente a cem dólares e recebido uma pena de doze meses em suspensão condicional, caindo assim dentro do alcance da anistia presidencial. Seus antecedentes criminais, como diz a pitoresca expressão francesa, "permaneceram virginais". Ela disparou telegramas para todas as direções, assinando como "Antígona" e "Fedra", incluindo um para seu advogado (assinado "Antígona") que dizia, "Obrigada. Longa vida ao Sol".

Por volta de trinta minutos depois da sentença ter sido proferida, o promotor de justiça assistente foi até Raymond Guy, o advogado de Gabrielle, no Palais de Justice e lhe disse, "Vou recorrer *a mínima*. Acabei de receber ordens".

A frase latina completa seria "*a mínima paena*", querendo dizer "da sentença menor". Esse é um recurso que o Ministério Público (em nome da sociedade) faz quando considera que a sentença foi leve demais. É bastante raro. Um dos advogados de Gabrielle disse que sabia da existência de apenas dez recursos do tipo entre 1932 e 1969, e em casos envolvendo questões muito mais sérias do que a sedução de um garoto de dezesseis anos por uma mulher. Por outro lado, talvez qualquer aspecto de moralidade pública seja uma questão séria na França. No verão de 1970, houve um recurso do Ministério Público contra uma decisão de uma vara de instância inferior absolvendo um editor de Bordeaux da acusação de distribuir pornografia. O que ele tinha distribuído eram filmes voltados a clubes de hábitos saudáveis e de nudismo. A Vara Recursal também o absolveu, declarando que os filmes não eram obscenos. Foi uma decisão que criou um precedente: até 1970, os juízos tinham sido extremamente severos em casos que tratavam de "reproduções completas do corpo humano". Isto serve apenas para apontar que os recursos do Ministério Público podem ser raros, mas são certamente seletivos. Como regra, se um réu aceita o veredito do juízo, a questão acaba ali. Mas se ele tem a impertinência de recorrer por uma sentença ou multa menor, o gabinete do promotor de justiça vai protocolar um contrarrecurso *a minima*, que pode fazer o réu desejar que ele tivesse aceitado o que recebeu em primeiro lugar. Maître

Naud, que entrou no caso nesta altura e que é um causídico parisiense de grande reputação, chamou isso de "uma espécie de jogo pavoroso". O que era absolutamente sem precedentes era a velocidade com que o Ministério Público enviou a ordem de recorrer ao promotor de justiça assistente — em menos de trinta minutos após a sentença. "Em minha carreira de trinta e sete anos de fórum, nunca vi decidirem por recorrer tão rapidamente", disse Maître Naud.

Nada disso estava acontecendo em segredo, mas sob profusa iluminação fornecida pela rádio e pela imprensa, e acompanhado por um volume de comentários e debates quase sem paralelo no recente cotidiano francês. A célebre frase de Victor Hugo "A lei é uma máquina que não pode se mover sem esmagar alguém" era citada por todos que conseguiam se lembrar dela. Escassos eram os espaços na vida pública em que o nome de Gabrielle Russier não era mencionado. O que agora parecia deixar a opinião pública ultrajada era a desproporção entre a ofensa dela e o peso de sua pena, e para um observador externo que não sabia nada sobre o Código Penal, o Judiciário parecia mesmo ter sido caprichoso no momento da sentença. Doze meses parecia severo demais em comparação com decisões proferidas em casos que eram muito mais graves. Uma mulher matou o marido a tiros por causa da ambição política dele, por não querer que ela conhecesse os amigos dele, por ter uma amante, e ter ameaçado deixá-la. Ela foi absolvida, e quando ela saiu da audiência o onipresente emaranhado de vozes femininas da vizinhança gritou "Bravo Yvonne!". Em 1969, um homem no subúrbio de Paris esfaqueou um vizinho até a morte porque a filha do vizinho estava quicando uma bola contra sua porta. Primeiro, ele chutou a criança; então ele berrou nas escadarias chamando o pai dela no andar de cima, "Desce aqui se você for homem"; então ele pegou uma faca e partiu para cima dele. Ele recebeu uma suspensão condicional do processo. Em 1970, dois homens adultos, irmãos, entraram em uma discussão sobre o que dar de comer para o cachorro deles. Um matou o outro. A sentença foi de dois anos. Na primavera daquele mesmo ano, uma mulher matou o marido. Sua defesa era que ele tornava a vida dela intolerável. Ela recebeu uma *suspensão condicional* da sentença de cinco anos. Crianças são frequentemente abusadas e maltratadas e algumas morrem por causa de seus ferimentos. Quais são as sentenças nesses casos? Suspensão... dois anos... dezoito meses. Nada irrita mais os advogados do que comparações desse tipo, porque em um julgamento de homicídio na França não se pede para que o júri decida se o réu *cometeu* o crime, mas se ele é *culpado*. É completamente inverídico que na França uma pessoa acusada seja considerada culpada até que se prove inocente; apenas parece ser desse jeito, porque na lei francesa não há tal coisa como uma alegação de inocência. Isso não existe. O que o prisioneiro tem que provar é que o juiz de instrução não tem o direito de indiciá-lo — em outras palavras, que o Estado não tem um caso. Ele só pode alegar inocência, e tentar demonstrar que foi preso sem motivo. Se você é preso por assassinato mas o júri descobre circunstâncias atenuantes, você não é culpado do crime pelo qual o Estado te denunciou mesmo se você tiver causado a morte da vítima. Com todas as suas limitações, a lei francesa é mais leniente e elástica do que a lei anglo-americana no que tange culpa e intenção, precisamente por causa da sutil, mas destacada, separação entre o fato e as circunstâncias. Como o caso Russier foi ouvido *in câmera*, diante de uma corte de três juízes, apenas aqueles que estavam presentes sabem o que foi dito, ou que foi apresentado contra ela. Sua sentença mostrou apenas que deve ser complicado ser ré quando um ministro ou outro decidiu fazer de você um exemplo. No caso do homem que esfaqueou o vizinho, o juízo demonstrou empatia com pessoas que vivem em prédios de apartamentos barulhentos e precários. No caso de crianças mortas ou espancadas, a pobreza ou o alcoolismo ou a idiotia da mãe é levada em conta. Gabrielle Russier não tinha nenhum desses elementos a seu favor.

O Ministério Público começou então a sugerir que a apelação não era nada mais que rotina. Isto deu a impressão que a lei era um grande tsunami que ninguém sabia como deter. Mas houve advogados de respeito que vieram adiante para declarar, em público, que a apelação *a mínima* não era rotina, e que a lei estava sendo usada como um instrumento de repressão.

Em tempos de estresse e confusão, o público da França busca informação naquelas estações de rádio que não são propriedade do governo — Europe 1, Radio-Luxembourg, e, no sul, Radio Monte-Carlo. O quão "independente" as estações comerciais são é outra questão, mas pelo menos elas parecem estar livres de certo tipo de censura prosaica. Foi nessas "estações periféricas", como elas são chamadas, que o público geral, as mais de cinquenta por cento de pessoas que nunca leem jornais, agora aprenderam do que *a mínima* se tratava, e que a apelação não era rotina, e que a lei era algo misterioso chamado "*du Kafka*". Mas Casamayor também foi ouvido, em uma dessas mesmas estações, e ele disse que a lei não era um mistério de Kafka, nem a Justiça era inevitavelmente injusta: "A coisa toda era uma operação e ela era seu objeto". Ela não era vítima de alguma coisa sombria e impositiva, mas meramente de "homens com opiniões". Quem eram estes homens? Eles estavam no Ministério da Educação Nacional, disseram alguns de seus colegas. Maître Naud, que estava se preparando para defendê-la diante da Vara Recursal em Aix-em-Provence, tinha toda a intenção de trazer à tona o rumor de que o Ministério da Educação Nacional tinha pedido ao Ministério Público para que garantisse com toda certeza que ela nunca mais voltaria a dar aulas. Houve quem achasse a ideia difícil de engolir, na época. O Ministério da Educação Nacional tem um orçamento enorme, um exército de pessoas com que lidar; é responsável por tudo desde o jardim de infância até as universidades, e parecia improvável que homens no topo da carreira pública não tivessem nada melhor para fazer do que perseguir e acusar uma mulher porque ela tinha escondido um aluno. Com o tempo, começou a parecer que se ela *estava* sendo perseguida devia ser por algo que foi deixado de fora do Código Penal — ter um amante mais jovem. A diferença de idade entre Gabrielle e Christian era de quinze anos, mas com frequência falavam dela como se fosse "velha o suficiente para ser a mãe dele". Seus oponentes a descreviam como uma ninfomaníaca envelhecida buscando pela juventude perdida. A imprensa descreve como "jovem" qualquer pessoa com menos de cinquenta anos, e o rapaz encantado com uma mulher mais velha ou casada é um assunto favorito da literatura: "Chéri", "Com o Diabo no Corpo", "O Vermelho e o Negro", "O Trigo em Erva", veem à mente um atrás do outro. Alguns dos amigos de Gabrielle Russier acharam que ela estava sendo assediada por ter tomado o lado de seus estudantes durante os protestos de 1968, e que seu julgamento era, na verdade, político. Mas, nesse caso, por que Gabrielle Russier? O professor Rossi tinha sido um militante ativo, era comunista, e não apenas não estava sendo assediado, mas estava recebendo assistência ativa da lei. Os "homens com opiniões" de quem Casamayor tinha falado talvez tivessem opiniões apenas sobre a moralidade dela, e nada mais. Mais tarde, o promotor de justiça assistente removeu uma ambiguidade ao colocar na linguagem mais clara possível: "Um apontamento nos seus registros policiais era necessário para facilitar a adoção de medidas disciplinares e retirá-la de seu cargo. Ela mereceu".

Faz sentido que uma parcela do público também pensasse que ela merecia, pois a Promotoria de Justiça se sustenta com mais do que as "ideias" de alguns homens. Havia todos os pais e mães que tinham protestado quando ela foi liberada após sua primeira prisão, por exemplo. Havia mulheres contra ela — mães de filhos, ou apenas mulheres ansiosas para deixar o mundo inteiro sabendo que elas jamais se apaixonariam por um menor de idade, não importam as circunstâncias. Cartas condenando-a continuavam a chegar nas revistas femininas muito depois de sua morte. Calhamaços de cartas semelhantes eram lidas em voz alta na Radio Monte-Carlo — a paixão sobre esse caso tinha chegado a um pico no sul — e Gabrielle Russier enfim tinha se tornado um assunto que era melhor não mencionar nos jantares, como o caso Dreyfus tinha sido várias gerações antes.

Outro ponto contra ela era o fato de que Gabrielle era divorciada. Soa improvável em um país como a França, onde o divórcio é aceito, relativamente fácil de se conseguir, e largamente praticado. Mas existe um preconceito contra uma mulher divorciada não apenas na França, mas em quase todo lugar. Ele vem à tona quando uma situação íntima se torna uma questão moral; então, a pessoa envolvida não é apenas uma mulher, mas uma divorciada — embora em situações similares não se espera que ninguém faça cara feia se o caso envolver um homem divorciado. Até mesmo nos Estados Unidos, o último lugar onde se esperaria, essa proibição mental existe. "Ele gostava da companhia de divorciadas loiras de trinta e cinco anos" apareceu não muito tempo atrás escrito em uma matéria da *Time*, e o que queria dizer era que "Ele gostava da companhia de mulheres oferecidas". Tire as palavras "divorciadas loiras" e substitua por "mulheres solteiras" e veja como a frase soa. Então, se "divorciada" é uma abreviação jornalística para "facinha" até mesmo na América, o que mais poderia ser em um país tão católico e conservador quanto a França? Em tudo que foi escrito sobre Gabrielle Russier, a frase "uma mulher divorciada com dois filhos" ressoava como o sino de um relógio badalando sem parar, apesar do seu divórcio ter sido o menos escandaloso que se pode imaginar: ela e Michel Nogues descobriram que não queriam o mesmo tipo de vida, e se separaram amigavelmente. Ele continuou amigo dela, e ficou a seu lado durante o julgamento e depois. Cada vez que a situação dela ("divorciada") era mencionada em um certo tom de voz, era de se perguntar se as coisas tinham mudado muito desde que um livro de etiqueta francesa anterior à 1914 aconselhou, "A mulher divorciada remove sua aliança, retoma seu nome de solteira, e tenta viver uma vida discreta e em retiro".

Parte do público também acreditava que Gabrielle Russier devia ser feita de exemplo: do contrário, não haveria nada capaz de impedir adolescentes de saírem de casa, desobedecerem aos pais, e iniciarem relações amorosas com pessoas mais velhas. Provavelmente nenhum Ministério da Educação em qualquer parte do mundo iria querer que seus instrutores ficassem se apaixonando pelos jovens que ensinavam. Mas talvez não muitos o fizessem. O comediante francês Pierre Daninos apontou que toda vez que alguém faz algo sequer remotamente fora do padrão na França, a resposta é invariavelmente "Mas e se *todo mundo* fizer isso?". Deve haver milhões de estudantes que não dormiriam com seus professores mesmo que fosse legalizado. Outros argumentos eram mais sérios: ela era uma professora, responsável por cuidar de pessoas jovens fora de suas casas. Enquanto substituía os pais de Christian, ela traiu a confiança que eles — e todos os outros pais e mães — tinham depositado nela. Além disso, como professora, ela era uma funcionária pública, vinculada a um código que exigia comportamento respeitável. "Gabrielle Russier deu um mau exemplo", disse o promotor de justiça, "porque ela fez pouco da autoridade parental. Se ela ao menos tivesse pedido as devidas desculpas..."

Seria necessário um volume gigantesco para registrar todas as posições tomadas e abandonadas, as opiniões pedidas e fornecidas, os longos debates através de cartas, os discursos, as declarações, as manifestações de crença. Tratados cobriam as calçadas em volta das universidades e dos lycées, e pôsteres eram grudados nos muros de Aix-em-Provence e Marselha acusando a sociedade, a Quinta República, o sistema educacional, a hipocrisia burguesa, e a família de Christian. Fofoca caluniosa circula selvagemente — todo mundo conhecia alguém que sabia que os Rossi tinham tentado declarar o filho insano (eles não tentaram isso) ou que eles tinham todo tipo de razões duvidosas para tentar destruir Gabrielle Russier para sempre. Os Rossi não tinham pedido pela apelação *a mínima*; uma vez que eles tinham Christian de volta em casa, isso era tudo que queriam. Foi impossível chamar atenção para isso, porque quase ninguém ouvia. As vozes do oficialato continuaram dizendo que a apelação era apenas uma rotina legal, e advogados em escritórios particulares continuaram retrucando que não era. "Eles sempre pedem pela sentença máxima e nós quase sempre acabamos com menos", disse um advogado. "Se o promotor apelasse *a minima* toda vez, isso não teria fim. Todo caso resultaria em uma apelação." Quando não era mais necessário dar continuidade a esta apelação específica porque a ré tinha se matado, chegou a vez do Ministro da Justiça se explicar, também através de um programa na rádio: "Foi tudo legítimo. Tudo foi feito dentro da lei".

"Fizeram uma tempestade em um copo d'água", Gabrielle Russier escreveu desesperada da cadeia, e foi assim que a coisa começou a parecer — pois o quê, exatamente, ela tinha feito? A não ser que se aceitasse um caso amoroso como algo criminoso, parecia absurdo levar o processo a uma vara recursal. Ela tinha se apaixonado e perdido a cabeça; encorajar Christian a mentir para os pais tinha sido, talvez, um erro, uma falha enquanto amiga deles, mas naquele momento ela não era nem amiga, nem professora. Se cada fraqueza e subterfúgio pela qual a paixão é responsável fosse punida por lei, nenhuma prisão no mundo seria grande o suficiente. Como uma adulta envolvida com um menor de idade, ela tinha apresentado a ele alguma forma avançada de vício? Ela o fez beber?

Ofereceu drogas? Improvável. Ela era, até, meio puritana. Ela o fez infeliz, o torturou, sequestrou, espionou, e tornou a vida dele um inferno? Ela o impediu de estudar? Uma carta que ela lhe escreveu com certeza deve ser a mensagem menos erótica que qualquer mulher já enviou para seu amante. Era uma lista de tarefas: Christian deveria estudar italiano, assistir dois filmes por semana (um "cultural" e outro de qualquer tipo), ler um romance francês por semana e alguns capítulos de um romance estrangeiro, e escrever uma redação toda semana... Como seu ex-marido tinha dito, ela tinha nascido uma educadora. "O contato entre eles não era nulo", disse o defensor dela, Raymond Guy. "Na verdade, era vantajoso." Ele deve ter querido dizer que era vantajoso para Christian; naquela altura, Gabrielle já estava morta.

O choque das boas notícias — a sentença de doze meses ao invés da de treze — imediatamente seguida pela ruim teria transtornado uma personalidade muito mais forte que a de Gabrielle Russier. Seus medos e preocupações sobre o novo julgamento se tornaram tão obsessivos que um médico recomendou a cura do sono, pela qual ela passou em um hospital. Ela enviou Joël para um acampamento, e no dia 20 de julho ela deixou Marselha e foi para uma casa de repouso nos Pirineus, "para evitar a depressão que se segue após a cura do sono". Mais uma vez ela tentou se matar, e mais uma vez foi descoberta a tempo. Suas cartas falavam do que a aterrorizava: sua falta de dinheiro, o aluguel que devia do apartamento, o medo que seus filhos pudessem se tornar tutelados do estado. Quando ela escreveu, "Não estou sendo dramática. É a situação que é dramática", ela falava a verdade. Até mesmo uma mulher sem imaginação se sentiria desamparada e encurralada. Ela não tinha praticamente ninguém no mundo. Seus pais eram idosos e sua mãe uma inválida. Seu ex-marido tinha feito o que podia, mas ele não era rico, e ele era, no fim das contas, um homem de quem ela tinha se divorciado. Ela tinha amigos, mas eles não eram nem ricos nem poderosos, e ela mesma, como produto de uma classe média endurecida onde a expressão "Cada um tem seus problemas" alcança os ouvidos com bastante frequência, provavelmente não esperava muito deles. Ela chegou a perguntar, em uma carta, se um pedido por doações não poderia ser publicado no semanário de esquerda *Le Nouvel Observateur*, o que mostra como ela devia estar desesperada por ajuda e dinheiro. As outras pessoas na casa de repouso tinham "apenas problemas psicológicos, nenhuma dificuldade real". Mas as defesas dela — como as deles, talvez — estavam quase inteiramente erodidas. Ela escreveu "se algo acontecer comigo" em primeiro de agosto.

Ela deixou a casa de repouso em 30 de agosto e voltou para Marselha, que estava deserta por conta do último fim de semana das férias de verão. Era sábado à noite. Ela estava sozinha. Ninguém a encontrou na estação. O prédio de apartamentos onde ela morava estava tão silencioso quanto o resto da cidade — quase todo mundo estava fora. Parece incrível que as enfermeiras, médicos e psiquiatras que tinham lidado com ela a tivessem deixado ir sem entrar em contato com algum membro de sua família ou algum amigo próximo. Ela não se preocupou em desfazer as malas. No dia seguinte — domingo — alguém veio vê-la. Ela e o visitante beberam algo e ela fez café — as xícaras e os copos foram achados. Depois que o visitante desconhecido partiu, ela selou as aberturas das portas e janelas com roupas e jornais, desligou o disjuntor para evitar o risco de uma explosão, e ligou o gás. Ela deitou na cama e engoliu todos os calmantes que tinha na casa. Bombeiros arrombaram a porta na segunda-feira. Eles acharam Gabrielle em um roupão azul, e os copos e xícaras vazios. Seu visitante nunca veio à público para contar sobre essa última conversa. Não houve inquérito, nenhuma autópsia, e ninguém sequer coletou as impressões digitais nas xícaras e copos.

Maître Naud, o advogado que iria representar Gabrielle na Vara Recursal, recebeu duas mensagens no mesmo dia. Uma era a notícia que sua cliente estava morta, e outra uma carta do ex-marido dela, escrita poucos dias antes. Michel Nogues estava preocupado com a ideia de um novo julgamento e com o tipo de notoriedade a que sua ex-esposa estava sujeita. Ele queria que o público visse "a face real dela" e ele falou de "seu alto valor moral". O casamento deles tinha fracassado por causa de suas personalidades e pontos de vista opostos. Ainda assim, "eu considero minha ex-esposa moralmente impecável". Ela era também "uma mãe excepcional" e uma "educadora por vocação". Esta deve ter sido a carta que ela pediu para ele escrever a favor dela.

Poucos dias depois, Mme. Rossi concordou em ser entrevistada junto de Christian. A revolta contra sua família era tão enorme que ela pode ter desejado registrar sua versão do caso. Um repórter da Radio-Télévision-Luxembourg teve permissão de entrar na casa com seu equipamento de gravação. A voz dela era educada, rígida, levemente masculina, e — não surpreendentemente — um pouco emocionada. Christian resmungava, e subitamente a voz de sua mãe cobriu a dele: "Pare! Pare!". "Christian fecha os punhos, para de falar, deixa a sala", disse o repórter. No dia seguinte, ele foi entrevistado pela mesma pessoa, mas sem sua mãe, em um café. Ele começou dizendo: "Não posso falar, não posso falar". Então, respondendo às perguntas, ele disse que sim, ele tinha sido encarcerado em uma clínica psiquiátrica. "Foi traumático." Por que isso tinha sido feito? "Bom — você sabe — pais são responsáveis por suas crianças. Eles têm todo o direito." Era verdade que ele tinha também sido enviado a um centro de observação? E por quê? "Porque eu era considerado um menor delinquente. Por meus pais — acho." Ele tinha amado Gabrielle? (Que pergunta! Quais as chances dele dizer não poucos dias depois do suicídio dela?) "Sim." Ela tinha amado ele? "Acho que sim", disse

Christian, fazendo uma cuidadosa divisão de responsabilidades; pois quem pode dizer o que outra pessoa realmente pensa e sente? Ele se sentia culpado pela morte dela? Absolutamente não. "A Justiça" foi a responsável, ele disse. "E certamente meus pais. Acho isso. Eu não posso culpá-los muito — não nesse momento." Mas então ele decidiu que culpava mais que meramente a "Justiça" e seus pais: havia a apelação *a mínima* e também a cura do sono de Gabrielle, "se é verdade que ela passou por uma" — sua incerteza demonstra que eles não tiveram contato antes do suicídio, e que ele não tinha ideia do que estava acontecendo com ela ou onde estava. "Você teve pensamentos suicidas depois da *sua* cura do sono?", o repórter perguntou. "Não, porque eu amo a vida." Além disso, ele estava certo que permaneceria vivo: "Pelo menos, assim espero!". Ele riu, como se ele e o entrevistador estivessem conspirando juntos — ao menos, ambos estavam vivos. Ele soava jovial e encantador. "Ela amava a vida também", ele disse rapidamente, atropelando qualquer impressão de indiferença. "Mas ela estava desesperada. Eu conheço gente que cometeu o suicídio depois de passar pela cura do sono." É de se perguntar o que ele quis dizer, exatamente. Quantos dos amigos dele tinham se matado? Quantos tinham sido forçados a se submeter a uma terapia tão radical? Se era verdade que esse tratamento era uma causa tão frequente de suicídios que um garoto de dezessete anos conhecia vários casos, a lei, ou alguma associação médica, não teria interferido? "Todo dia ela viu que o dia em que poderíamos talvez viver juntos estava mais e mais distante", ele disse, sem explicar isso, tampouco — pois cada dia o deixava mais próximo da maioridade e do direito de escolha. Fora seu breve e confuso enlace romântico quando ele tinha dezesseis anos, eles não tinham passado tanto tempo juntos. É de se perguntar se eles realmente conheciam tão bem um ao outro. Christian acusava alguém *especificamente*? "Eu acuso tudo", ele disse subitamente. "Sociedade. Tudo. Sociedade, e juízes, e pais. Eu acuso todos os pais e mães reacionários e burgueses." Parecia uma recitação, algo decorado. Não era a voz da pessoa que tinha rido um minuto antes e dito, "Eu amo a vida". Ele soava como um papagaio com sotaque marselhês. "Meu futuro é assunto meu", ele continuou, com uma nova voz, uma voz normal. "Eu não esquecerei o que aconteceu, mas desejaria que todos os outros esquecessem."

Duas semanas depois, ele desapareceu novamente. Não tinha fugido. "Ele está exilado", disse na rádio alguém que conhecia a família. Também disse que o assunto Gabrielle Russier era tabu na residência dos Rossi, por causa das três crianças mais novas. Christian era descrito como "dividido" entre a lealdade por sua família e a rejeição a eles.

Quando chegou a primavera de 1970, ele estava morando em Paris e foi dito que tinha rompido com os pais. Ele estava com dezoito anos. Seu "correspondente", a pessoa designada pelo juízo para ficar de olho no menor, era o pastor protestante que tinha oficiado o casamento de Gabrielle e Michel Nogues, e batizado seus gêmeos. Em junho, Christian prestou seus exames finais de ensino médio na velha escola dele e de Gabrielle Russier; então, retornou para Paris, "para procurar emprego". Em uma entrevista para a rádio, seu correspondente sacerdote disse que Christian estava em mau estado. "Embora eu seja um cristão, eu teria encontrado dificuldades para perdoar meus pais se estivesse no lugar dele", disse o pastor. Ele não estava se referindo ao que aconteceu com Gabrielle, mas a Christian ter sido entregue aos cuidados da Vara da Infância e à cura do sono. "Ele deve ser deixado a sós, em paz. No presente momento, qualquer coisa pode acontecer. Seu maior temor é ser enviado de volta à clínica psiquiátrica. Ele está obcecado com esse medo."

Ele ainda vive em Paris, não passou em seus exames finais e está se preparando através de um curso por correspondência para prestá-los novamente. No começo deste ano, um filme sobre o *affaire* — "Morrer de Amor" — foi lançado, e nos dois meses seguintes houve uma inundação de artigos em revistas. Um repórter do *France-Soir* disse que Christian estava trabalhando por mil trezentos e cinquenta francos por mês como assistente de projeção em um cinema de Paris, mas dois meses depois, quando um repórter de outro jornal perguntou a Christian no que estava trabalhando, ele se recusou a responder. Ele não é mais tão gentil, ou tão neutro, quanto aos próprios pais como era em setembro de 1969. Em janeiro, em uma entrevista transmitida pela Radio-Luxembourg, um repórter perguntou, "Você acha que vai voltar a ver seus pais um dia?" e a resposta foi "Pode ser — você não pode evitar encontrar pessoas acidentalmente, de vez em quando".

E o *Le Nouvel Observateur* da semana de março de 1971, tinha uma entrevista na qual o seguinte trecho apareceu:

Q: Eles [os pais] te amavam muito?

CHRISTIAN ROSSI: Não sei.

Q: E você, ama eles?

C. R.: Não.

Q: Por quê?

C. R.: Porque não tenho tanta coisa em comum com eles... Você não escolhe seus pais. Parece ser bom ter pais que dizem que são de esquerda, que te dizem, "Tomar a faculdade, ou ocupar o lycée são a coisa certa a se fazer", mas quando se trata de adaptar as próprias ideias para a vida que vivem, ou a vida que você vive com eles, *eh bien, ça ne va plus*[25].

Não muito tempo depois da morte de Gabrielle Russier, o presidente Pompidou realizou uma coletiva de imprensa te-

---

25 NT: Aí, bem, a coisa não anda mais.

levisionada. A última pergunta, totalmente inesperada, foi feita por um repórter da Radio-Télévision-Monte-Carlo: O que o Presidente tinha feito sobre o caso Russier e, em vista do seu resultado, o que pensava dele? "Não vou contar o que eu fiz", disse o Presidente, "mas isto é o que acho". Para aqueles que estavam assistindo, ele pareceu realmente estupefato, como se a pergunta fosse a última que ele esperava no mundo em uma coletiva de imprensa dedicada ao Mercado Comum e à venda de aviões para Israel. Ele hesitou, como se estivesse profundamente comovido e tentando conter os próprios sentimentos, e ao mesmo tempo quisesse ter certeza de que o que falaria seria a coisa certa. O presidente Pompidou é um *agrégée* em Literatura Francesa (como Gabrielle Russier tinha sido) e o editor de uma antologia de poesia francesa. Agora, ele recitava o primeiro verso de um poema de Paul Éluard, como se o estivesse tirando dos fundos mais remotos da memória. Este é um poema "sobre" algo, como em uma história: sobre uma garota cujos cabelos são raspados após a Libertação, provavelmente porque ela tinha dormido com alemães, e que foi punida para desviar a atenção dos colaboracionistas reais, os verdadeiros culpados. O poeta — e o presidente, aparentemente — sente "remorso" apenas pela vítima estirada sobre a calçada, "com a aparência de uma criança perdida" que lembrava "um morto" e que tinha perecido "porque foram amados". Quando a poesia é traduzida, o resultado ou não é fidedigno, ou não é poesia, ou não é francês. Este é o verso que o presidente Pompidou recitou:

Comprenne qui voudra

Moi mon remords ce fut

La malheureuse qui resta

Sur le pavé

La victime raisonnable

À la robe déchirée

Au regard d'enfant perdue

Découronnée défigurée

Celle qui ressemble aux morts

Qui sont morts pour être aimés

Ninguém sabe o que o presidente quis dizer com "o que eu fiz", uma vez que ele não podia interferir no procedimento legal. O Ministro da Justiça já tinha explicado, em uma declaração escrita lida na rádio, que os magistrados do Ministério Público não eram obrigados a consultar ninguém, e todos agiram dentro da lei e "de acordo com sua consciência". O que todo mundo se agarrou agora eram trechos do poema de Éluard: "meu remorso", "a vítima razoável" [ou seja, bem-comportada], e, acima de tudo, "mortos porque foram amados". Para uma estrangeira, parecia um momento extraordinário para a televisão — uma importante figura pública pega de surpresa, e o chefe de uma nação altamente literalizada usando de literatura para explicar a si mesmo. O efeito foi de certa forma reduzido quando o repórter da Radio-Télévision-Monte-Carlo contou que a pergunta tinha sido plantada, e que tinham "se aproximado" dele e dito que se ele mencionasse o julgamento de Russier, ninguém faria objeção. Se é verdade, é interessante que uma estação independente, periférica, foi usada, e não um dos canais do próprio governo. O Presidente da República não pode ser responsabilizado por toda "aproximação" feita em seu nome. Sua breve hesitação antes de responder, sua emoção, e sua surpresa pareceram espontâneas demais para serem uma falsificação. Talvez ele já tivesse imaginado o que diria se a pergunta fosse eventualmente feita. De qualquer forma, alguém a fez.

Antes de sua morte, Gabrielle Russier escreveu, "Se ao menos o que está acontecendo comigo servisse para alguma coisa!". Uma coisa aconteceu — uma lei foi aprovada tornando a prisão preventiva a exceção, ao invés da regra. Alguns advogados permanecem céticos: eles apontam que de acordo com o Código Penal como ele já existia, a prisão preventiva já deveria ser a exceção. O Ministro da Justiça declarou que a nova lei não tinha nada a ver com Gabrielle Russier. E o irmão de um estudante preso durante uma manifestação em uma universidade escreveu para o *Le Monde*, em julho de 1970, protestando que seu irmão estava na cadeia desde abril e que o juiz de instrução tinha acabado de tirar um mês de férias para viajar pela Turquia.

De resto: Duas inscrições feitas com giz permaneceram por muito tempo na porta do apartamento de Gabrielle Russier — "Z", o que queria dizer, "Ela vive", e "Imortal Gatito". Seus estudantes que colocaram lá.

Últimas Palavras

Os textos deste livro foram escritos em um longo período, sendo o mais recente datado de 2017, e o mais antigo, "A Imortal Gatito", tendo sido publicado no calor do eventos, em junho de 1971. Desde a época em que foram originalmente publicados na New Yorker, fatos novos aconteceram que afetaram os destinos de algumas das pessoas conhecidas nestas páginas.

Apesar das crescentes críticas à falta de respaldo científico, a prática da produção de perfis psicológicos criminais ("Mentes Perigosas") permanece tendo grande aceitação junto ao público e instituições de segurança pública nos Estados Unidos. Críticos alegam que isso é devido à constante romantização da perfilação psicológica na mídia, que leva a obscurecer os dados reais de sua pouca eficácia concreta. John Douglas continua escrevendo livros sobre crimes reais. Em 2017 a Netflix lançou a série Mindhunter, adaptando o livro de Douglas de mesmo nome, e contando uma versão ficcionalizada de como ele criou a prática de desenvolver perfis psicológicos criminais.

A cidade de Beatrice, no Nebraska ("Lembranças de Um Crime"), recorreu contra a decisão judicial que a sentenciou a pagar 28 milhões de dólares de compensação por danos causados pela condenação injusta de Joseph White, Thomas Winslow, Ada JoAnn Taylor, Debra Shelden, James Dean e Kathy Gonzalez. Em março de 2019 a Suprema Corte dos Estados Unidos rejeitou o recurso da cidade. Beatrice aumentou todos os impostos sobre propriedade até o máximo permitido por lei, e iniciou um plano gradual de pagamento para os chamados "Seis de Beatrice", iniciado em maio de 2019.

Após seu terceiro julgamento e condenação por uma Vara Militar, Tim Hennis ("Três Julgamentos para Um Assassinato") recorreu a diversas instâncias superiores da Justiça Militar tentando anular a sentença que o colocou no Corredor da Morte, sem sucesso. Em janeiro de 2021, sua última esperança, um recurso junto à Suprema Corte dos Estados Unidos, foi rejeitado. Tim Hennis aguarda sua execução nos Alojamentos Disciplinares de Forte Leavenworth, no Kansas, onde está preso desde 2011.

"Gray State" ("A Morte de um Distópico") permanece inédito na época da produção deste livro, no início de 2021. Um documentário chamado "A Gray State", dirigido por Erik Nelson e produzido por Werner Herzog, trata das circunstâncias da morte de David Crowley e os assassinatos que ele cometeu, e apresenta algumas das imagens e trilhas sonoras que ele criou para seu filme.

Em fevereiro de 2015, Eddie Ray Routh ("A Vida e a Morte de um Sniper Americano") foi condenado à prisão perpétua pelos assassinatos de Chris Kyle e Chad Littlefield. Routh atualmente cumpre sua pena na prisão de Powledge, Texas, sem possibilidade de futura liberdade condicional.

John LaDue ("Os Limiares da Violência") foi condenado em 2015 a dez anos de liberdade vigiada e tratamento psiquiátrico pelo crime de posse de explosivos, mas ele optou por recusar a liberdade vigiada e cumprir vinte e um meses de detenção. Em 2016, ele estava tentando seguir em frente com a vida, estudando para se tornar um soldador e procurando emprego. Apesar de ter sido diagnosticado com desordens de personalidade narcisista e obsessiva-compulsiva, na ocasião LaDue se recusava a procurar tratamento médico.

Charlotte Salomon ("A Arte Obsessiva e a Grande Confissão de Charlotte Salomon") foi executada, grávida, em Auschwitz, em outubro de 1943. Suas pinturas são atualmente propriedade da Fundação Charlotte Salomon, sob guarda do Museu Histórico Judaico, em Amsterdã. O museu realiza exibições frequentes da artista, e também disponibiliza todo o acervo de 800 guaches de Salomon para ser visto online, no endereço https://charlotte.jck.nl

Gabrielle Russier ("A Imortal Gatito") está enterrada no cemitério de Père-Lachaise, em Paris. O caso ainda é lembrado vividamente na França. Quando Emmanuel Macron foi eleito Presidente, o que tornou sua esposa Brigitte, vinte e quatro anos mais velha e ex-professora de Emmanuel no Ensino Médio, primeira-dama da França, o jornal Libération publicou um editorial intitulado "A Revanche de Gabrielle".

Exemplares impressos sobre papel Cartão LD 250g/m2 e polén Soft LD 80g/m2 da Suzano Papel e Celulose para a Editora Rua do Sabão.